铁岭地区
青铜时代考古遗址调查

周向永 著

辽宁人民出版社

©周向永　2022

图书在版编目（CIP）数据

铁岭地区青铜时代考古遗址调查 / 周向永著 . — 沈阳：辽宁人民出版社 , 2022.4
　　ISBN 978-7-205-09250-4

　　Ⅰ . ①铁… Ⅱ . ①周… Ⅲ . ①青铜时代文化 – 文化遗址 – 考古调查 – 调查报告 – 铁岭 Ⅳ . ① K878.05

中国版本图书馆 CIP 数据核字 (2018) 第 042787 号

出版发行：辽宁人民出版社
　　　　　地址：沈阳市和平区十一纬路 25 号　邮编：110003
　　　　　http://www.lnpph.com.cn
印　　刷：辽宁新华印务有限公司
幅面尺寸：185mm×260mm
印　　张：15.25
字　　数：270 千字
出版时间：2022 年 4 月第 1 版
印刷时间：2022 年 4 月第 1 次印刷
责任编辑：娄　瓴
封面设计：郝　强
版式设计：白　咏
责任校对：吴艳杰
书　　号：ISBN 978-7-205-09250-4
定　　价：50.00 元

凡　例

1. 本报告以县级行政单元划分为章，以该单元河流或地貌区域为节，以该区域各遗址为目。目下均有相应的标本线图或其文化面貌的概略说明。

2. 遗址采集陶石器均选具形制特点的标本画出线图，除个别较大规模或典型遗址外，一般遗址相同类别标本只选取1件或2件画出。

3. 本报告对只采集到陶器器壁残片而缺乏如口沿、器耳、器底或纹饰等形制特点的标本未作清绘，但此类遗址在每一单元首页的《遗址分布图》中标出。

4. 标本比例依标本多少及排版需要缩放，图末均有相应比例线段。

5. 本报告收录遗址计306处，发现的截止时间是2015年年底。

目 录

凡例	001
概述	001
第一章　铁岭县	017
第一节　柴河流域区	018
一、银州区	019
二、铁岭县	023
第二节　凡河流域区	029
一、铁岭市开发区	029
二、鸡冠山乡	030
三、大甸子镇	030
四、腰堡镇	031
五、铁岭县种畜场	032
六、李千户镇	032
七、横道河子乡	033
第三节　辽河干流区	033
一、阿吉镇	034
二、蔡牛镇	036
三、新台子镇	037
四、镇西堡镇	041

　　　　五、平顶堡镇 ·· 042

第二章　开原市 ··· 044

　　第一节　柴河流域区 ··· 045
　　　　一、上肥地乡 ·· 046
　　　　二、下肥地乡 ·· 049
　　　　三、靠山镇 ··· 051
　　　　四、黄旗寨乡 ·· 053

　　第二节　清河流域区 ··· 054
　　　　一、八棵树镇 ·· 054
　　　　二、李家台乡 ·· 069
　　　　三、林丰乡 ··· 074
　　　　四、杨木林子乡（清河区） ·· 076
　　　　五、兴开街道（开原镇城郊乡） ·· 078
　　　　六、莲花乡 ··· 079
　　　　七、聂家乡（清河区） ·· 083

　　第三节　中部丘陵区 ··· 084
　　　　一、松山堡乡 ·· 084
　　　　二、金沟子镇 ·· 089
　　　　三、城东乡 ··· 092

　　第四节　辽河干流区 ··· 094
　　　　业民乡 ·· 095

第三章　昌图县 ··· 096

　　第一节　辽河干流区 ··· 097
　　　　一、三江口镇 ·· 098
　　　　二、古榆树镇 ·· 099

目 录

　　　　三、通江口镇 …… 103
　　　　四、后窑镇 …… 105
　　　　五、长发镇 …… 106
　　第二节　东北部丘陵区 …… 106
　　　　一、下二台镇 …… 107
　　　　二、泉头镇 …… 110
　　　　三、昌图镇 …… 111
　　第三节　招苏台河流域区 …… 112
　　　　一、东嘎镇 …… 114
　　　　二、金家镇 …… 114
　　　　三、大四家子乡 …… 115
　　第四节　二道河流域区 …… 115
　　　　一、老四平镇 …… 115
　　　　二、十八家子镇 …… 116
　　第五节　亮子河流域区 …… 117
　　　　一、马仲河镇 …… 117
　　　　二、老城镇 …… 120

第四章　调兵山市 …… 121

　　第一节　调兵山街道 …… 122
　　第二节　大明镇 …… 124
　　第三节　晓南镇 …… 127

第五章　西丰县 …… 131

　　第一节　艾清河流域区 …… 133
　　　　一、德兴乡 …… 134
　　　　二、明德乡 …… 139

三、钓鱼乡 ……………………………………………………………… 151
第二节　东辽河流域区 ………………………………………………………… 160
　　一、柏榆乡 ……………………………………………………………… 160
　　二、平冈镇 ……………………………………………………………… 162
　　三、天德镇 ……………………………………………………………… 164
第三节　碾盘河流域区 ………………………………………………………… 171
　　一、营厂满族乡 ………………………………………………………… 172
　　二、和隆满族乡 ………………………………………………………… 174
　　三、凉泉镇 ……………………………………………………………… 182
　　四、房木镇 ……………………………………………………………… 188
第四节　寇河流域区 …………………………………………………………… 195
　　一、陶然乡 ……………………………………………………………… 196
　　二、西丰镇 ……………………………………………………………… 202
　　三、安民镇 ……………………………………………………………… 208
　　四、更刻乡 ……………………………………………………………… 212
　　五、振兴镇 ……………………………………………………………… 214
　　六、金星满族乡 ………………………………………………………… 218
　　七、郜家店镇 …………………………………………………………… 226
　　八、成平满族乡 ………………………………………………………… 230

后记 ………………………………………………………………………… 234

概 述

铁岭地区，包括现属铁岭市的银州、清河两区，铁岭、昌图、西丰三县，开原、调兵山两市等七个县级行政区，境内地貌为东西两侧是丘陵山地、中西部为辽河冲积平原。辽河为境内主要干流，东辽河从吉林省双辽市东明乡东南流出，在昌图县三江口镇北部的大力村王家街屯进入铁岭境内。其径流为辽宁省与内蒙古自治区的分界，并在昌图县的长发乡王子村八家子屯西与西辽河交汇，形成辽河干流继续向南，在昌图县大四家子乡方家船口折向东南，与沈阳市的康平、法库两县分界。自开原市庆云堡镇西古城子村西始成为铁岭市内河，直至铁岭县镇西堡东而急折西南，形成"辽河大转弯"的形势，自此一路向西南，在铁岭县阿吉镇陈平村南出境入沈阳市新城子区。辽河在铁岭从北到南流经总长为192.2公里，流域面积17808平方公里。辽河上游流经内蒙古沙漠地区，夹杂大量泥沙，进入铁岭市境内后，地势渐趋缓平，大量泥沙堆积，使辽河干流摆动幅度较大，素有"三十年河东，三十年河西"之说。而境内如清、柴、凡及其他众多支流，则在辽河之东呈扇状分布，诸流除寇、招苏台两大河流外，均在辽河大转弯处以南地区汇入辽河干流，成为辽河中游的主要来源。整个铁岭地区处在长白山余脉向辽河中游平原过渡区域，呈现出东北高、西南低的地势特点。这样的区域地理环境，对铁岭青铜时期文化的形成与发展产生了很大影响，充分认识这一点，对于了解铁岭地区青铜时代文化的分布规律、与相邻区域同时期文化关系，以及由此而形成的地方文化特点等学术问题，均具重要的启示意义。

一

铁岭早期青铜文化分布有两个特点：一是地域偏南，基本以现在的昌图、开原两县（市）的分界线为界，多数分布在此线以南；二是分布零散，在此线以南区域，只在四个边角有所发现。与吉林省四平市叶赫镇为邻的西丰县西北部寇河支流艾清河沿岸是北边区域；与抚顺清原县大孤家子镇为邻的开原东部清河上游是东部区域；同样与抚顺市清原县夏家堡镇为邻，流经开原东南、铁岭东及银州区的柴河流域是南部区域；与沈阳市法库、康平两县东和东南部为邻的调兵山河以南丘陵漫冈是其西部区域。

北部的艾清河是一条由北而南的山溪性河流，汇入寇河。在其沿岸的西丰县柏榆、德兴、钓鱼、明德四个乡镇发现的遗存，陶色和陶质均为夹砂红或红褐陶，器类方面显著的特点是鬲足多见。分两种：一种无实足根，一种袋足下有实足根，高矮不等。同时发现的还有少量的附加堆纹陶片。整体面貌与寇河干流遗存具有明显区别，而东部区域开原李家台、林丰、八棵树等清河上源几个乡镇部分遗存面貌则与之类同。吉林叶赫影视城[1]、辽源炮台山[2]，抚顺施家东山[3]等遗址也有同类遗物出土，这类遗存被称为"炮台山一期"，年代在商初至商周之际[4]。

有必要指出，上述区域遗址中发现的那种深袋足无实足根的鬲足标本，与彰武平安堡二期遗存的特征一致[5]。如在彰武平安堡 H3094：1 出土的素面袋足甗，结合同时发现的一些附加堆纹标本，推测铁岭东、北两区发现的这种深袋足标本也有可能是甗足残段。在距艾清河不远的辽河西岸康平县郝官屯老山头遗址，曾出土过一件磨光红陶舟形罐[6]，这种舟形罐也是平安堡二期遗存的一个指征性遗物，西丰开原发现的这些无实足根鬲足和附加堆纹标本很可能就是与平安堡二期同时或稍晚一些的人们来过辽河以东的遗留物。在沈阳市区的千松园二期和在八王寺地区发现的个别遗址中就曾有平安堡二期遗存露头，被认为是"平安堡二期和高台山早期文化、与下辽河流域地区典型新乐上层文化碰撞、融合的产物"[7]，在经科学发掘的新民东高台山76东T1H1 中的类似发现可以对这个认识加以印证[8]。与艾清河流域毗邻的辽源炮台山遗址中，这种鬲足出现在代表炮台山一期遗存的 H1 中，这个单位出土的陶器口沿盛行方折唇和抹斜口沿的作风，在艾清河流域部分遗址中也有所见。炮台山发掘者认为这种文化与宝山文化和西团山文化均不同，而与高台山文化有某些相近之处，年代下限在商周之际[9]。吉南东辽河上游区域与辽北艾清河流域及清河上游地区山水相连，属同一地理单元，类似发现应考虑为同属一种文化的可能性。

铁岭南境柴河流域青铜文化最大特点是陶器多羼滑石，这一区域经发掘或清理的有辽海屯北山[10]和熊官屯大山嘴子[11]两处遗址，基本可以代表这一区域此一时段的文化面貌。辽海屯北山遗址有夹砂和滑石陶两种质地，器类有鼎、鬲、甗三足器，也有盆、罐、碗、钵、勺等，尤以器物口沿盛行内外两边加厚而剖面近橄榄圆形为其特色，谓之"厚唇沿"，其分布区域东起柴河上游的开原上肥地乡，向西直到辽河岸边的铁岭新台子朱尔山东北坡遗址，沿柴河流域区域呈线状分布。这类遗存，在北区的西丰县艾清河流域及其附近的陶然乡以至再北的平冈镇也都可以见到，炮台山遗址标本中也有与这种厚唇近似的情况，但均为夹砂陶质，与铁岭柴河流域所见的滑石陶还有区别。柴河流域早期青铜文化的房址窖穴、陶石工具形制都别具特色，鉴于这类遗存有一定的分布区域和区别于周邻其他考古学文化的特点，有人曾将其名为"辽海屯类型"[12]。

辽海屯北山遗址发掘者据出土陶器与沈阳新乐上层文化大多相同而认为时在西周，属"新乐上层的偏早阶段"[13]，大山嘴子遗址调查结论认同上述意见[14]。应该指出，新乐上层文化年代学界有人"推定该文化年代下限不晚于西周初，大体在商纪年范围内"[15]。近年更有将其年代分为早晚两段，认为早段年代相当于夏至早商，晚段年代相当于商代晚期[16]，要言之，新乐上层文化上限最迟也不会晚至西周早。而辽海屯北山遗存与新乐上层偏早阶段相当，年代也应该相应提前。辽海屯北山遗存受新乐上层文化影响不容否认，大山嘴子双竖耳壶就是典型新乐上层文化遗物。但与新乐上层文化的区别也是非常明显的：1. 二者的生成环境方面存在差异。前者是近河的低山丘陵，铁岭境内凡见陶质含滑石的遗址，海拔均超过100米；而后者根据沈阳市内发掘的十余处新乐上层文化遗址，大多位于开阔的平原或略有起伏的漫冈坡地，海拔多在100米以下[17]。2. 二者的陶质、器类方面也存在差异。辽海屯北山遗存是夹滑石的红褐或暗紫色陶质并伴有夹砂陶，新乐上层文化是单一的夹砂陶，红色为主；虽都有三足器，但鼎鬲在各自遗存中的比例却有区别。辽海屯北山遗存夹滑石陶鬲多，新乐上层文化夹砂陶鼎多。大山嘴子遗址中"有一个很明显的现象，即发现的三足器中，凡鬲足，全部是夹滑石的红褐陶；鼎足的陶质则都是不加滑石的陶质，两者的区别十分明显"[18]。学界早在20世纪90年代即提出的鼎鬲两种三足器有分布区域差异的观点，迄今仍是一个值得重视的意见[19]。近年有专门研究新乐上层文化的学者曾指出，鬲并非是新乐上层文化代表性器物，而是受高台山文化影响而来的[20]。辽海屯类型中的鬲和夹砂陶是否来自高台山文化难以定论，但滑石陶不是新乐上层文化传统则可肯定。3. 标志性器的形制渊源相距甚远。辽海屯北山遗存的夹滑石厚唇沿在新乐上层文化中不见，类型学上无法比较。有人说这种厚唇沿可能与新石器时代晚期偏堡类型叠唇口沿有关，是与其"一脉相承"的关系[21]。我们看到的情况是，三堂一期、小珠山下层、偏堡类型等新石器遗存与辽海屯北山遗存的陶质都是夹滑石陶，器物口沿前者叠唇，后者加厚，辽海屯北山遗存口沿绝非向壁虚造，但二者所处时代相隔甚远，是否"一脉"，尚需更多材料证明。与之类似的材料是辽源炮台山一期陶器盛行口沿加厚作风[22]，二者年代接近，但陶质却又有不同，二者有无关系，可待研究。

铁岭南区柴河流域含滑石陶质的辽海屯北山遗存及与其共存的含三足器的夹砂陶遗存、北区艾清河流域遗存、东区清河上游遗存的年代均在商周之际，是为铁岭青铜文化的早期早段。

二

铁岭有一批以鬲、鼎、罐、钵、豆等器类为组合的遗存，三足器比例很大，鼎足有扁锥和方锥两种，以方锥为多，鬲足实足根较高，口沿有抹斜者，形态非常接近吉林辽源炮台山二期遗存[23]。这类遗址往往与先期那种见有无实足根鬲足的遗址同处一地，在此基础上又有所扩大，分布于开原松山、八棵树、金沟子，昌图泉头、古榆，西丰成平、凉泉、钓鱼、明德、郜家店，铁岭镇西堡、蔡牛、新台子等乡镇。朱永刚先生曾提出"西团山文化变异区"的概念[24]，所谓"变异区"，即是"保持西团山文化中心区一般特征的同时，还摄入有地域性文化成分，致使当地文化结构有所改变的那类遗存的分布范围"。这个范围也当包括与吉林省毗邻的铁岭北部部分区域，与当地前期文化比较，铁岭的这部分遗存不但分布面积有所扩大，且遗物也较丰富，显示出新质文化的活跃态势。

调兵山河以南地区的铁岭西区有少量青铜文化遗存，其特点是分布地域相对狭窄，只限于西部丘陵东缘的山前地带，这一地区早年曾做过窑路沟遗址的发掘，其基本内涵主要是以夹砂红陶为主，出土标本有方锥足鼎和大量的舌形鋬耳。对比相关遗存，陶鼎形制在新乐上层文化中不见，而与属西团山文化的前山F3②：3鼎相似[25]。以往这一地区甚至再北区域发现三足器类遗存，多习惯于向新乐上层文化靠拢，但如果认真追究起来，典型器类形制与新乐上层文化并不相似，却与远在其北边的西团山文化多有相同之处，这是一个很值得注意的倾向，它提示我们思考问题不可以简单化。

与这批遗存相对应的是一批小型山城的发现。这一区域计有南城子、北城子、酒槽山、点将台和法库县法库镇蛇山沟等5座山城，毗邻的法库县大孤家子镇方石砬子村也发现大古城子和小古城子城址[26]，我们谓之"小山城群"。山城中采集的夹砂陶或石器标本与窑路沟遗址所出类同，可以认定这批小山城群为青铜时期遗存。山城周长一般在300-500米间，有门；平顶之下还环筑一层通道性质的二层台，远远望去，整个外观呈"凸"字形，非常容易辨认。山城多见成组排列：调兵山南北城子和酒槽山三座山城为一组，蛇山沟山城和点将台山城为一组，法库大孤家子大小古城为一组，与其相关的还有昌图下二台大小锅盖山城为一组。小山城群中的调兵山南城子有3层环路逐级围筑城顶，与其他几座山城明显不同，可能是山城主次之别的反映。辽西青铜时期夏家店下层文化即有被考古界熟知的山城带；吉林蛟河池水、松江两乡境内也曾发现两两相望而被称作"堡寨"的小型城址，被认为"当是西团山文化修造的堡寨遗迹"[27]。只有西团山和夏家店下层文化有这种小型山城的事实，不由人不对铁岭这类小型山城群与这些考古学文化的关系作以思考。

铁岭此期墓葬与新乐上层文化墓葬也存在差异。新乐上层文化墓葬均作竖穴土坑的屈肢葬，铁岭只有新台子邱台M1可与之比较，在大量发现这类遗存的开原西丰和铁岭西南部地区见到的墓葬多是石棺墓，而石棺墓在新乐上层文化中不见。丧葬习俗是一种很难轻易改变的文化形式，其间差异很大程度上反映的可能是文化性质的不同。2006年夏，艾清河上游西丰县柏榆乡双榆村大沟屯曾发现一批石棺墓，一农民向我们出示该墓群中随葬的一件横耳罐和同墓所出的石刀石斧。横耳罐形制与星星哨DM16:1、BM2:1横耳罐[28]、抚顺东升洞穴墓[29]所出同类器难分彼此；而此前同样在艾清河流域西丰钓鱼小育英屯墓群中出土的M1无耳陶壶[30]与抚顺新宾老城M1[31]、属西团山文化早期的万宝山M1:1壶也完全相同[32]；小育英屯M4横耳壶和横耳罐也分别与星星哨CM16:1壶和西团山M19:5罐类似[33]。联想到西丰诚信墓的副棺形制和随葬有西团山文化标型器物銎柄曲刃矛的例子[34]，诸多线索支持这类遗存与西团山文化关系密切的判断，铁岭这类文化与西团山文化的关系要远远大于与新乐上层文化的关系。

抚顺施家东山[35]、小青岛[36]、望花[37]等以往也都认为属新乐上层文化的遗存，都是只限于陶器标本比较得到的认识。大甲邦石棺墓出土的那件横双耳罐[38]，与前面提到的西丰柏榆大沟屯横双耳罐极似，再联系这一区域少见竖穴土坑墓而多见石棺墓的事实，抚顺地区的望花类型和沈阳的新乐上层文化到底是怎样一种关系，还有深入探究的余地。位处铁岭凡河流域的铁岭县李千户镇花豹冲村曾出土一件完整陶鬲，壁与足间无明显区分痕迹而一贯到底，整体器形与夏家店下层文化的大甸子墓地M31:3筒腹鬲相似[39]，与属西团山文化的猴石山7911T2③:58鬲也有神似的地方[40]。因此有理由认为铁岭发现的这种以三足器为主而少有平底器的遗存性质归属新乐上层文化的认识还有可商榷之处，把葬俗差异如此之大的两类遗存归并到同一种考古学文化之中显然是不合适的。一种葬俗的形成，涉及血缘和传统两方面内容，这两方面如果不同，也是认识考古学文化性质异同的决定性条件。铁岭地区与抚顺望花类型分布区域内普遍发现石棺墓而非竖穴土坑墓的现象，在判断遗址内涵性质归属方面是应该能够说明一些问题的。

这一时期东北系青铜短剑遗存在铁岭市的分布也是一个值得探讨的问题。西丰诚信剑与铁岭大山嘴子剑形制相近，都是柱脊较粗，节尖靠前，后端剑叶较宽，叶尾弧收，与学界普遍认为年代较早的例如抚顺大甲邦、普兰店双房六号墓所出短剑相似，无论依从哪家短剑专论的排队法，这两把剑都应当是年代靠前的那种。依据学界对青铜短剑形制的精到分析，这种形制的剑林坛先生认为"实有可能早到西周中期或更早"[41]，赵宾福认为不晚于西周[42]，对东北扇形铜斧的研究成果表明，大山嘴子与青铜短剑同出的铜斧形制所对应的年代在西周早期[43]，因此将西丰诚信剑和铁岭大山嘴子剑、斧年代估定在西周早中期较为适宜。关于青铜短剑来源，学界有东来说和西来说互为对垒，从辽宁地区迄今发现的情况看，形制较早的剑在双房、抚顺大甲邦和铁岭大山嘴子、西丰诚信都有发现，结合与这些剑同出的陶器以及墓葬形制分析，以为时代在西周早中期应该是基本可以取得共识的意见，但这些形制较早的青铜短剑是否为当地铸造却因没有过硬的证据而难下结论。环顾此一时期东北南部诸考古学文化，唯有夏家店上层文化体现出的铸铜业最为发达，让人不由得对这里的相关遗存给予源头意义方面的注视。林西大井铜矿矿坑坑道、工棚遗迹、坩埚焦砟、鼓风管具等，无不彰显当时长城以北地区无与伦比的冶铜规模[44]。不乏证据表明，夏家店上层文化主人很可能以马车作为工具，而无须太长时间即可把这一先进的冶铜技艺传输到辽北以至更远，在吉林双辽发现的后太平遗存中也见有夏家店上层文化影响的例证，由此可以认为夏家店上层文化东传的路径相当广大[45]。

论及与青铜短剑关联密切的弦纹壶的起源，笔者曾分析这种祭祀色彩浓厚的陶器最初的功用很可能是一种礼器，沈阳老虎冲灰坑上摆放的双横耳壶就有力地证明了这一点[46]。主要分布于辽东山地的马城子文化，其中的双横耳器十分发达，这种双横耳器可能因为今天已难说清的某种历史缘由，与来自辽南上马石上层文化中的月牙形贴耳结合，渐次演变成了后来在辽东地区石棺墓中多见的弦纹壶。壶上的纹饰绕不开辽南的于家砣头，因为于家砣头陶罐上的弦纹加曲波纹的纹样，与后来辽东石棺墓中弦纹壶上的弦纹十分接近[47]。这种形制的陶罐及罐上纹饰之所以最先发生在辽东半岛南端而非别处，很可能是受山东半岛先期优秀文化观念影响的原因使然。早在大汶口文化时期，齐鲁大地的酒礼即已成为中华民族祭祀礼仪的先声[48]，夏商两代上流社会以高档酒具随葬很大可能即是受其影响，不难想象在当时环境下的边远地区，以陶制酒器随葬应该是流行一时的社会风尚。到了龙山时代酒器随葬更成为中国广大地区的文化主流，它以极强的文化穿透力辐射到更加遥远的地方。弦纹壶相对而言形态规范，似乎有某种制度化因素在其中发挥作用。我认为它应该是一种盛酒的器具，与弦纹壶伴出的往往是一个较小的钵或碗，这种器类组合的寓意，应该是死者在另一个世界里酒壶和酒碗的配套设置。和山东的先祖文化相比，酒具尽可不很精致，但酒礼的含义却在一直延续，壶体刻画的弦纹及弦纹间的曲波纹代表的是壶中的酒，这也奠定了以后这种专用于随葬的陶器器表一般都刻有弦纹或弦纹间再饰曲波纹的世俗文化基础。

这种弦纹壶最先应在沈阳老虎冲的坎祭仪式中出现[49]，盖州双房六号墓中那种形制已经较为规范化了的弦纹壶，则可能是这种文化影响的结果[50]。

铁岭早期青铜文化中含有浓厚的西团山文化特征，以铁岭所见标本对比衡量，这一时期相当于西周早中期，是为铁岭青铜文化的早期晚段。

三

高柄豆在铁岭的大量涌现，是辽北先秦时期考古学文化发生质变的重要标志。调查表明，高柄豆是紧紧尾随三足器的发展而出现的，是原有稳定文化中的新因素，某种意义上，这种新因素还规定了此后相当长一段时间里铁岭青铜文化发展路径与分布格局。以高柄豆的出现为标志，铁岭青铜文化开始了一个新阶段。根据采集的大量高柄豆标本在陶质、形态、器表装饰和伴出物等方面存在的差异，似乎也有理由将以高柄豆为主的文化遗存再具体地分为早晚两段：早段标志是三足器与高柄豆共存，晚段标志则是三足器退出历史舞台，高柄豆独领风骚，直到铁器和泥质绳纹陶来临。陶色变化的趋势是红陶由多变少，灰陶则由少渐多；纹饰的表现轨迹是由装饰戳点纹、条沟纹向纹饰趋简而后来竟素面无装饰发展。豆身上的戳点纹多见纵向排列，有麦粒形和"⊥""十""川"形等。鋬耳比较常见，多见戳点纹或划条沟纹，或戳点与条沟纹同施。满饰戳点纹的罐、钵残壁，则说明当时这种纹饰曾非常时尚和流行。在高柄豆未曾到来之前那种单纯以三足器作为特色的文化，到这时已被三足器与高柄豆共存的文化渐次取代，这类遗址星罗棋布于铁岭各处，铁岭市境内几条主要河流如清河、寇河、柴河、碾盘河、调兵山河两岸均见这类遗存分布，说明当时有相当数量的人口以较快的速度移入这一地区定居，致使该文化达到空前发达程度，进入了最为繁荣的历史时期。因在开原市八棵树镇陈家村团山遗址发现的这类文化标本具有代表性，笔者称其为团山文化[51]。原来对这类文化所采用的"凉泉类型"称谓，只表示单纯含高柄豆一类的遗存，忽视了与高柄豆共存的三足器，未能完整表达铁岭含高柄豆这一文化的全部内涵。团山文化最基本的特征是三足器与高柄豆共生，此类遗存以鼎、罐、壶、豆、钵为基本组合。对这种文化来源，金旭东认为是由辉发河流域不含三足器而豆器发达的宝山文化与第二松花江流域大量存在壶和三足器的西团山文化两相结合而组成的新文化，并命名为"谢家街类型"[52]，这对探讨团山文化的成因无疑具启发意义。在铁岭，前代有单纯三足器遗存的发现，方锥足鼎又在其中占相当大的比重，到团山文化时期仍是形制未变，器类未变，区别只是器类组合发生变化，分布地域稍有扩大，因此不难看到这类文化中的三足器应该是继承前代传统而来，是前代文化延伸到后代的反映，具体说来也就是前面提到的属西团山文化变异区的那类遗存。在铁岭，不含三足器而高柄豆发达的那类遗存在时间上要晚于高柄豆与三足器共存的遗存，三足器从早期的清一色到后来的渐趋消失过程，就充分证明了这一点。铁岭团山文化中高柄豆是具表征意义的器物，至少从采集标本看，高柄豆可谓是团山文化的灵魂，因此，搞清楚高柄豆的来源是解决团山文化构成基因的关键。

吉南辉发河流域宝山文化富含高柄豆，但宝山文化中的豆，也非土著遗存，况且宝山文化时在春秋战国之际，或略晚于团山文化，二者也难以构成源流关系。《诗·大雅·生民》毛传："豆，荐菹醢也。"早在商周时期的中原地区豆即为用以祭祀的礼器，而春秋直到战国燕文化到来之前，铁岭西邻的夏家店上层文化则是最有机会也最有可能与今天辽北发生文化联系的考古学文化。东北地区史前时期考古学文化中最早有豆的当数小河沿文化。小河沿文化与大汶口文化的关系是学界共知的事实，所以笔者想，东北地区考古学文化中的豆极有可能是从山东半岛传入的。就铁岭地区而言，辽西的夏家店上层文化与这一地区多见高柄豆最具关联，一个旁证就是，与辽北高柄豆共存并同样发达的鸡冠形錾耳本来在山东龙山文化中常见，后来也流行于下辽河流域青铜文化中。夏家店上层文化器类有鼎、鬲、罐、豆、盆、钵等，其中豆不但数量居主导，且有两种形制：一是敞口圈足，碗状盛盘；一是敞口圈足，上接空心长柄，柄上再接一浅平盛盘[53]，两种形制的豆，均可在团山文化中找到与之对应的形制。一种文化对另一种文化的影响绝不是整体形态上的全面复制，而应是有选择地发扬。在当时整个东北区考古学文化的大背景中，作为一种文化资源，高柄豆只在夏家店上层文化中表现得最为充分。夏家店上层文化中，鬲、罐、豆、盆为基本组合，这也是本文分析夏家店上层文化是构成团山文化要素的重要原因之一。夏家店上层文化石器中的有孔锤斧是夏家店上层文化具指征性的石器[54]，在20世纪30年代发现的红山遗址"赤峰第二期文化"中就采集多件，武志江曾对这批材料做过仔细梳理，将其中属夏家店上层文化的归类为C类遗存，而C类遗存中的石器就多见有孔锤斧。这种锤斧在西丰县属团山文化分布区的寇河流域振兴镇沙河南冈遗址和北境的天德乡境内都有发现。西丰沙河南冈遗址采集到数块滑石范应该是受夏家店上层文化发达的冶铜业影响的反映。无独有偶，2009年铁岭"三普"期间，在辽河岸边的昌图县三江口镇海丰村征集到据说是在自家园田中挖出的一件小铜斧，与属夏家店上层文化的宁城小黑石沟M8501所出形制相似[55]，更与克什克腾旗龙头山M1：6斧形态相近[56]，与前面提到的武志江归纳的C类石器日人所谓"赤峰第二期文化"中所列举的3件斧范标本呈现出的斧形也十分相近。对照喻琼先生给出的扇面形铜斧各种形式，基本同于ＡａⅠ式，时代在西周晚到春秋早[57]。三江口铜斧规格尺寸小于小黑石沟铜斧，且斧身素面无纹，形制晚于小黑石沟铜斧，年代早不到西周，大抵当于夏家店上层文化的中期前后。这件铜斧的发现，不但是夏家店上层文化影响辽北的重要资料，而且也对这一文化影响辽北的时间给出了大致的框架。这类小铜斧在铁岭曾发现5例：20世纪80年代初文物普查前后在西丰和隆阜丰屯、忠厚屯石棺墓各发现1件[58]，开原林丰尖山子石棺墓发现1件[59]，加上铁岭大山嘴子和昌图三江口各征集1件。与之相关的滑石斧范在西丰诚信石棺墓出土1合，在诚信墓群东约10公里的沙河南冈遗址中采集2合（件）。这5件铜斧（范）除大山嘴子的那件稍早外，其他4件包括滑石斧范体现出的斧身形态均在春秋到战国中晚期之间，表明这个时期来自西边的影响已经渗透到当地日常社会生活之中。西丰和隆阜丰屯铜斧，斧身较短，銎部铸有宽凸棱，清原土口子门脸石棺墓也曾出同式铜斧[60]，门脸墓时代定在两周之际，阜丰、忠厚、尖山子铜斧年代可依此判定。这种斧由夏家店上层文化起源，向北在境外的外贝加尔石板墓中曾有发现[61]，与三江口所出形制类似的铜斧，据乌恩先生介绍，境外的蒙古各地博物馆也都有所收藏[62]。路途遥遥，文化传播如春风拂过，内蒙古东南与辽东腹地在今人眼里有千余公里的距离，但对于一种文化的传播，实在不过咫尺而已。昌图县古榆树镇小山果园遗址发现的高柄豆标本对夏家店上层文化进入铁岭的路径或可说明一些问题。古榆树镇是昌图县西北靠近西辽河的一个边远乡镇，隔河与内蒙古通辽市相接，其中的双辽大金山与仕家东坨[63]、四平市的机场与山门水库[64]、梨树县的四楞格子[65]等含高柄豆类遗址的发现，无异都提示了这类文化进入辽北的传播路径。已有发现使人有理由相信，将来还将有更多新发现来继续证明这一区域对铁岭乃至辽东腹地考古学文化影响的路径和强度。

马城子文化下限与吉林西团山文化上限紧密相接，墓中随葬品形制自可顺畅地排成演变序列[66]，类型学上无可挑剔。铁岭位处两大文化的中间地带，如果这一考论可以成立，那我们对铁岭这一时期青铜文化相互关系就不妨作出如下判断：在马城子文化先是向西发展，夏家店上层文化后来又向东扩张，而后西团山文化的支系又向南推进，致使当地三足器逐渐萎缩这一文化消长格局的大背景下，铁岭由于地域和区位的原因，实际上是先后受到了周邻不同方向青铜文化的交互影响，扮演并承担了一段历史时期几大文化互有衔接的链条环节或发展媒介的角色，亦此亦彼，因素复杂。

这一时期墓葬材料以2009年发掘的西丰东沟墓群为代表[67]。东沟墓群在未发掘前，是早已掌握的一处含高柄豆的遗址，不料在遗址下竟发现了石棺墓群。墓中素面双横耳或钵口弦纹壶与本溪大片地墓群陶壶比较，东沟壶壁厚、色杂、双桥耳多平置，原始性特征相对较多，发掘者认为时代在春秋末至战国初，似嫌略晚。以墓群上层高柄豆遗存堆积分析，墓群年代应提前到春秋中期为妥。开原建材村墓群曾出有一件"兄"铭铜刀，原报告定为西周晚[68]，类似的铜刀在抚顺色家石棺墓中也有发现[69]，吕学明将其归为甲A类素柄舌刀，年代在春秋中期[70]。开原李家台[71]、西丰消防队[72]墓葬、墓群都应与建材村墓大致同时。

夏家店上层文化年代以西拉木伦河为界，有愈南愈晚的特点[73]，研究表明，夏家店上层文化的鼎盛时期是在春秋早期，到春秋中期突然衰落而不知所踪，铁岭团山文化恰在这时因为融入高柄豆而达到空前繁荣阶段，这两种情况的同时出现当非偶然。

四

高柄豆与三足器共存的情形在铁岭大概持续到春秋晚期，最晚至战国初期时即开始发生变化，三足器渐少，看上去豆逐渐占据主导地位，有着很细空心或干脆就是实柱状高柄豆与大喇叭座形豆共同支撑着团山文化的黄昏夕照。无论哪种形制的豆、壶，都是灰陶居多，环耳和鋬耳标本大量发现，器身戳点纹仍在继续，个别遗址中有泥质灰陶的绳纹陶片并伴随有铁器发现，显示铁岭青铜文化正届尾声。

标本显示，这一时期高柄豆的豆柄多用事先做好的厚泥饼卷曲而成，部分有很细空心的豆柄其实是因为卷曲时力度原因形成的。豆柄、环耳、器底标本多显粗糙草率，不加修饰，唯实用而已。壶多见，遗址中经常可以见到类似喇叭口形的壶口沿与壶颈残段；以相关发现得知，遗址中多见的环耳实为这种高颈壶的壶耳，个别壶耳并见向上抬高苗头。鋬耳除扁方或舌形外，还见制作更为简捷方便的短柱状，工艺更是草率不堪。器类组合中的鼎已不再见到，叠唇口沿罐逐渐增多。为增强叠唇与器身的黏合度，叠唇往往在唇下的某一部位用手指捻压成一个小窝，以使其可以与器身黏合得更为紧密。这种口沿在抚顺的个别遗址中多与铁器共存，可为铁岭同类发现参照。石器中，舌形刃、棒状身的石斧流行，用于砍伐、敲砸，更适于劈裂树干；个别遗址还发现了打制石器，如在西丰和隆山门饺子就采集到不少打击点与剥落面都非常明显的石器工具。打制石器在辽东东部山地甚至东到鸭绿江附近都有分布，如在同样采集有高柄豆、环耳和棒状石斧的吉林集安二道崴子遗址中就曾伴出有打制石器[74]，证明这种打制石器的年代并不早。个别遗址中还发现动物形泥塑，如西丰金星艺林村高山屯乱石冈子、西丰东山、安民永淳遗址发现的鸟形陶塑[75]，其蕴含的宗教与艺术方面的信息尚待发掘。

这一时期的墓葬仍是石棺墓，铁岭市清河区九登山就曾有过发现[76]，石板拼砌的棺箱异常窄小，而且墓地往往就在同期遗址附近。西丰平冈金山屯石棺墓是用石块垒砌的[77]，应该是当时不再恪守取材和加工都很吃力的石板砌棺的传统成例，而吸纳了取材便捷随处可见的石块成棺的新风。出土陶壶与西团山文化晚期56M2：1壶[78]、属汉书二期文化的平洋M104：3壶均似[79]。铁岭树芽屯出土长颈壶形态极似建昌东大杖子所出[80]，已时入战国。西丰安民永淳墓地是这一时期较晚时段的遗存[81]，墓葬葬式较前期又发生了很大改变，出现了大石板墓内用碎陶片铺底而多人火葬的现象。M2随葬陶器是单竖耳壶和满身饰戳点纹的叠唇罐、被有意毁器后砸掉上半部的豆、罐形豆，墓中还随葬了7件螺旋状铜耳环。墓地所在山下不远处的同期遗址中，H4出土了并排的4个一字排开的长颈壶壶领，内中包含大量红烧土块和炭粒，应该是时人敬畏火神的遗迹[82]。这里除了发现形制较前已显著退化的3座石棺墓外，还发现了8座土坑墓。铁岭东部缺乏土坑墓传统，突然间出现这种墓葬形式，说明当地传统文化受到外来文化冲击，已渐居次要地位，估计当时西丰一带可能受到西北游牧部族的一些影响。永淳M2：7罐式豆与饮马河上游的吉林九台市关马山墓地M1：5[83]和榆树老河深中层墓葬Ⅳ式115：28罐式豆相类[84]；单耳壶与井沟子M13：39[85]、关马山M1：10[86]在文化形态上一脉相传。螺旋式铜耳环在与西丰毗邻的辽源高古村石棺墓中也曾发现[87]，显系同受外来影响的反映。这种耳环在西拉木伦河流域的内蒙古林西井沟子[88]、敖汉铁匠沟[89]、嫩江流域的平洋墓葬[90]均有发现。应该指出，学界近年有将井沟子一类遗存认为属战国早中期东胡文化的意见[91]，这些统统为判断永淳墓地的时代及分析与这些遗存间的联系及族属提供了思考线索和推论依据。

铁岭晚期青铜文化以高柄豆、环耳壶、叠唇罐为主要组合的考古遗存，与相邻区域的抚顺浑河流域以及更远的本溪太子河地区类似遗存存在区别：一是抚、本两地此类遗存分布密度不及辽北和吉南，二是陶器形制或纹饰方面也存有差异。铁岭辽源等地流行的戳点纹，在抚顺、本溪地区就很少出现，而且高柄豆在遗存中的出现频率也要比铁岭东部区域低得多，很可能是这种文化向东流布过程中发生变化的反映。从发生学的角度考察这一现象，铁岭、辽源两地应是早期铁器时代这种考古学文化集中分布区域[92]，流变的大致方向是由西北向东南，一直到朝鲜半岛。在韩国，这类文化被称为"圆形黏土带器"[93]，朝鲜和韩国的一些遗存也明显带有团山文化的特征，不仅高柄豆的特征犹存，而且壶上环耳也由早期在辽北吉南地区的平置演变成了明显上翘。就此韩国学者就曾说过，从总体上来看，在公元前300年前后，"燕秦汉长城周边的辽宁黏土带土器文化人多数移动到朝鲜半岛地区……战国末汉初，持有铁器文化的辽宁人又向朝鲜半岛南部地区迁移"[94]。流向问题应该说是找到了一个落脚点。

据西丰东沟遗址出现铁器、永淳墓地出土单耳陶壶和螺旋铜丝耳环、和隆三门战子粗砂灰陶与细泥绳纹陶片并见的情况，将这类遗存估定在战国中晚及至汉初应该是合乎情理的判断。是为铁岭青铜时代的晚期晚段。

铁岭市青铜时期考古学文化分别以三足器的发生和消亡为始终，以高柄豆的大量出现为早晚两期的划分标志，从那时起，考古学文化开始发生质变。一段时间内三足器与高柄豆平分秋色，此后不久，三足器就因高柄豆的侵入而渐趋退隐，高柄豆也因燕汉铁器的来临而日渐消失。早期遗存受辽沈地区新乐上层文化、吉长地区西团山文化影响较浓；晚期，吸收西邻高柄豆因素，结合至迟在西周中期即已到达辽北的青铜短剑因素，形成具浓郁自身特色的团山文化，尤以春秋时期发展最为繁荣。晚期晚段草原民族文化因素介入其中，生业模式的差异，历史文化的区别，久有传统的边疆各族各文化间的交融、取舍、消长，从而最终为燕秦汉长城（障塞）在这一区域的构筑以及后来西岔沟族群在这一地域的发展埋下了伏笔。

需要强调指出，在进行以上分析的时候，我也不断地发现作为分析基础的材料中存在着许多先天不足，其中最主要的薄弱之处在于：

第一，本书最重要的一项工作是对铁岭青铜时代文化划分大致时段，所依靠的主要是20世纪80年代初和2007-2008年的先后两次大规模文物普查中采集标本，以及在这一过程中清理和调查的零星几处墓葬资料。毋庸讳言，标本在遗址中的采集与发现，与地表暴露程度，后世因耕作、水患、腐殖物如落叶掩埋，甚至调查时工作人员的工作水准及认真态度等自然与人为原因都有很大关系。近年因配合大型基本建设，对西丰东沟、永淳两处墓地做了发掘，但面积较小，缺乏成规模、成系统的揭露与发现，这样，现有材料就不可避免地带有很大的偶然性与局限性，这也必然影响到本文推论和判断问题的准确性。盲人摸象的错误肯定在所难免，因此，本书关于阶段性特征与源流的推断只能认为是根据这些不甚完整的资料体现出的大体趋势而做出考虑的结果。

第二，铁岭大山嘴子征集的青铜短剑和扇面形铜斧在形制分析中年代靠前，虽然可以为这类遗存到达铁岭的时间提供依据，但由于发现地点为采石场这一特殊因素，致使其在同一地点的滑石陶与夹砂陶混合发生的这类遗存相互间关系的信息丢失殆尽。这其实还关系到青铜短剑到达铁岭之后的发展脉络问题，大山嘴子遗址出土标本中发现通常只在弦纹壶上才能见到的那种半月形贴耳，应该是墓葬遗物，因为现场遭到破坏，发现的半月形贴耳与短剑和铜斧的关系也只能在再发现同类遗存之前保持存疑，资料有限，决定了依据这些资料所做的分析也必然粗疏。

第三，希望对不同类型的文化内涵做更深入的观察，需要采取不仅仅是类型学的比较，最好还要从诸如气候、环境等多方面来加以印证，而即使是类型学标准，限于作者学识也不免东施效颦。最关键的问题还在于，多年来铁岭的工作做得太少，无以形成真正考古学意义所要求的可以对这些遗存进行"分期"的条件，本文所做的至多不过是简单的"扒扒堆儿"罢了。一些问题提出来了，但同时我也清醒地知道，有些问题也不是短时期内可以解决的，只有静待时日，不断地多读书、多思考、多发现，或许只有如此，才能不断地感到以往认识的缺欠，从而达到使自己的见解更贴近客观真实的目的。

注释：

[1] 吉林梨树县文物管理所等：《吉林省梨树县叶赫影视城青铜时代晚期遗址清理简报》，《北方文物》2004年1期。

[2] 吉林省文物考古研究所：《东辽河上游考古调查发掘简报》，《辽海文物学刊》1995年2期。

[3] 抚顺市博物馆考古队：《抚顺地区早晚两类青铜文化遗存》，《文物》1983年9期。

[4] 同[2]。

[5] 辽宁省文物考古研究所、吉林大学考古学系：《辽宁彰武平安堡遗址》，《考古学报》1992年4期。

[6] 张少青、武家昌：《辽宁康平县老山头遗址调查报告》，《北方文物》1996年3期。

[7] 姜万里主编：《沈阳八王寺地区考古发掘报告》，辽海出版社，2011年。

[8] 新民县文化馆等：《新民高台山新石器时代遗址1976年发掘简报》，《文物资料丛刊》第7期，文物出版社，1983年。

[9] 同[2]。

[10] 裴耀军等：《辽宁铁岭市银州区辽海屯北山遗址》，《北方文物》2005年2期。

[11] 许志国：《辽宁铁岭市大山嘴子青铜文化遗址调查》，《北方文物》2011年2期。

[12] 许志国：《辽北地区青铜时代文化再探》，《辽宁省博物馆馆刊》（2009），辽海出版社，2009年。

[13] 同[10]。

[14] 同[11]。

[15] 张博泉、魏存成主编：《东北古代民族·考古与疆域》，吉林大学出版社，1998年。

[16] 赵宾福：《中国东北地区夏至战国时期的考古学文化研究》，科学出版社，2009年，赵晓刚：《新乐上层文化墓葬初步研究》，《沈阳考古文集》第1集，科学出版社，2007年。

[17] 霍东峰、华阳：《试论新乐上层文化》，《辽宁省博物馆馆刊》第3辑，辽海出版社，2008年。

[18] 同[11]。

[19] 董新林：《论高台山文化》，《考古》1996年12期；朱永刚：《论高台山文化及其与辽西青铜文化的关系》，《中国考古学会第八次年会论文集》，文物出版社，1996年。

［20］同［17］。

［21］同［12］。

［22］同［2］。

［23］同［2］。

［24］朱永刚：《东北青铜文化的发展阶段与文化区系》，《考古学报》1998年2期。

［25］吉林省博物馆：《吉林市泡子沿前山遗址和墓葬》，《考古》1985年6期。

［26］周向永：《法库县的几座山城遗址调查》，《沈阳文物》1993年2期。

［27］董学增：《吉林蛟河八垧地青铜时代遗址及其附近"堡寨"遗迹调查》，《辽海文物学刊》1988年1期。

［28］吉林市文物管理委员会等：《永吉星星哨水库石棺墓及遗址调查》，《考古》1978年3期；吉林市博物馆等《吉林永吉星星哨石棺墓第三次发掘》，《考古学集刊》第3集，中国社会科学出版社，1983年。

［29］抚顺市博物馆等：《辽宁新宾满族自治县东升洞穴古文化遗存发掘整理报告》，《北方文物》2002年1期。

［30］许志国等：《西丰钓鱼乡小育英屯石棺墓清理简报》，《博物馆研究》1996年3期。

［31］李继群等：《新宾老城石棺墓发掘报告》，《辽海文物学刊》1993年2期。

［32］许彦文：《吉林双辽万宝山石棺墓》，《黑龙江文物丛刊》1984年3期。

［33］东北考古发掘团：《吉林西团山石棺墓发掘报告》，《考古党报》1964年1期。

［34］西丰县文物管理所等：《辽宁西丰县新发现的几座石棺墓》，《考古》1995年2期。

［35］同［3］。

［36］同［3］。

［37］抚顺市博物馆：《辽宁抚顺市发现殷代青铜环首刀》，《考古》1981年2期。

［38］抚顺市博物馆等：《辽宁抚顺市甲邦发现石棺墓》，《文物》1983年5期。

［39］中国社会科学院考古研究所：《大甸子——夏家店下层文化遗址与墓地发掘报告》，科学出版社，1996年。

［40］吉林地区考古短训班：《吉林猴石山遗址发掘简报》，《考古》1980年2期。

［41］林沄：《中国东北系短剑再论》，《林沄学术文集》，中国大百科全书出版社，1998年。

［42］赵宾福：《中国东北地区夏至战国时期的考古学文化研究》，科学出版社，2009年。

［43］喻琼：《扇面形铜斧初论》，《北方文物》1993年2期。

［44］王刚：《林西县大井铜矿遗址》，《内蒙古文物考古》1994年1期。

［45］吉林省文物考古研究所等：《吉林双辽市后太平墓地》，《考古》2009年3期。

[46] 周向永：《沈阳老虎冲灰坑性质分析——兼论弦纹壶的起源》，《纪念宿白诞辰90华诞文集》，科学出版社，2012年。

[47] 旅顺博物馆等：《大连于家砣头积石墓地》，《文物》1983年9期。

[48] 卜工：《文明起源的中国模式》，科学出版社，2007年。

[49] 刘焕民、周阳生：《沈阳老虎冲青铜时代遗址发掘简报》，《博物馆研究》2005年2期。

[50] 许明纲、许玉林：《辽宁新金县双房石盖石棺墓》，《考古》1983年4期。

[51] 周向永、许超：《铁岭的考古与历史》，辽海出版社，2010年。

[52] 金旭东：《西团山文化辨析》，《青果集》，知识出版社，1993年。

[53] 中国社会科学院考古研究所编：《新中国的考古发现和研究》，文物出版社，1984年。

[54] 中国社会科学院考古研究所内蒙古工作队：《赤峰药王庙、夏家店遗址试掘报告》，《考古学报》1974年1期。

[55] 项春松：《小黑石沟发现的青铜器》，《内蒙古文物考古》1984年3期。

[56] 齐晓光：《内蒙古克什克腾旗龙头山遗址发掘的主要收获》，《内蒙古东部区考古学文化研究文集》，海洋出版社，1991年。

[57] 同［43］。

[58] 裴耀军：《西丰和隆的两座石棺墓》，《辽海文物学刊》1986年创刊号；孟庆忠：《试述铁岭地区的新石器文化和青铜文化遗存》，《辽宁省考古、博物馆学会成立大会会刊》1981年。

[59] 许志国、李忠恕：《辽宁开原市发现的几座石棺墓》，《博物馆研究》2001年4期。

[60] 辽宁省博物馆文物工作队：《辽宁清原县门脸石棺墓》，《考古》1981年2期。

[61] 乌恩：《北方草原考古学文化比较研究》，科学出版社，2008年。

[62] 同［61］。

[63] 吉林省文物志编委会：《双辽县文物志》。

[64] 吉林省文物志编委会：《四平市文物志》。

[65] 吉林省文物志编委会：《梨树县文物志》。

[66] 同［42］。

[67] 辽宁省文物考古研究所等：《辽宁西丰县东沟遗址及墓葬发掘简报》，《考古》2011年5期。

[68] 许志国：《辽宁开原市建材村石棺墓群》，《博物馆研究》2000年3期。

[69] 张波：《新宾县永陵公社色家村发现石棺墓》，《辽宁文物》1984年6期。

[70] 吕学明：《中国北方地区出土的先秦时期铜刀研究》，科学出版社，2010年。

[71] 辽宁铁岭地区文物组：《辽北地区原始文化遗址调查》，《考古》1981年2期。

[72] 同［34］。

[73]《中国大百科全书·考古学卷》，中国大百科全书出版社，1986年。

[74] 吉林省文物志编委会：《集安县文物志》。

[75] 辽宁省文物考古研究所等：《辽宁西丰县永淳遗址及墓地的发掘》，《考古》2011年3期。

[76] 王奇：《辽宁铁岭清河发现的两座石棺墓》，《博物馆研究》2002年2期。

[77] 同[34]。

[78] 吉林大学历史系文物陈列室：《吉林西团山石棺墓发掘记》，《考古》1960年4期。

[79] 黑龙江省文物考古研究所：《平洋墓葬》，文物出版社，1990年。

[80] 辽宁省博物馆编：《辽河文明展画册》，文物出版社，2009年。

[81] 同[72]。

[82] 富育光：《论萨满教的天穹观》，《萨满教文化研究》第1辑。

[83] 庞志国：《吉林九台市石砬山、关马山西团山文化墓地》，《考古》1991年4期。

[84] 吉林省文物考古研究所编：《榆树老河深》，文物出版社，1987年。

[85] 王刚：《林西县井沟子夏家店上层文化墓葬》，《内蒙古文物考古》1998年1期；吉林大学边疆考古研究中心等：《2002年内蒙古林西县井沟子遗址西区墓葬发掘纪要》，《考古与文物》2004年1期。

[86] 同[80]。

[87] 吉林省文物考古研究所等：《吉林辽源市高古村石棺墓发掘简报》，《考古》1993年6期。

[88] 同[82]。

[89] 邵国田：《敖汉旗铁匠沟战国墓地调查简报》，《内蒙古文物考古》1992年1、2合刊。

[90] 同[76]。

[91] 王立新：《探寻东胡遗存的一个新线索》，《边疆考古研究》第3辑。

[92] 肖景全、周向永：《辽吉两省相邻地区早期铁器时代文化的发现与研究》，《辽宁省博物馆馆刊》第2辑，2007年。

[93][韩]国立金海博物馆：《韩国圆形黏土带土器文化资料集》，2004年。

[94][韩]朴淳发：《辽宁黏土带土器文化的韩半岛定着过程》，《锦江考古》创刊号。

第一章　铁岭县

（附银州区和铁岭市经济开发区）

铁岭县位于铁岭市南部，南邻沈阳市新城子区，北界开原市，东和抚顺县及清原满族自治县接壤，西同法库县、调兵山市毗连。县境南北窄、东西宽，南北最宽距离45公里，东西最长距离90公里，土地面积2279平方公里。境内山脉以辽河为界，东部是长白山哈达岭余脉，西部属医巫闾山余脉，较大的河流有辽河、柴河和凡河。

铁岭县的考古工作始于20世纪70年代初，当时为配合铁岭县东郊柴河水库的兴建，在水库淹没区的兴隆店曾进行过小规模的考古调查，采集了一批较有特点的石器和陶器标本。陶器主要是鬲和鼎，部分羼滑石，尤以采集的石器较具特色，多半为利用河边天然磨光的河卵石和小石片略为加工而成，只在选好的石材一边磨出刀刃，免去了将全器磨光的劳作与辛苦，反映了久居河岸的原始部族利用自然资源的情况。这一时期还对现属铁岭市开发区（原称铁岭市种畜场）的树芽屯遗址进行过调查，对该遗址发现的一座石棺墓进行了清理。发现的陶器均为夹砂粗陶，以红陶居多，灰陶少见，器类有高颈壶和豆足杯，其文化性质被认为与其北邻的西团山文化有很多相近之处[1]。

铁岭早期青铜文化主要集中分布于境内的柴河流域，在西部靠近辽河的阿吉镇，也见少量早期遗存。柴河流域以铁岭市南郊的辽海屯北山遗址为代表[2]，其遗存主要面貌与特征已在"概述"中谈及，此不赘述。同样位处柴河流域的熊官屯大山嘴子遗址因出土青铜短剑和扇刀铜斧而受到学界关注，报告人认为该遗址有三种不同类型的文化，分别是约当于商周之际的高台山文化、约在西周晚期前后的夹滑石陶遗存，及在西周晚至春秋早期前后的青铜短剑文化[3]。足以说明大山嘴子遗址的内涵并不单一。

类似的情况在凡河流域也有所反映，如在凡河岸边的大甸子镇房身央耳台子遗址采集标本主要是滑石陶，而在树芽屯遗址采集的陶片及清理的墓葬则同于铁岭东部山地的石棺墓及其相关遗存，这种同处相同流域区而文化面貌却存在相当大差异的现象，大抵反映了早自商末即已开始直到战国至汉初这一历史时段各种文化势力在铁岭南部地区此消彼长的发展过程。

在李千户镇花豹冲村发现的完整小陶鬲，是一个有着十分重要意义的发现，这件小陶鬲的形制，带有鲜明的辽西夏家店下层文化陶鬲特点，壁与足间无明显区分痕迹而一贯到底，整体器形与大甸子墓地 M31：3 筒腹鬲相似[4]，与属西团山文化的猴石山 7911T2③：58 鬲也有神似的地方。以往人们习惯于把在铁岭南部发现的青铜时代遗存归属于新乐上层文化，现在看来，随着考古研究的不断深入和新材料的不断发现，一些传统观点也需要重新认识。

总体看来，铁岭县青铜时期遗存的年代相较东部山区的西丰、开原等地要普遍偏早，但分布却很稀疏，有的乡镇甚至只有一个或干脆没有此类遗址发现。在铁岭县东部山区的白旗寨、鸡冠山两乡，"三普"调查中只发现有青铜时期的石棺墓群，却未发现应与之伴存的同时期生活遗址，说明今后工作的细致程度还需提高。以泥质绳纹灰陶瓦为主要内涵的邱台遗址，也采集到了诸如环耳和高柄豆等在东部山地广泛分布的粗砂陶器物标本。地层资料显示，邱台遗址中这类晚期青铜文化的夹粗砂陶遗存与铁器时代的细泥灰陶遗存并存，这种情况说明，从春秋战国之际直到汉初，因为中原汉文化的势力到达辽北，使当地传统的土著文化发生深刻变化，并逐渐取代了本地区曾占统治地位达数世纪之久的土著青铜文化。但这种取代是渐进的，是通过不断融合来完成的。在阿吉红山、陈平和镇西堡杜蒋窝棚等战国、汉烽火台上发现的夹砂陶鬲足或鼎足标本，就应是这种渐变状况的最好解释。

第一节　柴河流域区

柴河流域的上源区域主要在开原市境（见开原市柴河流域区部分），位于铁岭县境内的柴河，是柴河的下游区域，流经区域很小，只有熊官屯乡和银州区两个行政单位。其青铜文化特色仍旧显现出整个河流流域独有的特点，代表着这一流域的文化主体风格。重要的遗址有银州区辽海屯北山、铁岭龙首山祖越寺和熊官屯乡大山嘴子等遗址，其中的银州区辽海屯北山和熊官屯乡大山嘴子是已经发掘或清理的两处遗址，为深入研究这一遗存提供了资料。

这一流域异于其他流域青铜时期遗存的独有特点主要反映在两个方面，一是器物口沿的加厚化，二是陶质的滑石化。两处典型遗址采集或出土陶器，形制都以三足器为主，鼎鬲均见；陶质中有相当一部分是羼滑石的红褐色陶，有的竟发暗紫色。在辽海屯北山遗址中除了发现一批很有特色的陶器外，还清理出了几座房址和灰坑。房址是在辽东考古中很少见到的"套间"形制，很有特色，在对辽海屯北山遗存的深入工作中，将有助于解决辽北地区早期青铜文化的来源和与当地土著文化融合共生过程等问题。

熊官屯大山嘴子发现的青铜短剑和扇面铜斧及一批相关陶器，其形制似乎代表了该型铜剑铜斧的早期形制，以此或可对以往关于此类遗存年代、传播及与相邻文化关系等议题做出更具说服力的分析意见，学术意义不可小觑。

一、银州区

1. 慈清寺前遗址

位于铁岭市银州区柴河街龙园社区龙首山风景区内的慈清寺处，遗物散布在寺前及道路西侧，在路北的断崖处，见文化层深度在距地表1.8米之下，内含大量辽金时期陶片、布纹瓦、青砖碎片和少量的夹砂红褐陶片，采集有夹砂红褐陶残片和鬲足标本（图1-1）。

铁岭龙首山慈清寺是明代中期建成的一座古刹，民国年间将山门改成醉翁楼，遗物发现于醉翁楼东西两侧的断崖地层中，而断崖是由醉翁楼前的道路修建而形成的。无疑，明代的慈清寺是建在了一处青铜时期的遗址上。有鬲、有鼎，鼎足发现较多，鬲的实足根很高。发现的錾耳或用残弃的桥耳改成，陶质为云母陶。

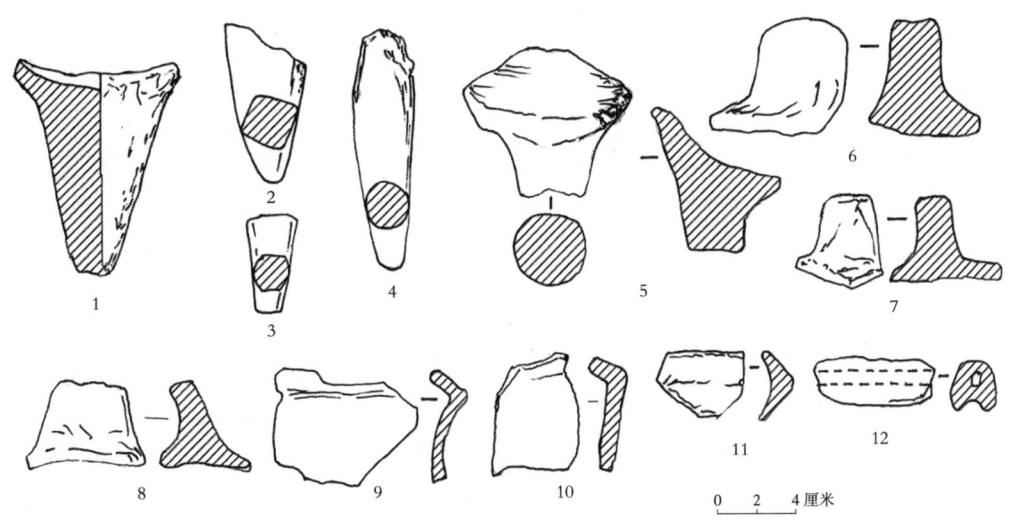

图1-1 慈清寺前遗址采集标本

1.鬲足；2—5.鼎足；6、7.錾耳；8.桥耳；9—11.口沿；12.网坠

2. 柴河水库二道沟遗址

遗址所在为铁岭市郊东部矮丘陵地带，1972年因修建柴河水库，当时的铁岭地区文物组对其进行了调查，采获了一批陶石器标本。陶器有鬲、鼎、口沿，石器有石斧、石刀、石磨棒等（图1-2）。所采陶器标本中，均为夹滑石暗紫色陶，陶质手感光滑，陶胎较硬，是铁岭柴河流域青铜文化陶器的重要特征。现该遗址区已被柴河水库淹没。

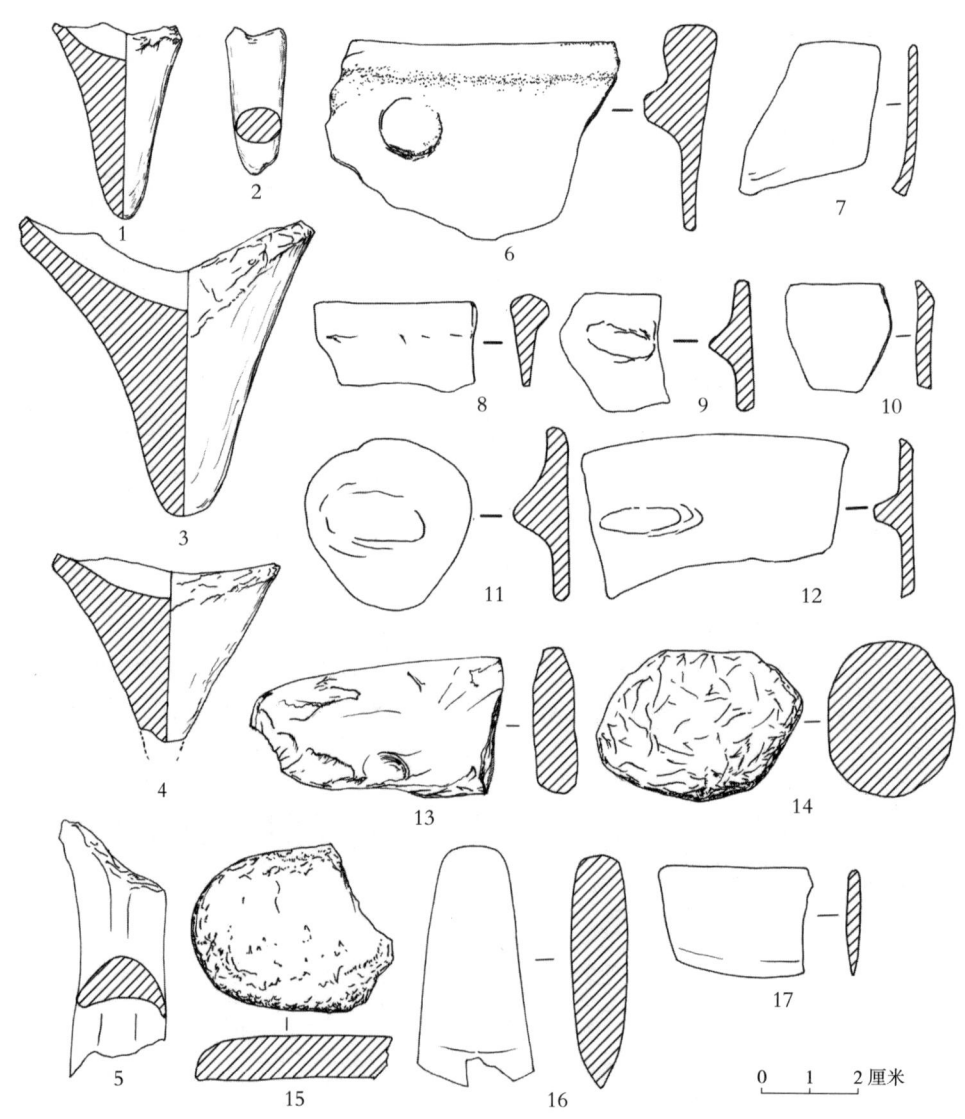

图 1-2　柴河水库二道沟遗址采集标本

1、3、4. 鬲足；2. 鼎足；5. 鬲裆；6—12. 口沿；13. 石刀；14. 橄榄形石器；15. 石磨棒；16. 石斧；17. 石刀残段

3. 祖越寺遗址

位于铁岭市龙首山北端,北距北市路—东大桥公路约200米的山顶。采集标本较丰富,包括泥质灰陶、绳纹、弦纹、夹砂红褐陶片,鬲足残部、口沿残片、陶片等(图1-3)。

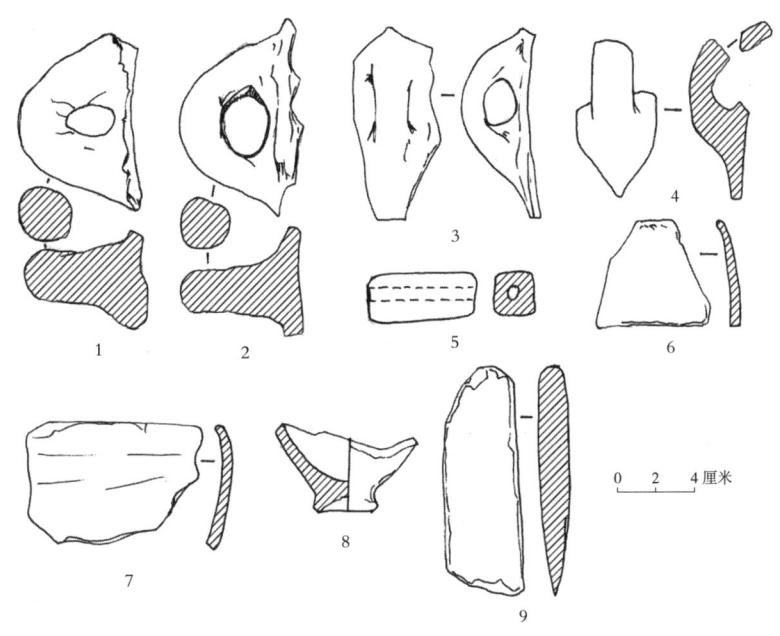

图1-3 祖越寺遗址采集标本
1、2.环耳;3、4.桥耳;5.网坠;6、7.口沿;8.圈足器;9.石斧

祖越寺也是龙首山上的一座古刹,但其附近的遗存却显示出与慈清寺遗址的明显不同。灰陶环耳和红陶壶领其年代晚于慈清寺遗址,应是先后相继的两种遗存。有趣的是,两个遗址都见网坠,证明古时的柴河距龙首山并不像现在这么远,河道很可能是直抵山下。

4. 辽海屯北山遗址

辽海屯北山遗址是1993年为配合沈阳—四平高速公路建设,对高速公路设计线路进行调查时发现的,当年6月,受省文物考古研究所委托,铁岭市博物馆对这一遗址进行了发掘[5]。辽海屯北山遗址位于铁岭市银州区辽海屯街道北一独立山冈的东北坡地上,北距铁岭市区约7公里,遗址东北100米有铁岭至抚顺公路,路东有山溪自北向南流。遗址地势东高西低,出土陶器有鬲、鼎、甗、盆、罐、碗等。石器以刀、斧、铲、凿、石球居多，另有镰、磨盘和石饰管等。以磨制为主，兼有打、琢现象，小件器物大多制作较随意，如仅磨刃部等（图1-4）。

陶器均夹砂陶质，砂质较粗，多含石英。红褐色陶占较大比例，少有灰褐和深紫色陶。陶色深紫色，均为夹滑石陶，器耳、鬲足等附件多为分制后接，火候偏低。仅发现有在竖桥耳端部划刻竖条和在器腰、颈部饰附加堆纹的现象；宽厚口沿也是该遗址陶器的一个显著特点（图1-5）。

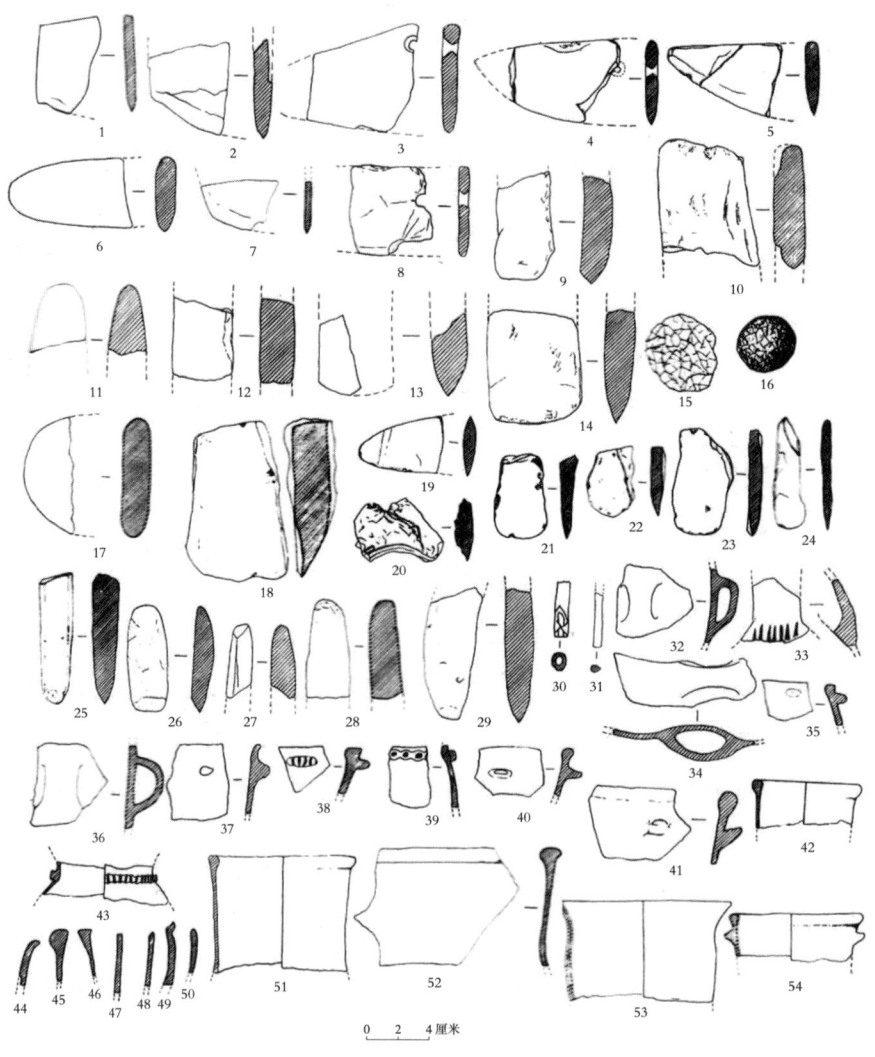

图1-4 辽海屯北山遗址采集标本

1—8.石刀；9—14.石斧；15、16.石球；17.石磨盘；18.石锛；19.石镰；20.凹刃刮削器；21—24.石铲；25—29.石凿；30.石饰管；31.骨饰棒；32—34、36.桥状耳；35、37—41.带鋬耳的口沿；42.敞口罐；43.甗腰；44—50.各式口沿；51—54.陶鼎壁

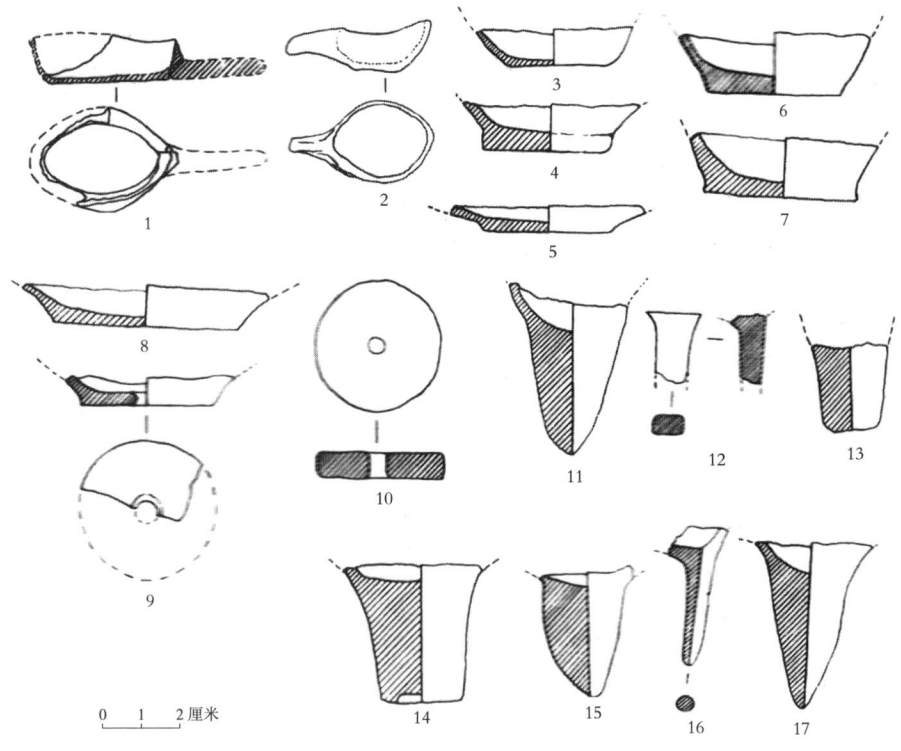

图 1-5 辽海屯北山遗址采集标本

1.陶勺；2.陶匙；3—8.陶器底；9.甑底；10.陶纺轮；11、14、15、17.鬲足；12、13、16.鼎足

二、铁岭县

1. 大山嘴子遗址

位于熊官屯乡西约 2 公里处的柴河北岸，遗址西 400 米是沈阳至四平高速公路和 102 国道，再西则是铁岭市城区。2001 年，当地农民在遗址处采石时发现曲刃青铜短剑、扇刃铜斧等一批文物，铁岭市博物馆前往清理。遗物分布在采石场所在的漫坡状山体顶部，因多年采石，遗址南部及中心区已经消失，向北尚残余 20-30 米，宽不及 50 米。在农民手中征集了几件应属墓中出土的陶器，并在地表采集了一些陶石器标本，陶器主要有鬲足、双耳连颈壶、鼎足等（图 1-6、图 1-7、图 1-8、图 1-9）。

大山嘴子遗址采集和出土标本相当一部分为夹滑石陶质，与辽海屯北山遗址及其他柴河沿岸遗址所见标本特点一致，显示出浓烈的区域文化特色。该遗址附近发现曲刃青铜短剑和扇刃铜斧，与在辽南双房六号墓发现的同类器物形制相同，是判定铁岭地区青铜短剑文化到来时间及其相关遗存所处年代的重要材料。

2. 兴隆店遗址

1973年铁岭县决定修建柴河水库,当时的铁岭地区文物组对水库淹没区进行了一次文物调查,在兴隆店屯附近发现了这处遗址,采集了一些陶器和石器标本。陶器见有鬲足和鼎足,石器有刀、铲、镞和纺轮等。采集标本经整理已发表[6]该遗址现已被柴河水库淹没。

兴隆店遗址最具特色的陶器遗存是器物口沿的加厚、舌状鋬耳的发达,以及陶质

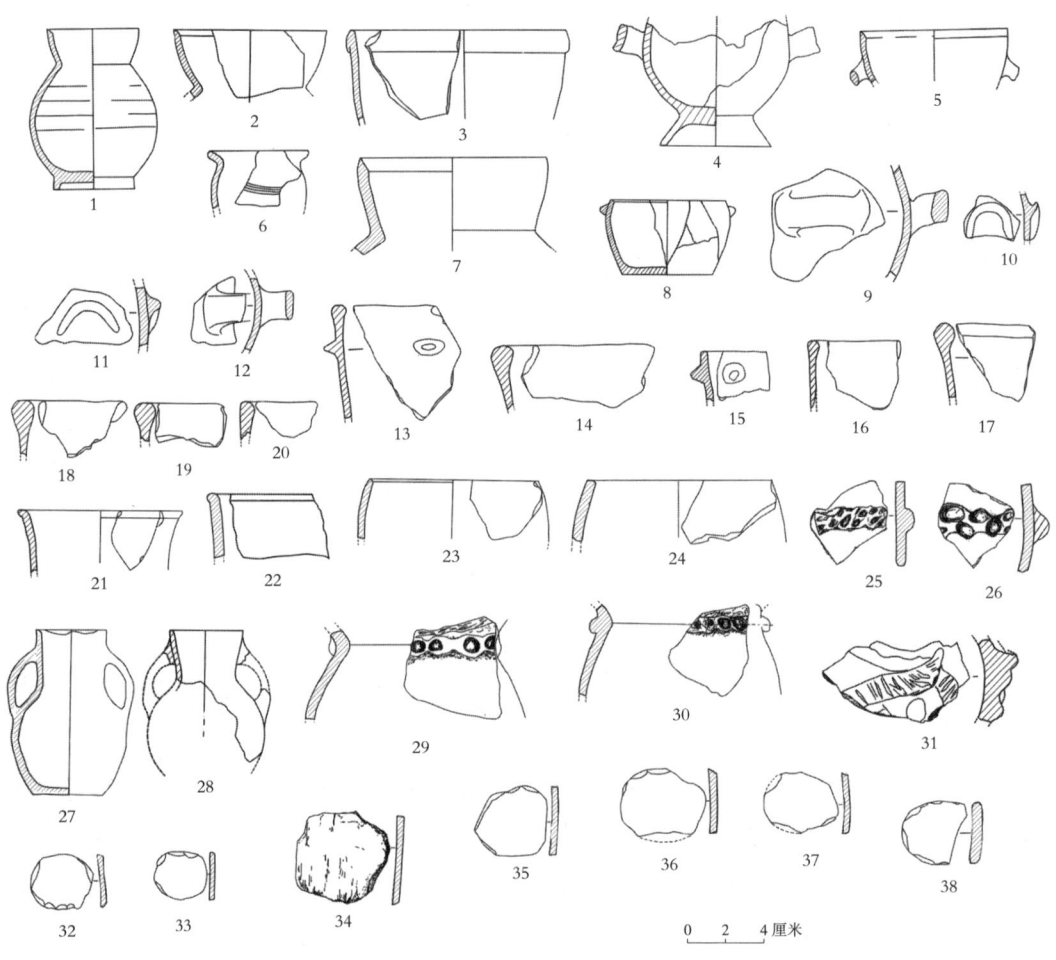

图1-6 大山嘴子遗址出土陶器

1.碗口壶；2、7.壶口；3.叠唇罐口沿；4.双耳壶；5.横耳钵；6.敞口弦纹小罐；8.敛口钵；9、12.桥状横耳；10、11.陶壶贴耳；13—20.陶器口沿；21、22.I式壶口沿；23、24.敛口罐口沿；25、26、29、30、31.附加堆纹陶；27、28.双耳；32—38.圆形陶片

第一章 铁岭县

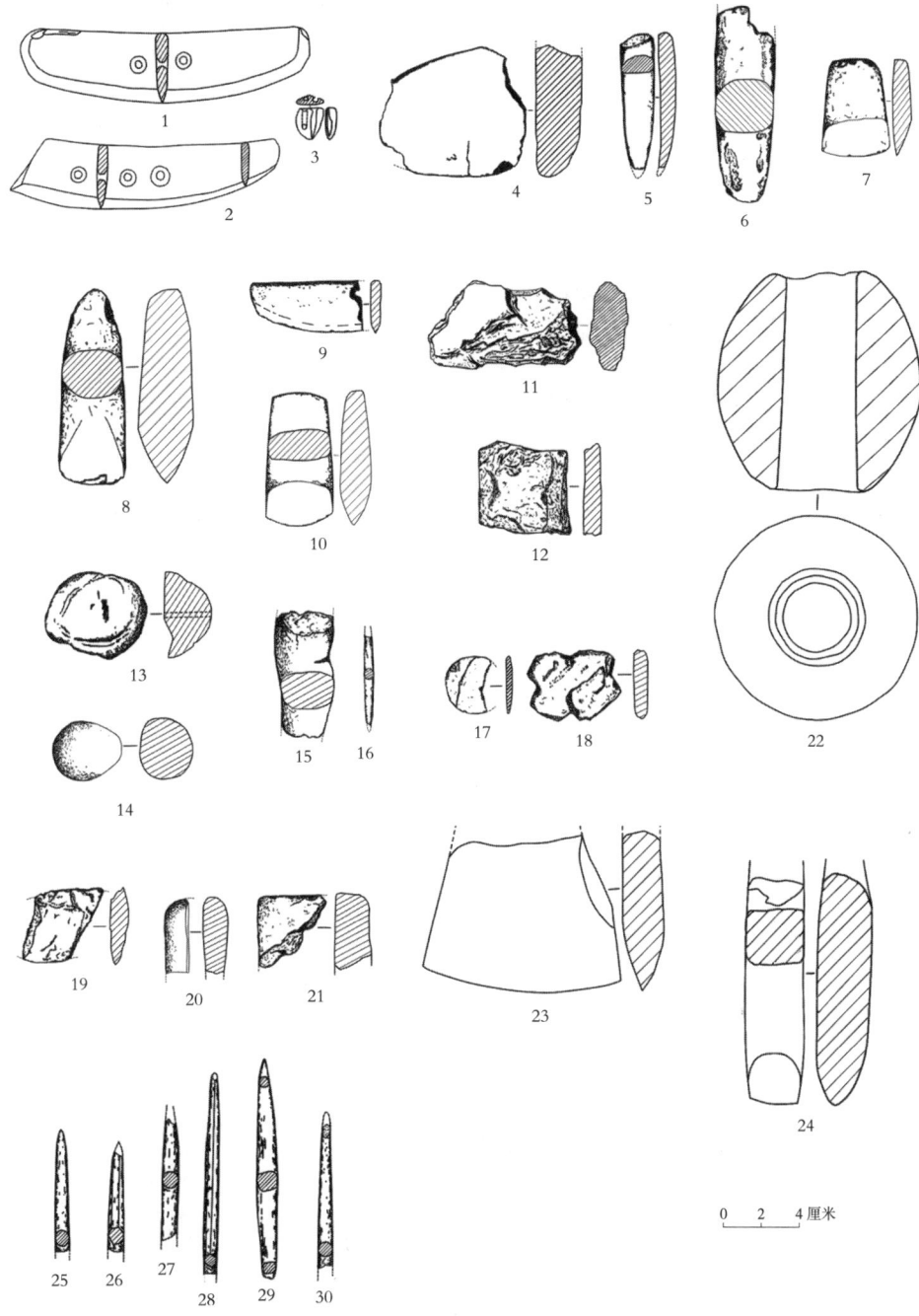

图 1-7 大山嘴子遗址出土石器

1、2、9.石刀；3.石坠饰；4.石磨盘；7.石锛；11.砍砸器；12.石铲；13.圆形石器；14.石球；6、15.石磨棒；17.圆形石片；18.网坠；19.打制石刀；20、21.石斧；22.石棍棒头；8、10、23.石斧；24.石凿；5、16、25—30.石锥

025

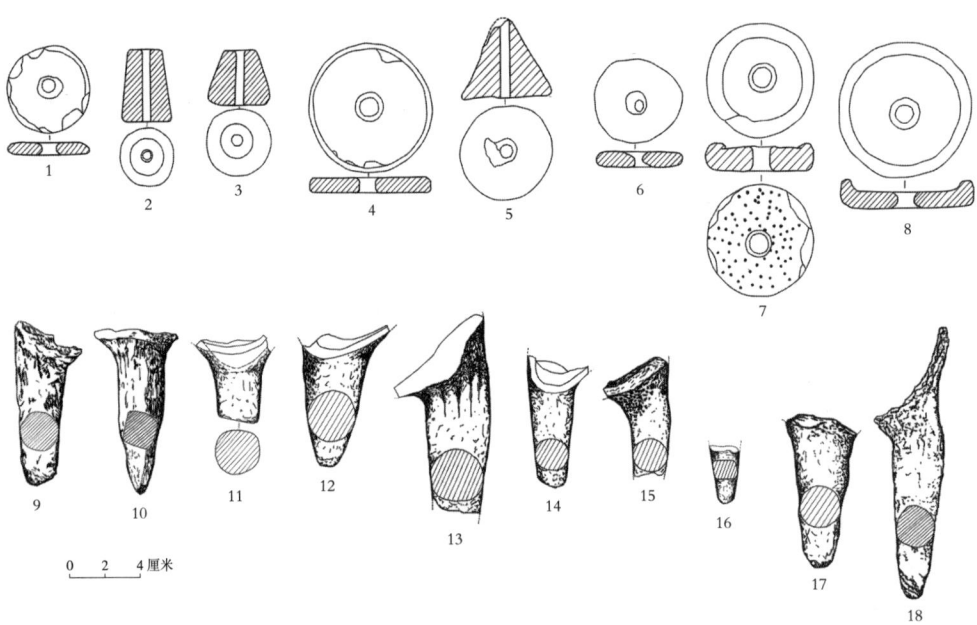

图 1-8 大山嘴子遗址出土纺轮、鼎足、鬲足

1、4. 石纺轮；2. 梯形纺轮；3. 算珠状纺轮；5. 斗笠形纺轮；6. 圆饼状纺轮；7、8. 圆台状纺轮（原大）；9、10、13—16、18. 鼎足；11、12、17. 鬲足（1/2）

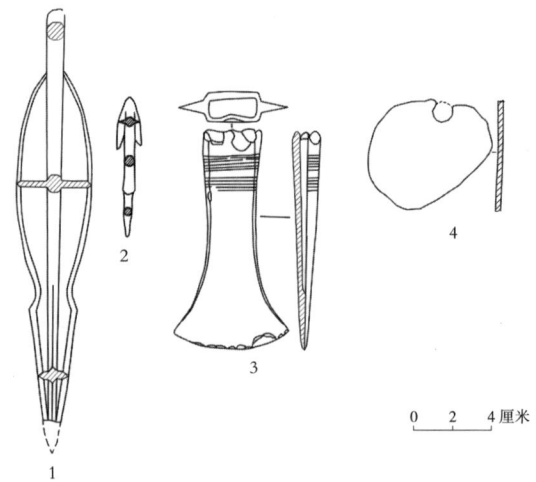

图 1-9 大山嘴子遗址征集、采集铜器

1. 青铜短剑；2. 铜镞；3. 扇形铜斧；4. 心形铜片

大部为夹滑石的红紫色陶,这也是铁岭柴河流域青铜遗存的典型特征。遗址中采集了很多有孔石刀残段,其中也见利用薄片形状的河卵石磨制成的石刀,形状不拘一格,完全按照河卵石天然形状,在石材的一边磨成刀刃,反映了久居河岸的原始居民适应环境的能力(图1-10、图1-11)。

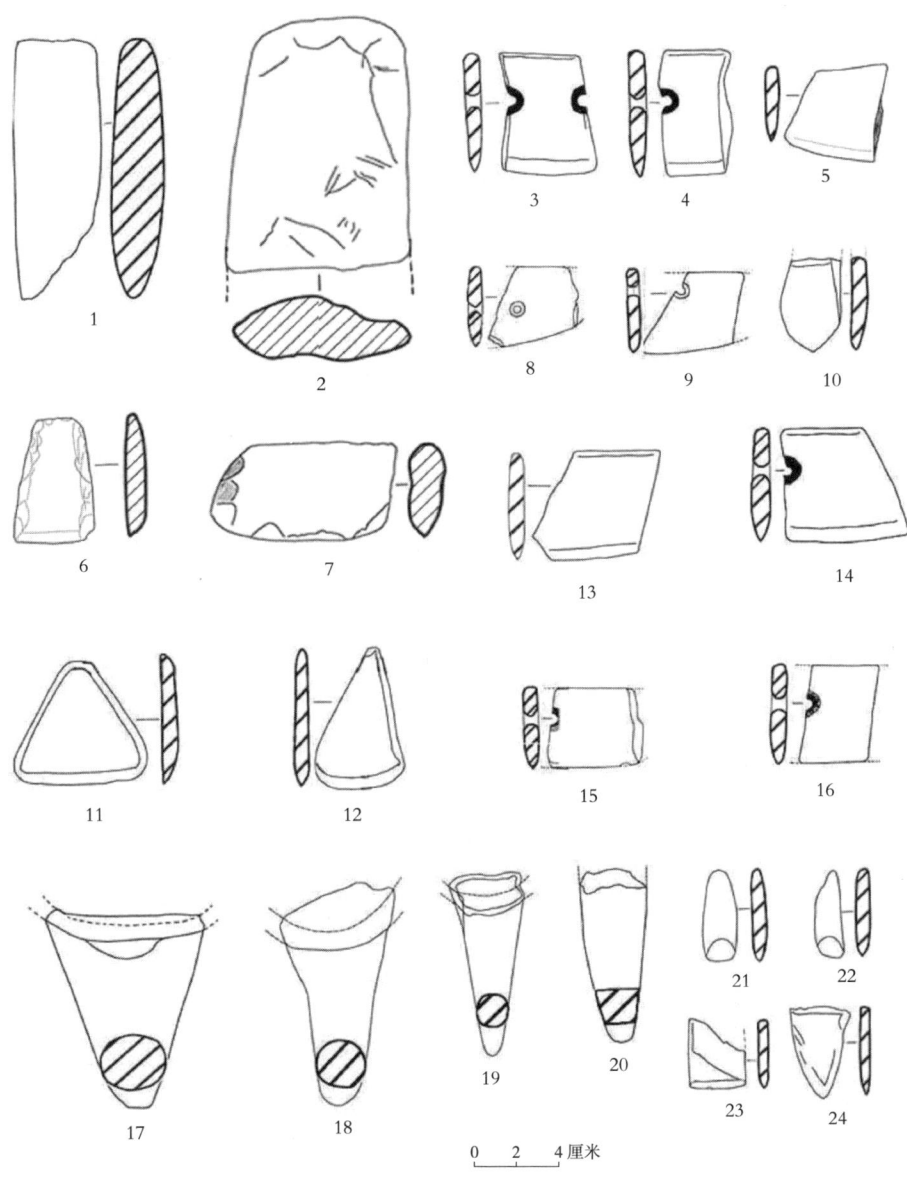

图1-10 兴隆店遗址采集标本

1.石铲;2.石斧;3—5、8、9、13—16.石刀;6.石锛;7.石镰;10.锄形器;11.三角形石器;12、21—23.石刃;17、18.鬲足;19、20.鼎足;24.石矛

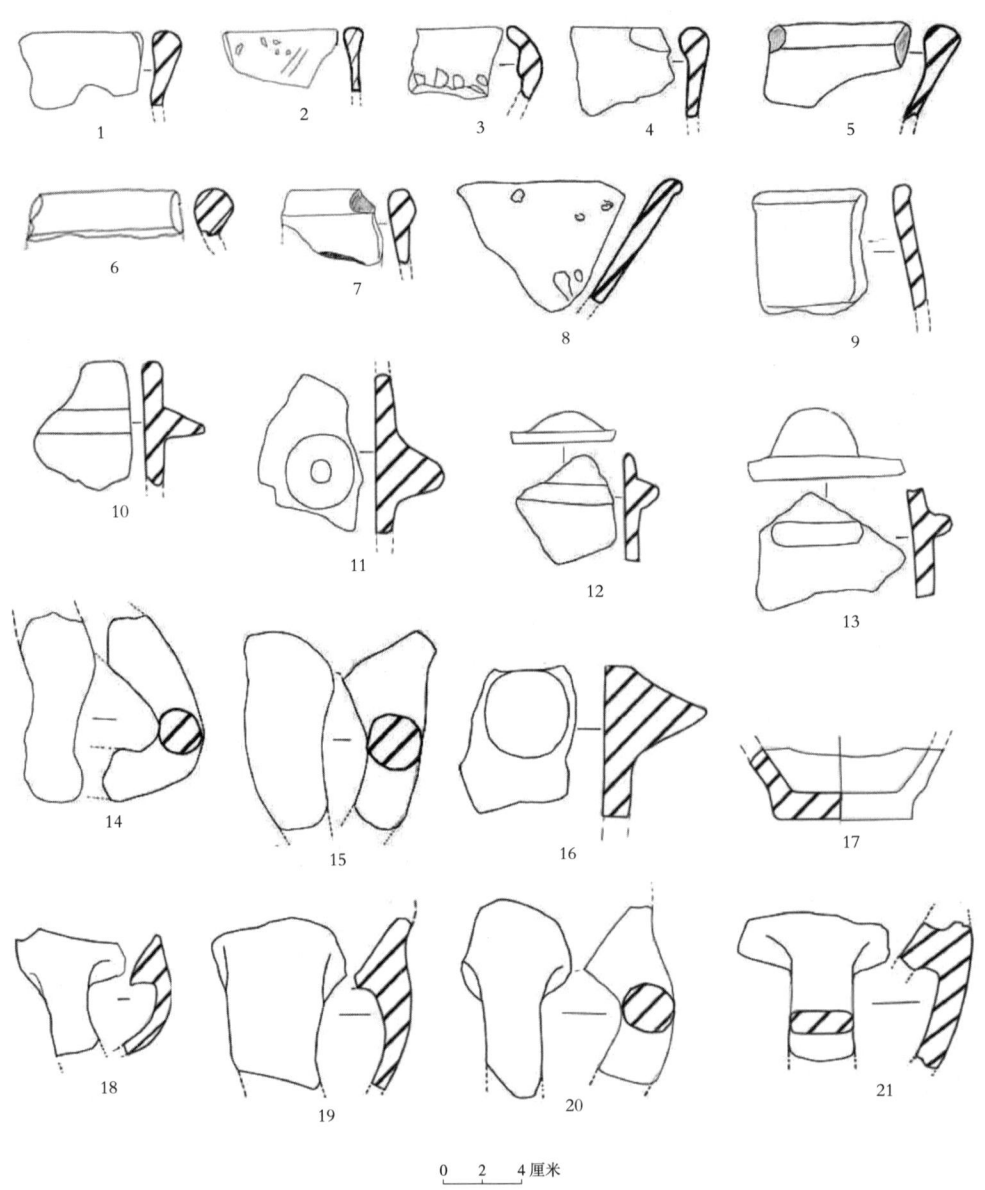

图 1-11　兴隆店遗址采集标本

1—9. 口沿；10—13、16. 鋬耳；14、15、20. 环耳；17. 器底；18、19、21. 桥状耳

第二节 凡河流域区

凡河发源于铁岭县白旗寨乡东滚马岭西坡，流经铁岭县白旗寨、鸡冠山、大甸子、李千户、凡河等几个乡镇，在凡河镇药王庙村西北1公里处汇入辽河，流域面积1180平方公里，河长108.3公里。流域中上游在东部山区，地势东高西低，河道比降较大。凡河是典型的山溪性河流。凡河流域青铜时期遗址发现较少，上游区域的白旗寨、鸡冠山两乡镇不见青铜时期遗址，却发现多处同期的墓葬或墓群。中游区域的大甸子镇房身央村发现一处很好的遗址，正处凡河之阳，遗址内涵与其北邻的柴河流域遗存相同，陶器多为羼滑石陶质。李千户镇也发现了少量的青铜时期遗址，这个镇的花豹冲村曾出土一件完整陶鬲，其形制与西邻的夏家店下层文化和北邻的西团山文化都很相似。

一、铁岭市开发区

树芽屯遗址

位于铁岭市区东南约15公里的凡河北岸，地属铁岭市经济开发区树芽屯分场，是树芽屯村东近1公里的一个黄土岗。1973年，在这里修建铁岭至抚顺的公路，施工中发现一座石棺墓，并伴有一批陶石器出土，当时铁岭地区文物组业务干部前往做了简单清理[7]。出土并采集的主要器物有：豆足杯、高颈褐陶罐、红陶壶、褐陶壶等（图1-12）。

树芽屯出土并采集的陶器，陶质较粗劣，陶色多样，其陶壶形制与在法库叶茂台西山采集的很相近，显示出可能与辽河以西同期文化存在联系。树芽屯遗址最富特色的陶器是豆足杯，不但在遗址中有所采集，在同一座墓中竟随葬8件此类器物。豆足杯系利用陶豆的残足稍加修整而成，形状一致而高低不等，多平唇，敞口呈喇叭状，其中或有口沿修整成尖唇者。

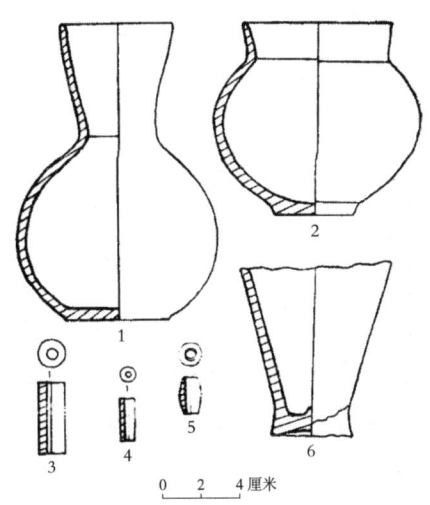

图1-12 树芽屯遗址出土器物

1.夹砂红陶壶；2.夹砂褐陶壶；3—5.玉饰；6.夹砂红陶豆足杯

二、鸡冠山乡

团坑子头道沟遗址

位于铁岭县鸡冠山乡鸡冠山村团坑子屯东北约500米处的缓坡耕地中，东约500米为榛子岭水库。采集有夹砂红陶陶片、石斧、石纺轮等标本。采集陶片标本均为滑石红褐陶，陶片过于残碎，不辨器形。石器均为通体磨光的扁平石斧，并见一残半的石纺轮（图1-13）。

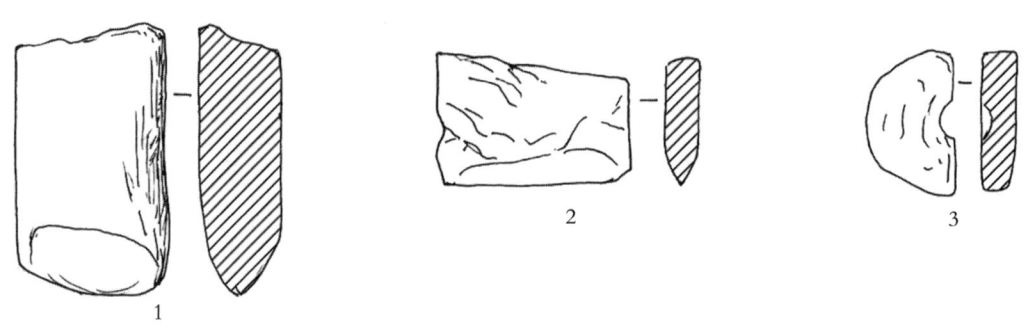

图 1-13　团坑子头道沟遗址采集标本
1、2.石斧；3.石纺轮

三、大甸子镇

房身央耳台子遗址

位于铁岭县大甸子镇房身央村西约400米石人沟东侧山坡上，南约200米为凡河。采集标本有口沿、鬲足、纺轮、器耳、器底等（图1-14）。

所见陶器标本全部为滑石红褐陶。桥耳耳根部有划印的沟纹，舌形鋬耳耳面上也有戳点纹。口沿有两种：一种是方唇外侈几近平折，沿下有舌状鋬耳；另一种是圆唇加厚的厚唇沿。鬲见鬲裆和鬲足；器底为平底。石器为钻孔石刀。在后续的调查中，还采集有石斧、石锛、陶纺轮等标本。

第一章 铁岭县

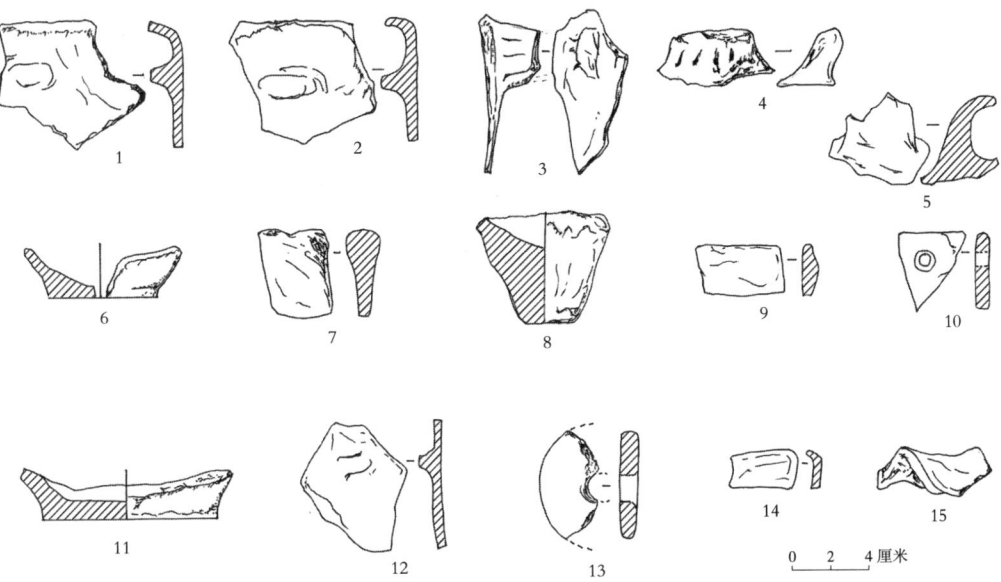

图1-14 房身央耳台子遗址采集标本

1、2、7、9、12、14.口沿；3、4、5.器耳；6、11.器底；8.鬲足；10.石刀残断；13.石纺轮；15.鬲裆

四、腰堡镇

茨林子西山遗址

位于铁岭县腰堡镇茨林子村西约700米处，在一北高南低的漫坡地上，北约150米是一条无名小河。采集标本有叠唇口沿、鋬耳、环耳、鬲足、甑底等（图1-15）。

有夹砂红褐陶、滑石红陶、夹砂灰褐陶三种陶质陶色。夹砂红褐陶的标本有鋬耳和叠唇口沿；滑石陶为甑底；鬲足和环耳为夹砂灰褐陶。其中鬲足为深袋足，无实足根。石器见有石斧残段，刃部磨成漫圆状。

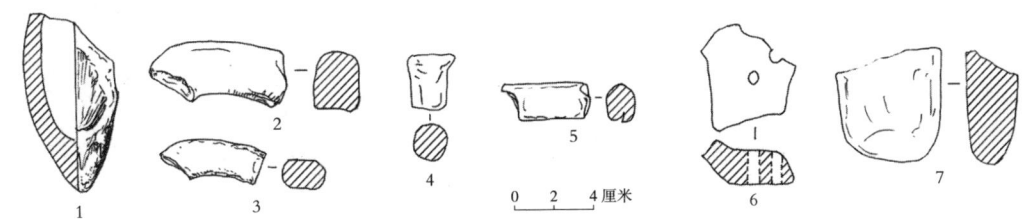

图1-15 茨林子西山遗址采集标本

1.鬲足；2、3.器耳残断；4.鼎足；5.口沿；6.甑底；7.石斧

五、铁岭县种畜场

高湖沟段家坟遗址

位于铁岭县种畜场八宝岭村高湖沟屯西侧山坡上，附近未见暴露水源。采集有鋬耳、鼎足等标本（图1-16）。均夹砂红褐陶。遗址所在之处属柴河流域，该流域多见滑石陶，但这里却不见。鼎足为方锥状，鋬耳为方形，柱耳为圆柱形。

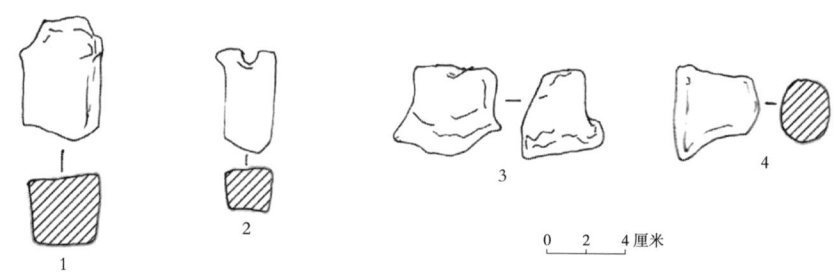

图1-16 高湖沟段家坟遗址采集标本
1、2.鼎足；3、4.鋬耳

六、李千户镇

辅民窑沟地遗址

位于铁岭县李千户镇辅民屯村西北王家坟窑沟地的向阳坡地上，遗址处陶片多有散布，村民疑此地以往曾做过砖瓦窑而名"窑沟地"，遗址中部低洼处有山水自北而南流。采集有夹砂红褐陶器物残片及石器等标本（图1-17）。

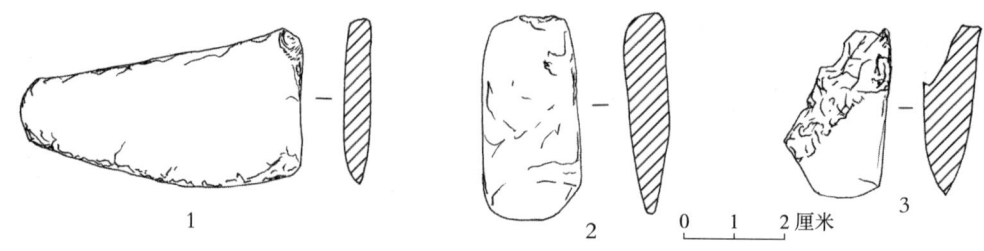

图1-17 辅民窑沟地遗址采集标本
1.石刀；2、3.石斧

七、横道河子乡

上石碑西山遗址

位于铁岭县横道河子乡上石碑村西约 500 米的西山南坡地上，遗址坡下有山溪由东而西流。地表遗物散布丰富，采集有石器、陶器口沿、鼎足、鬲足、器底等标本（图 1-18）。除鬲足为羼滑石暗紫色陶外，该遗址其余采集陶器标本均为夹砂红褐陶器类，有鬲和鼎。

第三节 辽河干流区

在整个铁岭地区青铜时期考古历程中，对辽河干流区所做的工作在某种程度上具有里程碑式的特殊意义，这样说的理由是，最早在 20 世纪 80

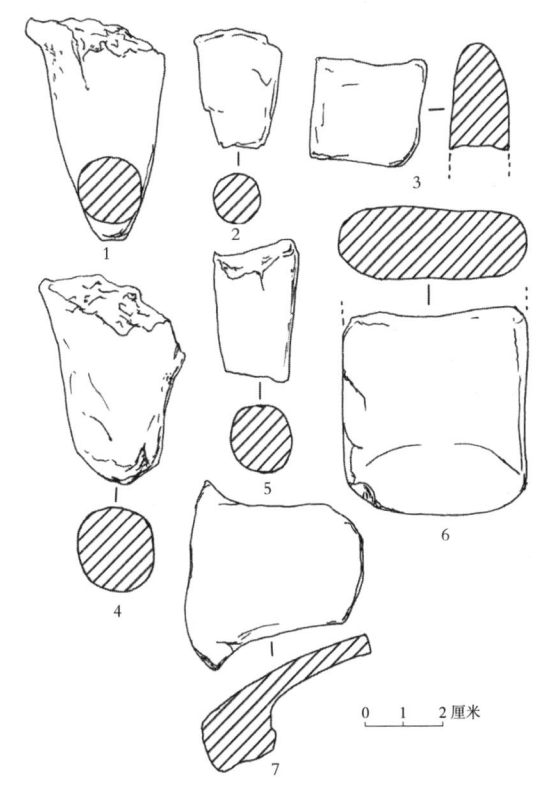

图 1-18 上石碑西山遗址采集标本
1、4.鬲足；2、5.鼎足；3.口沿；6.石斧；7.桥耳

年代初期，铁岭考古事业起步不久，便在这一区域的新台子邱台遗址做了当时来说是颇具规模的考古发掘，并且发现了即使在今天看来也是非常有学术价值的一批遗迹和遗物。这一区域的青铜时期遗存与东部山地遗存存在差异，表现在：陶器中三足器多见，器物口沿或见内抹斜者，并与晚期遗存如高柄豆等陶器共存等方面。在新台子朱尔山东北坡遗址中，采集的标本有鬲、鼎、石刀、石斧等，此类文化面貌更多地显示出高台山文化的特点，而且也见在柴河流域广泛流行的口沿加厚的做法。从总体上看，这一区域的早期遗存还是受高台山文化影响较多，到晚期时受到来自东部山地高柄豆文化的冲击，性质发生改变，但不久就全部被汉陶及铁器文化取代。邱台遗址最下层出土带红陶衣的夹砂陶片，其上是带有高柄豆和环耳的标本，而在其最上层则是绳纹灰陶的遗存，正是这一区域青铜文化由早到晚不断演变的写照。

此外，这里也是辽北战国、汉时期遗址遗迹比较集中的地域，这一区域的诸多遗存现象折射出从战国燕的辽东郡开始，直到汉代初年，燕国及汉政府都在这里经营着辽东郡的北边，史料和实地均表明，燕汉长城肯定从铁岭的这一区域经过，但长城的实体却始终未能发现，促使人们思考司马迁《史记》中所载"障塞"的表现形式问题。这一区域采集有夹砂陶标本的遗址中，也见有战国、汉时期的陶片或刀币布币，其间关系很值得研究。

一、阿吉镇

1. 古城子孙家坟遗址

位于铁岭县阿吉镇古城子村东北约 600 米处的辽河西岸二级台地上，东约 300 米有一无名小河。采集标本有鬲足、鍪耳、桥耳、口沿、鬲裆等（图 1-19）。有夹砂红褐陶和黑灰陶两种陶色。夹砂红褐陶标本有鬲裆，从遗物迹象看，袋足较深。口沿 3 件，均为圆唇直口；桥耳制作较规整。黑陶只 1 件口沿，唇沿划数道浅沟纹。

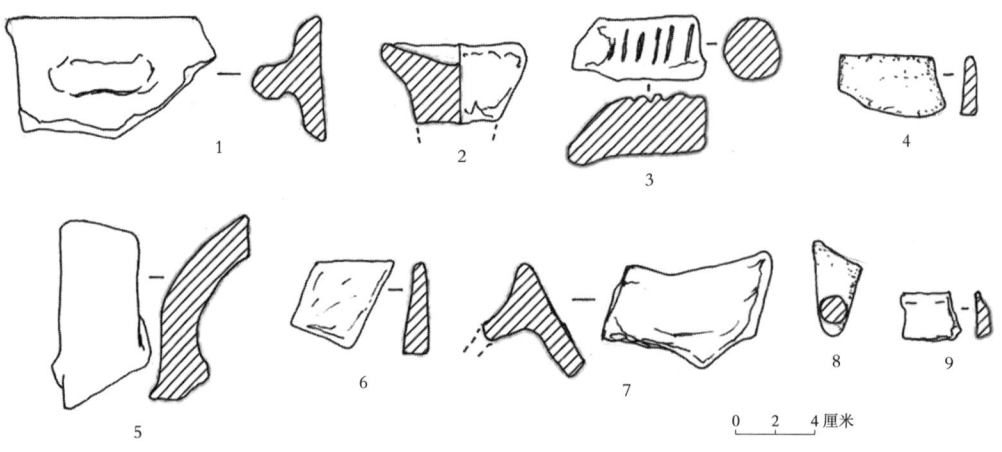

图 1-19 古城子孙家坟遗址采集标本
1、5. 器耳；3、4、6、9. 口沿；2、8. 鬲足；7. 鬲裆

2. 山河北沙场遗址

位于铁岭县阿吉镇山河村西北沙场山坡顶，在取沙形成的沙坑断崖处，可见地层中的夹砂陶片，距地表深 30-40 厘米，地表也见有陶片散布。陶片集中分布在东西长约 50 米、南北宽约 30 米的区域内，采集有夹砂陶片、器耳等。

采集的标本均为夹砂红褐陶，可看出器形来的仅一件桥耳残段（图1-20），桥耳耳面很宽，从与器壁的角度看，这个桥耳是横置于器身上的。

3. 周家坟遗址

位于铁岭县阿吉镇乌巴海村北偏西1公里处一较缓台地上。东低西高，东南西北各有一座小丘，遗址所在地势呈凹槽形，现为一片耕地。采集有鼎足和陶片标本（图1-21）。

4. 乌巴海房身地遗址

位于铁岭县阿吉镇阿吉村西北约400米处的一块隆起漫冈上，南50米为阿吉至法库县公路。遗址中散布夹砂红褐陶片，也见辽金时期的泥质灰陶片、红胎绿釉三彩器残片等。采集青铜时期标本为陶器器壁残片及一件石斧（图1-22）。斧身棒状，舌刃，这种形制的石斧在铁岭东部山地晚期青铜遗址中有较多发现。

5. 红山提水站遗址

位于铁岭县阿吉镇红山村东约1公里名为"红山嘴"的紧傍辽河的二级台地上，遗址西坡下即为辽河。采集有器耳、鬲足、器底等（图1-23）。此外，在该遗址中还采集有大量战国、汉时期的泥质绳纹灰陶片。青铜时代标本均为夹砂红褐陶。鬲足实足根很高，桥耳制作较规整。

图1-20 山河北沙场遗址采集的桥耳标本

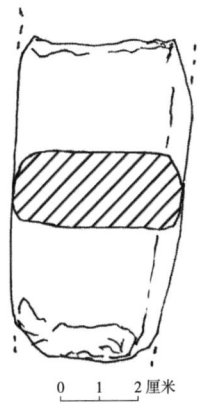

图1-21 周家坟遗址采集的鼎足标本

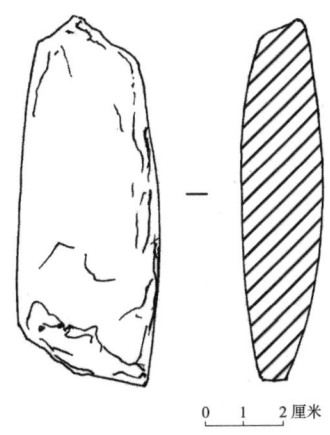

图1-22 乌巴海房身地遗址采集的石斧标本

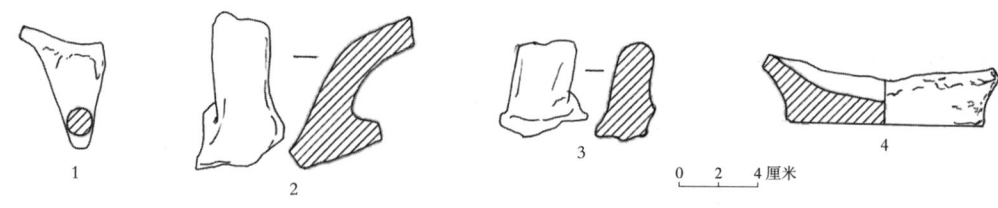

图 1-23　红山提水站遗址采集标本

1.鬲足；2、3.器耳；4.器底

二、蔡牛镇

1. 青东黄金山遗址

位于铁岭县蔡牛镇青东村东约 300 米处，附近未见暴露水源。采集有鼎足、鬲足、鋬耳、桥耳、口沿等标本。均为夹砂红褐陶。鼎足有圆锥和方锥两种，鬲足的实足根较高，规格大小相差悬殊，大者残高 10 厘米，小者不足 5 厘米。桥耳制作规整，棱角分明。见有一件施数道弦纹的陶片（图 1-24）。

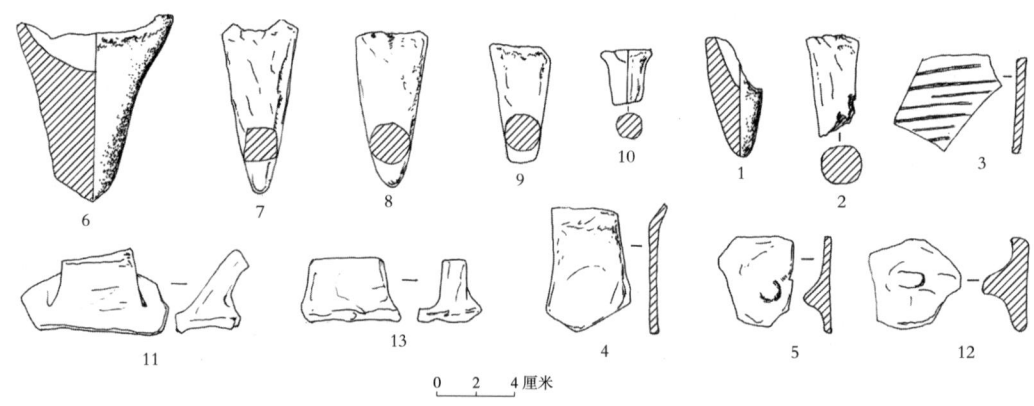

图 1-24　青东黄金山遗址采集标本

1、6、10.鬲足；2、7、8、9.鼎足；3.弦纹陶片；11、13.器耳；4、5、12.口沿

2. 西二台子长寿山北坡遗址

位于铁岭县蔡牛镇西二台子村西北 500 米处。遗址山下为大台村砖厂，砖厂两侧为大片耕地，遗址西侧有南北向的水冲沟。虽受耕种及砖厂取土影响，地表仍采集有鼎足、鬲足、石器残部等标本（图 1-25）。陶器标本均夹砂红褐陶，陶土中可见白色

的大粒石英。鬲足的实足根很高，鼎足的大小悬殊。

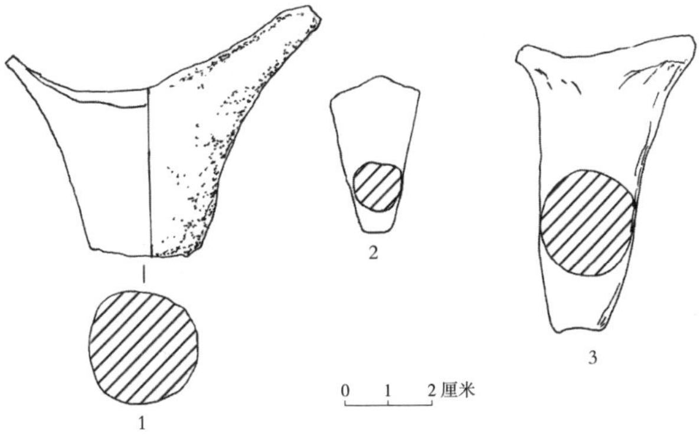

3. 三桥村南山地遗址

位于铁岭县蔡牛镇三桥村南约400米的山坡上，遗址坐北朝南，一条无名小河从遗址东侧由北向南流。地表采集遗物有夹砂红陶片、器耳等（图1-26）。

桥耳，夹砂红褐陶，制作较规整，耳面宽薄，陶胎细密，火候较高。在遗址采集的陶片标本中，见有羼云母者，与桥耳陶质存在区别。

4. 东贝河铜台北地遗址

位于铁岭县蔡牛镇东贝河村东北约300米处明代烽火台北侧，南约300米为掉龙湾水库。采集有錾耳、口沿等标本（图1-27）。陶质为滑石红褐陶，口沿加厚。

三、新台子镇

1. 朱尔山东北坡遗址

位于铁岭县新台子镇朱尔山村朱尔山的东北坡上，西距辽河约1公里。采集标本有夹砂红陶鬲足、鼎足、口沿、桥耳、錾耳、器底、石斧、石刀残片等（图1-28）。

有夹砂黄褐陶和滑石红陶两种陶质陶色。夹砂黄褐陶的标本有鬲足、扁方鼎足、尖唇直口的口沿、器底等。滑石陶标本有厚唇口沿和鬲足。

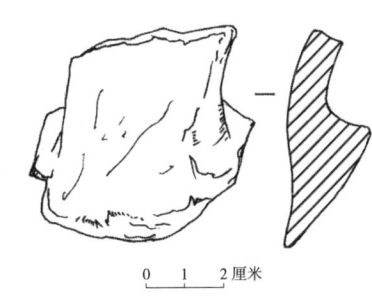

图1-25　西二台子长寿山北坡遗址采集标本
1. 鬲足；2、3. 鼎足

图1-26　三桥村南山地遗址采集的桥耳标本

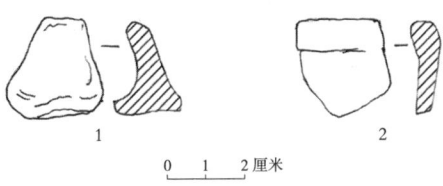

图1-27　东贝河铜台北地遗址采集标本
1. 錾耳；2. 口沿

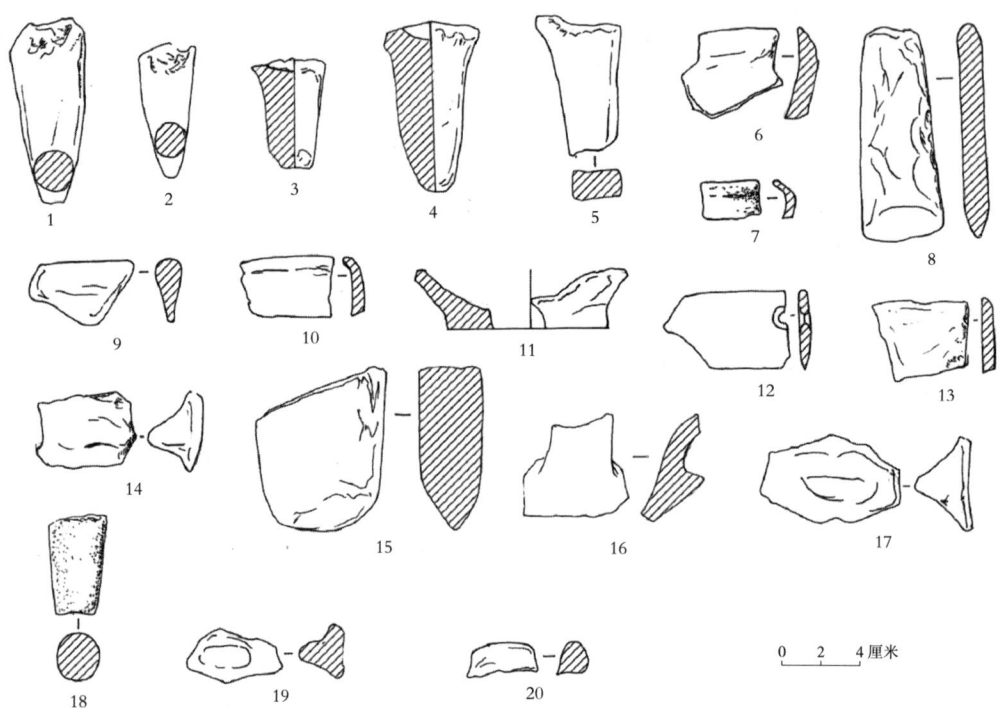

图 1-28 朱尔山东北坡遗址采集标本

1—4.鬲足；5、18.鼎足；6、7、9、10、13、20.口沿；8、15.石斧；11.器底；12.石刀；14、16、17、19.器耳

2. 三家子沙冈子遗址

位于铁岭县新台子镇三家子村村西，与该村居住区相连。地表采集标本大部为辽金时期陶器残片，其中也有少量夹砂红陶片，采集有鬲和石斧等标本（图1-29）。该遗址是一处青铜与辽金混合遗址，青铜时期标本可辨器形者仅此两件。陶器均为夹砂红褐陶，砂细胎硬，近于泥质陶。

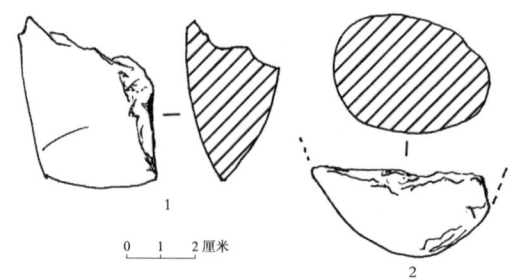

图 1-29 三家子沙冈子遗址采集标本

1.石斧；2.鬲足

第一章　铁岭县

3. 西小河口西山遗址

位于铁岭县新台子镇西小河口村西山山顶之上。山势较低，处于山顶的漫坡，遗物分布密集之处大体呈扇形，在地表采集到鬲、石刀残片、夹砂红褐陶残片等（图1-30）。采集的两件鬲足标本均残断，为夹砂红褐陶。

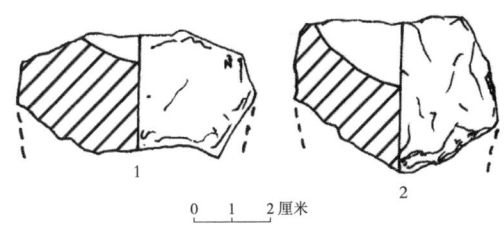

图1-30　西小河口西山遗址采集标本
1、2.鬲足

4. 三台子村二道沟遗址

位于铁岭县新台子镇三台子村东约800米处的平地上，西距102国道约100米，附近未见水源。地表采集标本有鬲足、鼎足、器耳、石斧、石磨棒等（图1-31）。陶器均为夹砂红褐陶，鬲足见有刀削修整痕迹，环耳与桥耳为手制，口沿方唇。

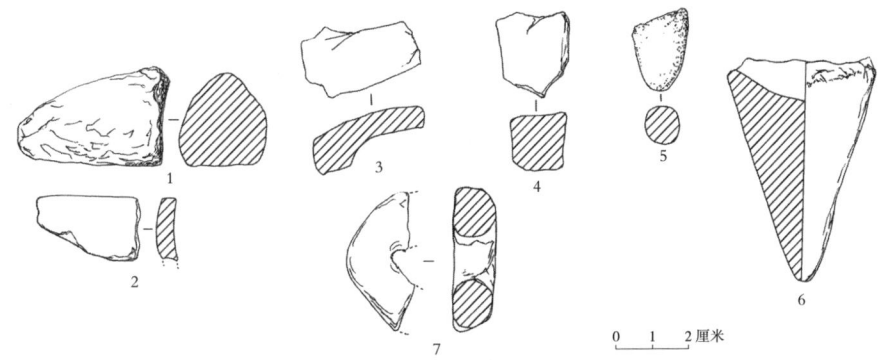

图1-31　三台子村二道沟遗址采集标本
1.石磨棒；2.口沿；3.桥耳；4.鼎足；5、6.鬲足；7.环耳

5. 懿路村邱台遗址

邱台遗址位于铁岭市南郊，地处沈阳、铁岭两市交界处，现属铁岭县新台子镇懿路村。遗址东距懿路村1.5公里，北距西地村1公里，西邻新台堡村，为沈阳、铁岭两市界河万泉河之阳的一处冈地，海拔高度为73.1米。地势高敞，明代在此筑有烽火台，后有邱姓人家在此居住，因名邱家台。清末民初成为乱葬之地。20世纪60年代末，当地村民在邱台附近开办白灰窑，1969年在遗址区又建新台子公社砖厂。据调查，建砖厂前遗址面积达9万平方米左右，为铁岭市仅见的一处大型战国、汉时期遗址。遗址

地表战国、汉时期绳纹瓦砾堆积达10厘米左右，其中杂有夹砂陶器残片。该遗址分别于1982年10月和1993年6月先后两次进行抢救性发掘，2000年以后，遗址区被新建筑覆盖。遗址内涵主要为战国、汉时期遗存，在历次调查中，采集有大量青铜时期标本（图1-32）。

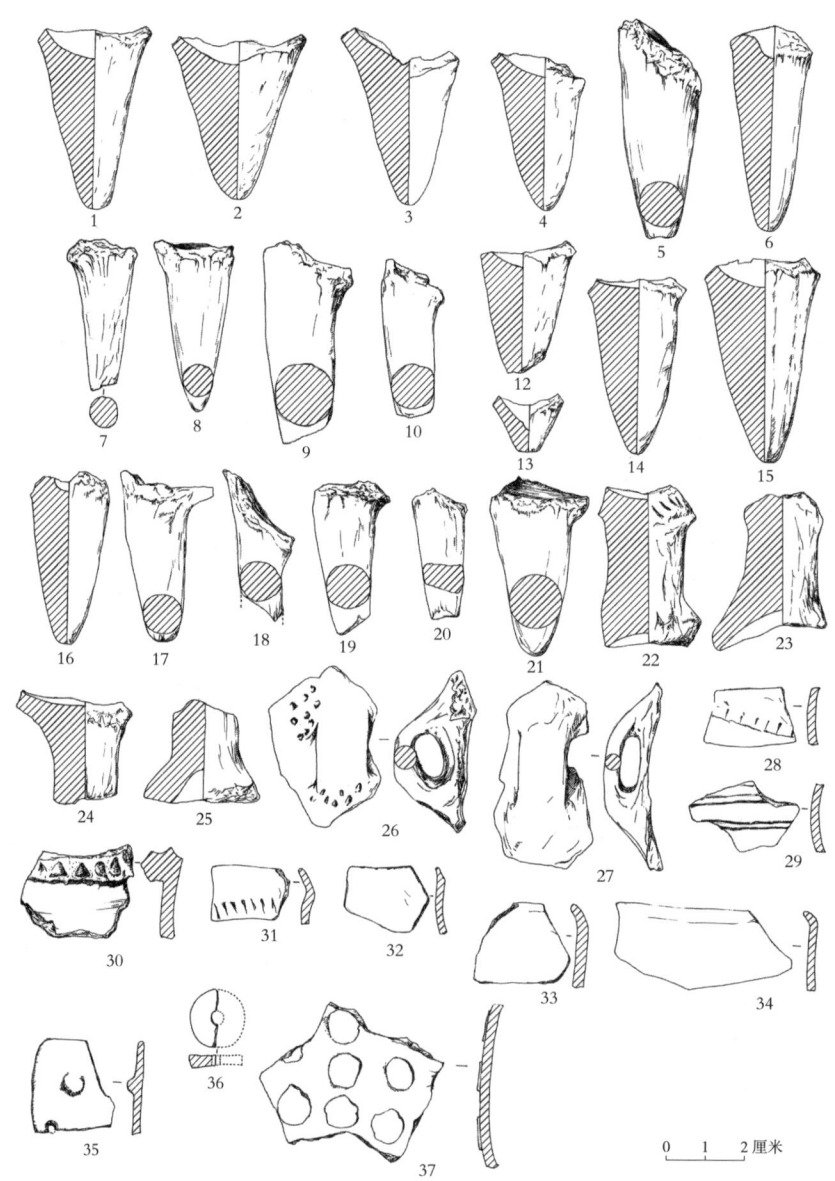

图 1-32 懿路村邱台遗址采集标本

1—4、12、13、15、16. 高足；5—10、14、17—21. 鼎足；22—25. 豆；26—27. 器耳；28—30. 带纹饰陶片；31—35. 口沿；36. 陶纺轮；37. 带泥饼饰陶片

邱台遗址青铜时期陶器标本均为夹砂红褐陶，器类有鬲、鼎、钵、罐、甗等，多素面，只在个别桥耳上下饰戳点纹。发现一件器壁上贴塑圆形泥片作为装饰的标本。口沿多作圆唇，侈口，直沿下或有圆形纽状盲耳。一件口沿内沿有明显的抹斜痕迹，与沈阳新乐上层文化陶器口沿作风相同。豆为实心柱状柄，手制粗糙，豆柄往往不做任何加工，显示出对这类器物制作熟练后已漫不经心的作风。鬲足均为高实足根，鼎足多见，采集数量也高于鬲足。鼎足有圆柱形和扁方锥形两种，有的可见刀削修整的痕迹。

四、镇西堡镇

1. 杜蒋窝堡后腰道子遗址

位于铁岭县镇西堡镇杜蒋窝堡村北约300米处名"后腰道子地"南坡，北距辽河约2公里。这个遗址紧邻辽河，与青铜时期遗存共见的还有汉代的绳纹瓦等，这里也因此而被估定为战国、汉长城经由之地。

采集标本有鬲足、鋬耳、石磨盘等（图1-33）。陶器只有夹砂红褐陶一种。石磨盘为紫色花岗岩，两面均很光滑并有磨面。

2. 泉眼沟大台山遗址

位于铁岭县镇西堡镇泉眼沟村大台山北段东坡之上，附近未见暴露水源。地表采集有鋬耳、鼎足、鬲足、口沿等标本（图1-34）。标本均为夹砂红褐陶，鬲足均为有实足根的形制，采集3件；鼎足1件，为圆锥状；鋬耳3件，其中舌状1件，长方形2件。

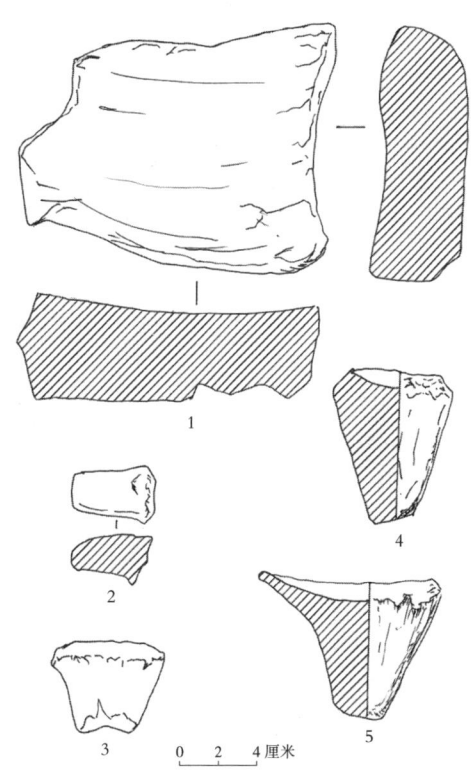

图1-33 杜蒋窝堡后腰道子遗址采集标本
1.石磨盘；2.柱状鋬耳；3—5.鬲足

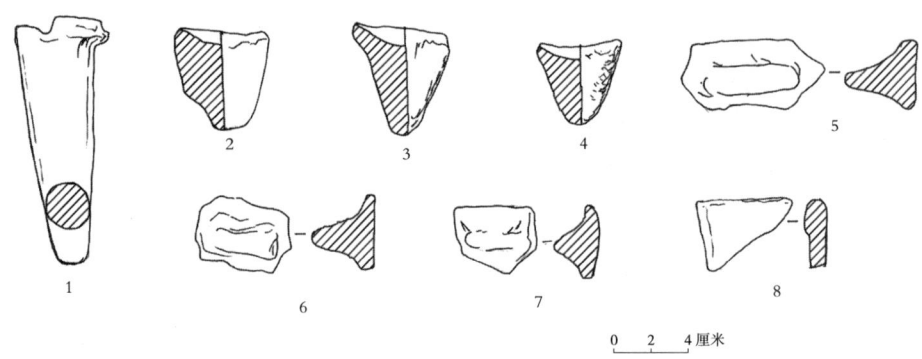

图 1-34　泉眼沟大台山遗址采集标本
1.鼎足；2—4.鬲足；5—7.鋬耳；8.口沿

五、平顶堡镇

1. 下屯罗锅地遗址

位于平顶堡镇下屯村东南约 400 米处，地势东高西低，地表采集标本仅一件石斧残段。柱状斧身，舌形刃有崩残（图 1-35）。

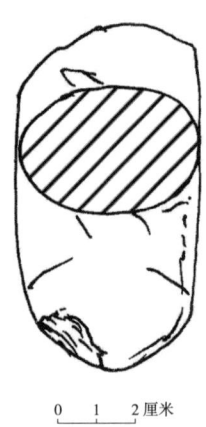

图 1-35　下屯罗锅地遗址采集的石斧标本

2. 苑家沟磨尺子地遗址

位于铁岭县平顶堡镇苑家沟村北 200 米处。遗址地表采集有泥质红陶片、器耳、口沿等标本。标本一律为泥质红褐陶，胎质坚硬，所见标本大部为器物残壁，可辨形状者唯两件桥耳和两件口沿（图 1-36）。口沿轮制痕迹明显。2 为方唇立领，微侈；3 亦为方唇，弯折颈；桥耳制作较整，火候较高。

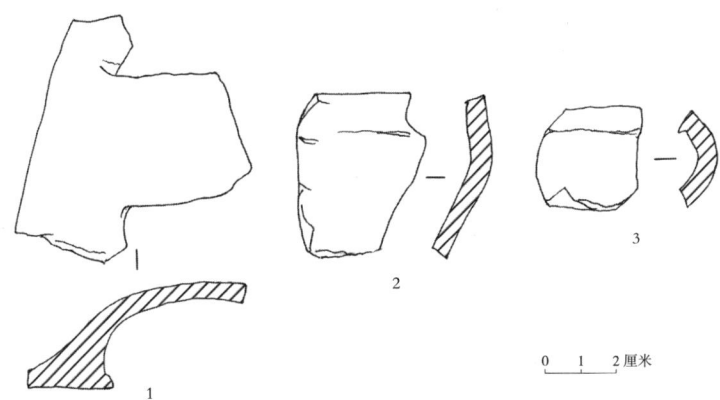

图 1-36 苑家沟磨尺子地遗址采集标本
1.桥耳；2、3.口沿

注释：

[1] 辽宁铁岭地区文物组：《辽北地区原始文化遗址调查》，《考古》1981年2期。

[2] 裴耀军、潘国庆：《辽宁铁岭市银州区辽海屯北山遗址》，《北方文物》2005年2期。

[3] 许志国：《辽宁铁岭市大山嘴子青铜文化遗址调查》，《北方文物》2011年2期。

[4] 中国社会科学院考古研究所：《大甸子——夏家店下层文化遗址与墓地发掘报告》，科学出版社，1996年。

[5] 裴耀军、潘国庆：《辽宁铁岭市银州区辽海屯北山遗址》，《北方文物》2005年2期。

[6] 杨丽敏：《铁岭龙首山及周边几处古文化遗址调查》，《辽宁省博物馆馆刊》，辽海出版社，2011年。

[7] 辽宁铁岭地区文物组：《辽北地区原始文化遗址调查》，《考古》1981年2期。

第二章 开原市

（附清河区）

开原市位于铁岭北部，处于东经 123°43′43″-42°53′55″，北纬 42°06′55″-42°53′23″之间。东邻西丰县，东南是清原县，南接铁岭县，西南为法库县，西和北为昌图县，东北与吉林省梨树县接壤。境内主要河流有清河、柴河和辽河。以 102 国道为界，可划分为东部山地和西部辽河冲积平原两大区域。

开原市青铜时期考古调查最早起自 20 世纪 70 年代初，当时的铁岭地区文物组对开原东部山地的李家台石棺墓曾进行过清理，出土了包括弦纹壶、滑石范在内的一批文物[1]。1981 年和 2008-2009 年进行的两次文物普查期间，开原境内发现了一批重要遗存，采集了大量标本，在此期间也曾对零星墓葬进行过清理。

开原境内青铜时期遗存的分布在东部山地较为密集，西部平原则相对稀少。其中清河流域八棵树、李家台两乡镇区段分布最为集中，河流两岸遗址星罗棋布，数量几与现代行政村数量相侔。墓葬形制多种，八棵树镇貂皮屯、建材、岔沟等村屯多见石棚，李家台夹草沟、王杲城等地多见石棺墓，官粮窖、八道岗子等村还有少量积石墓的发现，对建材村墓群的调查清理中，还在村民手中征集了一件据说是出自该屯墓群中的青铜刀，上有"兄"字铭文。"兄"是当时部族中集宗教职能与军事权力于一身的上层人物，"兄"铭铜刀在此间的发现，证明开原八棵树所在的清河中上游区域的聚落在春秋中期，其社会形态已发展到至少是部落联盟的阶段。从文化面貌相近的遗址分布范围判断这一部族的活动范围，大抵以开原八棵树一带为中心，北至东辽河上源的吉林省辽源市附近，南到抚顺苏子河一线，西或已跨过辽河，向东可达吉林柳河左近。

根据目前材料，开原市青铜时代文化基本为春秋至战国时期的遗存，以清河流域的团山遗址最有代表性。通过细致工作及对器类组合变化的分析，可将其分成前后两个发展阶段：前期器物以夹砂的喇叭口壶、豆和方锥足鼎，极少量的鬲为基本组合；后期以高柄豆多见，三足器鬲和鼎消失，壶的比例增大为特色。与之相应，陶色方面，早期多见红褐陶，灰陶少见；后期则以灰陶居多，红褐陶退居次要位置；器耳发达，多环耳、桥耳和錾耳；器耳及钵、罐类器具上多饰戳点纹。石器多见石斧、石刀和石锤等，斧多棒状身，舌形刃。在团山遗址中，还采集有石制或陶制的青铜短剑柄部的加重器，表明这类文化中已含有青铜短剑因素。西部平原地区遗址不多，以开原威远堡、清河区聂家一线为界，西部遗址密度与东部相比显著趋少，但器类组合却显示出时代较早的特征，有理由认为是对此类文化发展路径的提示。中部丘陵区松山乡城内发现的孤山子山城，丰富了对境内青铜时期遗存类别的认识，这种小型山城在调兵山、昌图等地也有发现，结合辽西夏家店下层文化中英金河沿岸小山城群的发现，似乎可以对这些山城的性质做出估测。

开原市柴河流域采集的陶器标本与清河流域及开原中西部平原地区采集的标本在陶质上有很大不同，柴河流域的标本多含滑石，而且因为羼滑石过多的缘故，有的陶色呈暗紫色，这种情况与处于同一流域的铁岭县（银州区）所见青铜文化遗存相同。器类主要以三足器的鼎、鬲为主，也见器型很小的罐和钵。根据对铁岭辽海屯遗址的发掘，或可估测柴河流域遗存的年代早到商周之际，其下限年代也应在春秋早中期。这种别具特色的遗存在辽北只集中分布在柴河流域，对理解其与周边同类遗存的关系具有重要意义。

第一节　柴河流域区

柴河是辽河在铁岭市境内流量较大的一条河流，源于清原县东部的天桥岭，西流经开原市上肥地乡东升村东南入铁岭市境，经开原、铁岭、银州三县（市）区，于银州区西北双岔口入辽河，河流全长92公里，流域面积950.2平方公里。经比较，柴河流域青铜时期标本年代较早，遗址分布相对集中，遗存的区域特征非常鲜明。

陶器主要以夹砂红褐陶内羼滑石或云母为特点，开原市境内的柴河流域区是整个柴河的上游区段，与清河流域的中上游地区在文化面貌上显示出较多相同之处。鼎在这一区域的个别遗址中有所发现，鼎足有扁方体、方锥体两种，后者居多。器耳形制多见方形素面錾耳，制作规整的桥耳标本也较多见。

在上肥地乡上肥地村五峰楼、下肥地乡新立村梁西地、靠山镇道上等遗址中，采集到在柴河流域下游（铁岭县和银州区境内）部分遗址中非常流行的厚唇沿标本，陶质亦羼滑石。柴河流域青铜时期遗存中的石器比较发达，在黄旗寨乡谢家沟村西沟遗址中即采集到3件完整石斧，均为扁体长方形，与毗邻的清河及寇河流域同类器有显著差别。高柄豆与羼滑石的标本如桥耳、器底等同时发现，是柴河流域青铜文化的又一特色，高柄豆与这些遗存是同期抑或有早晚关系，仅凭采集标本尚不足以说明问题，但其显示出的现象确需引起注意。在五峰楼遗址中还采集到一件划刻有平行线纹的红褐色陶片，器壁较薄，或为新石器时代遗存，但数量极少，属个别发现，其文化性质与来源，都需要更多的发现才能确认。

一、上肥地乡

1. 盘岭砬子头遗址

位于开原市上肥地满族乡盘岭村村东砬子头山脚下，柴河北源上游的一条山溪从遗址东约200米处由北向南流过。遗址采集标本有錾耳、环耳和鼎足等（图2-1）。均为夹砂红褐陶。鼎足为扁方体，内侧作凹弧状，鼎足上端有一道凹沟，便于与鼎身相接。环耳剖面为椭圆形，手制痕明显。

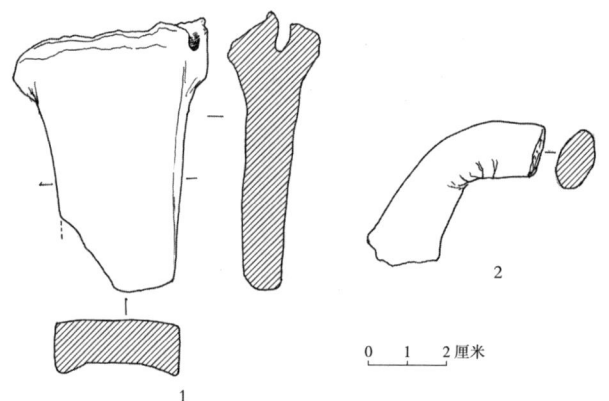

图2-1 盘岭砬子头遗址采集标本
1.鼎足；2.环耳

2. 盘岭遗址

位于开原市上肥地满族乡盘岭沟村河西屯北约300米的山岗上，山南坡下为一山溪东西流，是柴河上游区段的一部分。地表遗物较少，采集有夹砂红褐陶桥耳、鼎足、器底、残片等标本（图2-2）。鼎足为圆锥形，器表残少许红陶衣。

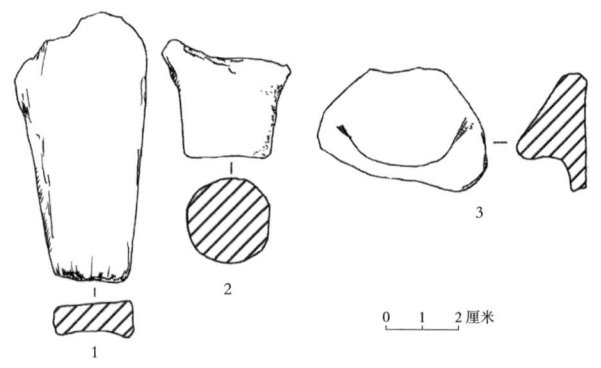

图2-2 盘岭遗址出土陶片标本
1、3.桥耳；2.鼎足

3. 上肥地五峰楼遗址

位于开原市上肥地满族乡上肥地村东约100米的台地上，南约200米处为柴河。

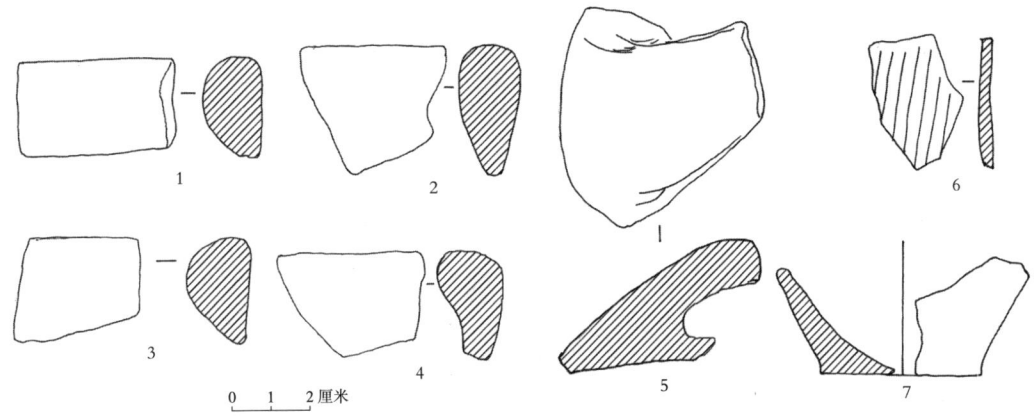

图 2-3 上肥地五峰楼遗址采集标本
1—4. 口沿；5. 桥耳；6. 划纹陶片；7. 器底

遗址北高南低，缓坡向阳。采集有桥耳、口沿、器底等标本（图 2-3）。

陶器皆为夹砂红褐陶，口沿均为厚唇沿，特征鲜明，是铁岭柴河流域非常流行的作风。发现一件划刻纹陶片，器壁较薄，陶色为暗褐色，应为新石器时代晚期遗存。

4. 东升河西后山遗址

位于开原市上肥地满族乡东升村北侧山冈上，北距柴河约 200 米。采集有叠唇口沿、鋬耳、方锥状鼎足、豆座等标本（图 2-4）。均为夹砂红褐陶。鋬耳为舌状，耳身较短；豆为盘座结合处；叠唇口沿剖面为圆形。鼎足为方锥状；器底采集 8 件。

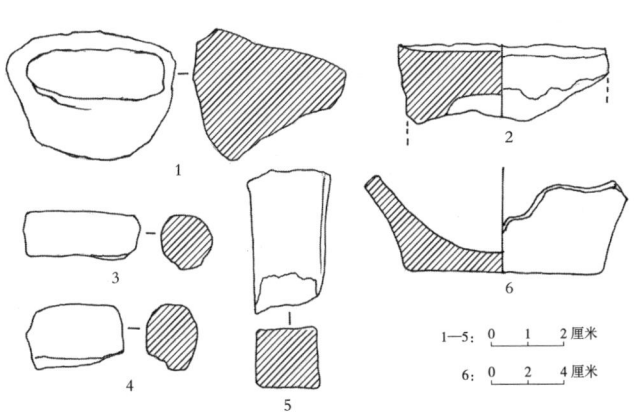

图 2-4 东升河西后山遗址采集标本
1. 鋬耳；2. 豆；3、4. 口沿；5. 鼎足；6. 器底

5. 河南屯北山城城址

位于开原市上肥地满族乡上肥地村河南屯东南角山梁北部两条剪刀状山梁之间，山下即为柴河上游干流。山梁之间为沟谷状地带，谷口向西北，呈开放形，谷口外为河南屯村民居。城址建于山梁之上，城墙仅在山势陡峭的东侧山脊依稀可见，残高约 0.5

米。这种小型山城在调兵山南郊一般两两相对,此地只见一处。城内采集标本有鼎足、器底、鋬耳等(图2-5)。只有夹砂红褐陶一种陶色。鼎足采集2件,为方锥状,均残断,较规整。环耳,残断。器底,似有假圈足,外壁残存手指捺窝,系在制作陶坯时,为加强器壁黏合力而有意为之。

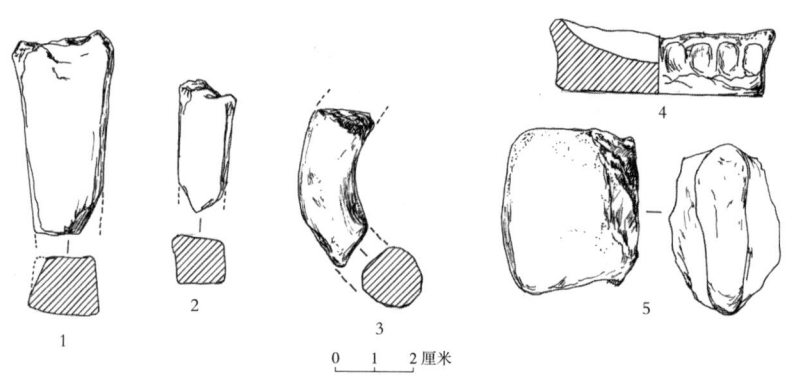

图2-5 河南屯北山城城址采集标本
1、2.鼎足;3.环耳;4.器底;5.鋬耳

6. 上肥地村西山头遗址

位于上肥地满族乡上肥地村西约500米处柴河北岸的台地上,山下即彰(武)桓(仁)公路,路基下为柴河。遗址所处二级台地高出四周地表近30米。采集有器耳、器底、豆柄等标本(图2-6)。

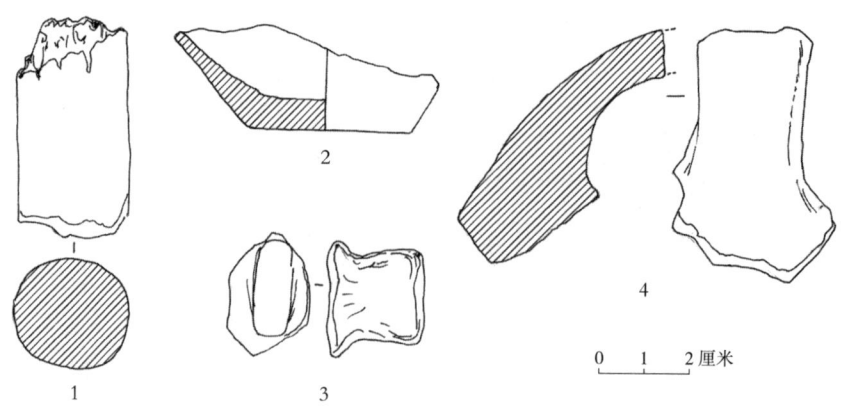

图2-6 上肥地村西山头遗址采集标本
1.豆柄;2.器底;3.鋬耳;4.桥耳

标本皆为夹砂红褐陶。豆作实心圆柱状,断面处可见夹杂大块石英颗粒;器底,陶土细腻,显经筛洗,制作规整。錾耳为方形。

二、下肥地乡

1. 新立梁西地遗址

位于开原市下肥地满族乡新立村新立屯西南约1公里的缓坡台地上,南距曾家堡子400米左右。遗址东约150米是一条山溪,由南向北汇入柴河。采集有厚唇沿、鼎足等标本(图2-7)。厚唇沿为夹滑石红褐陶。鼎足为夹细砂红陶,剖面扁圆。

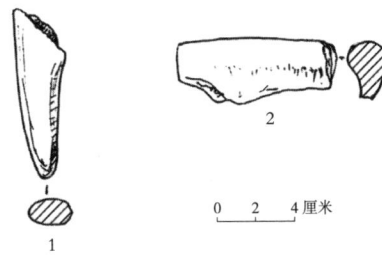

图2-7 新立梁西地遗址采集标本

1. 鼎足;2. 口沿

2. 四合顺屯东偏脸地遗址

位于开原市下肥地满族乡上汪家沟村四合顺屯南约600米处的向阳坡地上,坐西朝东,东坡下有山溪水,由北而南流入柴河。采集有器耳、器底、陶片等标本(图2-8)。两件环耳标本为夹粗砂灰褐陶,器底为夹砂黄褐陶,陶质较细腻。

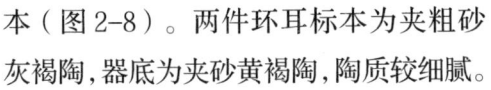

图2-8 四合顺屯东偏脸地遗址采集标本

1、2. 环耳;3. 器底

3. 窑屯东砬盖遗址

位于开原市下肥地满族乡东下肥地村窑屯东南约100米的山坡地上,遗址地表采集标本有高足、器底等标本(图2-9)。所见标本均为夹砂红褐陶。

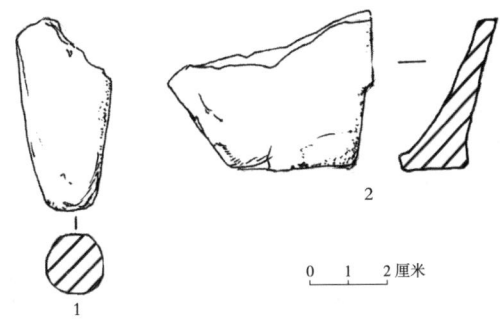

图2-9 窑屯东砬盖遗址采集标本

1. 高足;2. 器底

4. 东下肥曹家坟西山遗址

位于开原市下肥地满族乡东下肥村林场北约300米孤山南侧一北高南低的向阳坡地上，坡下有季节性小河。采集有鼎足、环耳、柱耳等标本（图2-10）。

陶色有夹砂红陶和夹砂灰陶两种。夹砂红陶器类有鼎足2件，圆锥形与方锥形各1件。其中圆锥形鼎足端部弯曲，上部残一凹坑。方锥形鼎足，残断，与器身结合部存一凹沟，制作较粗糙。夹砂灰陶有：环耳，断面处可见内含大粒石英，用榫卯法与器身相接；柱耳，手制草率。

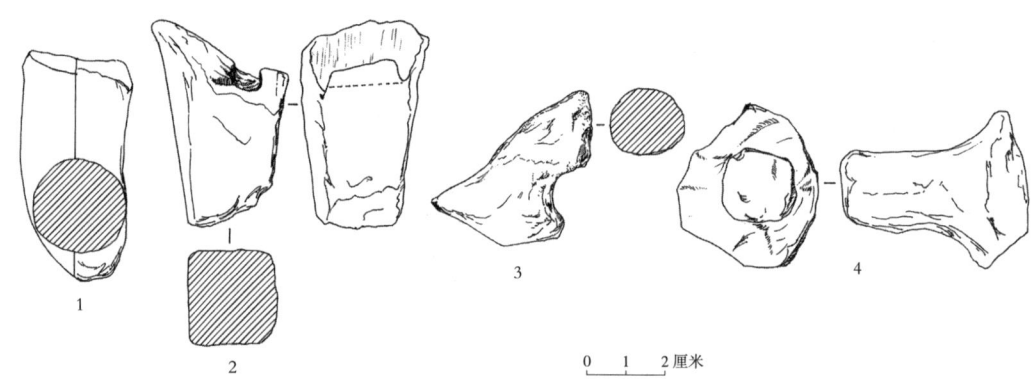

图2-10 东下肥曹家坟西山遗址采集标本
1、2.鼎足；3.环耳；4.柱耳

5. 闻家屯南山遗址

位于开原市下肥地满族乡闻家村南约400米的南山上，遗址北距柴河约700米，缓坡向阳。采集标本有器耳、豆、石斧等（图2-11）。

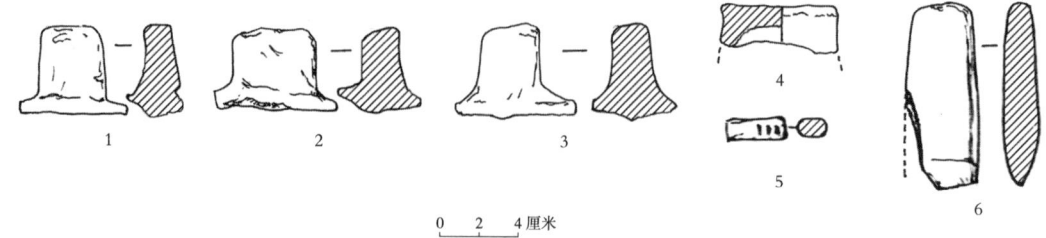

图2-11 闻家屯南山遗址采集标本
1—3.鏊耳；4.豆；5.附加堆纹残段；6.石斧

陶器标本均为夹砂红褐陶,器类只有錾耳和豆两种。錾耳均作方形或长方形,手制。豆为喇叭状,残断,仅余与豆盘结合处。见一泥条状附加堆纹残段,上有不甚清晰的戳点纹。石斧采集1件,扁长方体,一角残缺。

三、靠山镇

1. 肖家道上遗址

位于开原市靠山镇肖家崴子村西南250米肖家崴子至尹家村的乡路路西,当地人称"道上地",南约300米许即为柴河。遗址采集有桥耳、厚唇口沿、石铲、砺石残段等标本(图2-12)。

陶器有夹滑石红褐陶和泥质黄褐陶两种。夹砂红褐陶标本有:桥耳,制作规整;厚唇口沿,与铁岭辽海屯北山遗址所见相同,只采集1件;泥质黄褐陶也只1件,为桥耳残段,耳面很宽;同类陶质标本在该遗址中还采集有残器器壁。石器有砺石,长方形,上端两角缓圆,底面平齐,略有斜度。石铲,为一薄体卵石略作加工而成,上端略薄,刃部有使用痕。

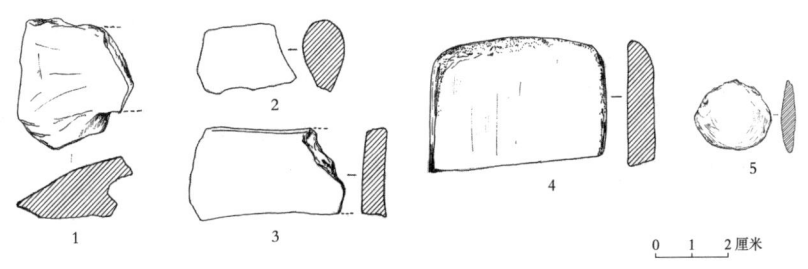

图2-12 肖家道上遗址采集标本
1、3.桥耳;2.厚唇口沿;4.砺石;5.石铲

2. 一面城吴大块地遗址

位于开原市靠山镇一面城村东南约700米处,南500米为大寨子村,遗址西邻柴河上游一条支流的东岸。遗址采集有器底、石斧、石铲等标本(图2-13)。

陶器为夹滑石红褐陶,陶胎暗紫。器底见有很高的假圈足。石器有石铲和石斧两种,除一件石斧为通体磨光者外,其余石斧、石铲各1件,为打制成形而准备进一步精磨的半成品。

3. 肖家前山顶遗址

位于开原市靠山镇肖家崴子村南,当地称为前山顶,是一片坐北朝南的坡地。采集有豆柄、石斧残段等标本(图2-14)。高柄豆有红陶(1)和黄褐陶(2)两种,石斧为扁方体。

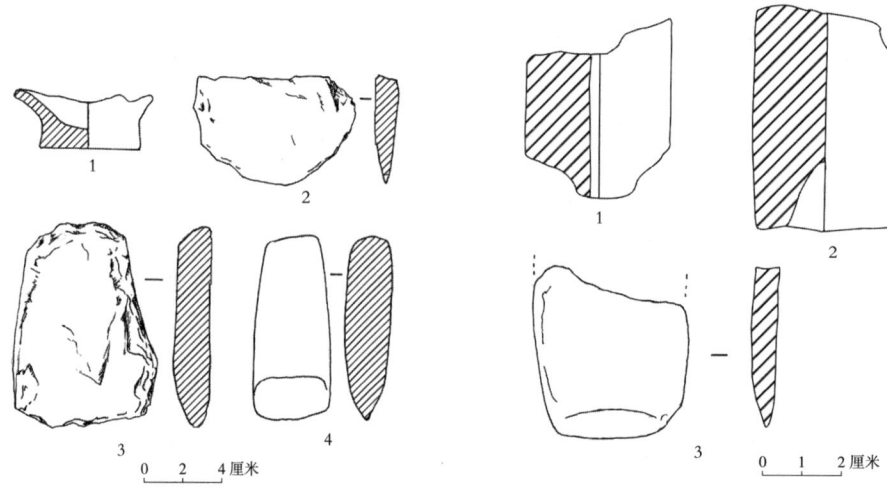

图2-13 一面城吴大块地遗址采集标本
1.器底;2.石铲;3、4.石斧

图2-14 肖家前山顶遗址采集标本
1、2.豆柄;3.石斧

4. 肖家后砬腰遗址

位于开原市靠山镇肖家崴子村东,当地称为"后砬腰地"的耕地中,采集有鬲足、桥耳、石斧等标本(图2-15)。

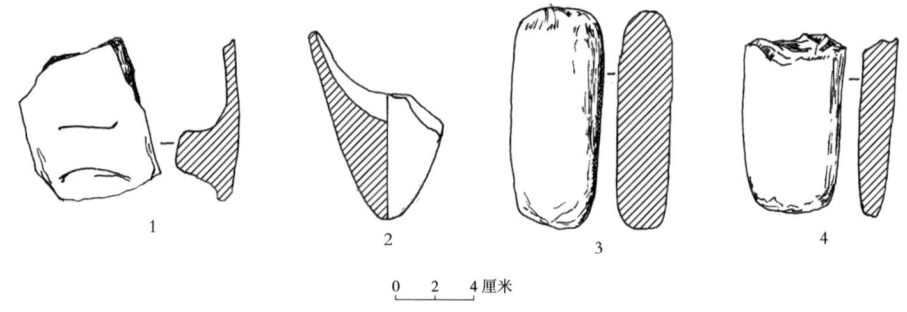

图2-15 肖家后砬腰遗址采集标本
1.桥耳;2.鬲足;3、4.石斧

陶器为夹滑石的红褐色陶,鬲足的乳袋很深,实心足很短(2);桥耳制作规整(1)。石斧的刃部均已圆钝,应系长期使用或特殊用途所致(3、4)。

四、黄旗寨乡

1. 曾家寨前山遗址

位于开原市黄旗寨乡曾家寨村南当地俗称"前山"的缓坡地上,北约1公里许有柴河。采集有豆柄、环耳等标本(图2-16)。

均为夹砂灰陶。高柄豆2件,柱状,有实心和空心之别。环耳制作粗糙,剖面为椭圆形。

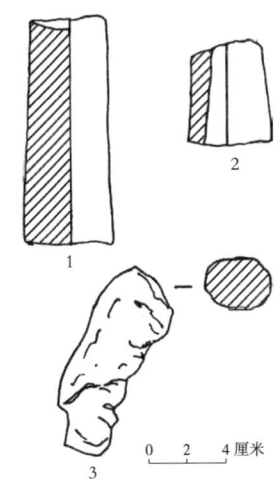

图2-16 曾家寨前山遗址采集标本
1、2.豆柄;3.环耳

2. 谢家沟西沟遗址

位于开原市黄旗寨乡谢家沟村西北约200米的自然沟谷中,当地称"西沟",遗址南约1公里为柴河。采集有豆柄、桥耳、器底、石斧等标本(图2-17)。

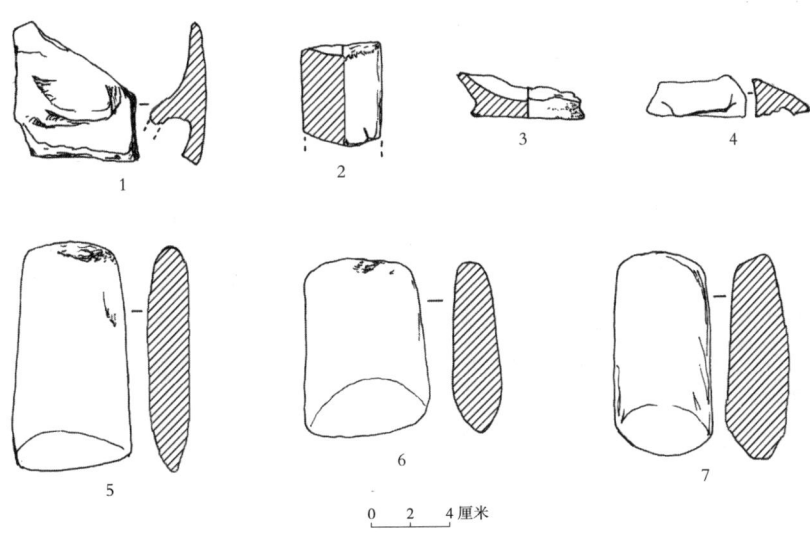

图2-17 谢家沟西沟遗址采集标本
1、4.桥耳;2.豆柄;3.器底;5—7.石斧

陶质均为羼滑石的红褐陶，陶色暗紫，手感润滑，火候较高。可辨器类有桥耳、带假圈足的器底、实心豆柄等。高柄豆为夹砂红褐陶。石斧采集3件。

第二节　清河流域区

　　清河是铁岭市境内径流量最大的辽河支流，因河水清澈、水质好，清初时名作清河。清河源于抚顺清原县境内的哈达岭余脉西麓，在开原市李家台乡上清河村东约1.5公里处流入铁岭市境内，流经李家台、八棵树、林丰、杨木林子等11个乡镇，在开原市业民乡清辽村西1.3公里处汇入辽河。清河两岸发现的青铜时期遗址与遗存在辽北青铜文化中最具代表性。清河河谷地势宽阔，两岸千顷沃野，极适人类在此定居，因此两岸遗址的数量远远超过铁岭境内其他河流区域遗址数量。在清河上游区域的李家台乡，发现有带附加堆纹的陶片标本，与高台山文化的陶片装饰风格接近，显示的年代稍早，约在商周之际。清河流域其他乡镇发现的多为以高柄豆为主要内涵的遗存，壶、罐、钵、豆为常见组合。清河流域青铜时代含高柄豆类遗存，根据三足器的有无，似可再分为早晚两个期段：早期三足器与高柄豆伴出，如在团山遗址中见到的情况，其年代约在春秋至战国中期；晚期则不见三足器，而只见高柄豆、喇叭口壶等，年代在战国中晚至汉初。在八棵树镇转山遗址，采集的标本均为三足器，鼎足占大宗，有少许鬲足，这个遗址处于高柄豆类遗址群的包围之中，与含三足器的团山遗址东西相距不到5公里，但在转山遗址中却不见高柄豆，这种现象寓含的问题很值得注意：转山遗址遗存和以团山遗址为代表的以高柄豆为主要文化内涵的遗址是什么关系？与在清河上游李家台境内发现的、显示年代稍早的那种带附加堆纹装饰的陶片又是什么关系？都是今后需要认真思考的问题。这一流域发现有石棺墓、大石盖墓、石棚等，形制区别反映出的年代、性质及分布区域特点等方面的内容还有待深入分析。清河流域青铜时代遗址分布显现出上游年代较早，中游略晚而下游几乎不见的阶梯状分布格局，应该是当时原始居民生活习俗的一种折射反映，对研究清河流域古代民族的特点和分布，都是很好的材料。

一、八棵树镇

1. 团山遗址
位于开原市八棵树镇陈家村李家屯东约500米的一处缓坡地上，坡下有东西向的村路，南约 1 公里许为由东向西流的清河。丰富的遗物散布于遗址的东坡和南坡，但堆积较薄，从断崖处观察，文化层厚 1 米左右。春季雨天时地表可见颜色较深的圆形遗迹，疑为房址或窖穴。采集有口沿、各种形制的器耳、方锥形鼎足、器底、豆柄、网坠、陶或石质的青铜短剑加重器、石镞、石铲、石纺轮等标本。

陶质有夹砂红褐陶、黄褐陶、灰陶和黑陶 4 种。

夹砂红褐陶标本有桥耳、柱状耳、鸡冠耳、鋬耳、方或扁方形鼎足、加重器、假圈足器底、内凹形器底等；豆采有豆柄（座）和豆盘残段，豆柄（座）有高实心柱状、喇叭座状、半空心柱状、矮圈足状几种形制，多素面，只有一件空心柱状豆身有"川"形戳点纹装饰；口沿有叠唇、直口方唇两种，T106 号夹细砂红陶叠唇口沿下有一指抹痕，T104 号口沿微侈，短颈下有舌形鋬耳。红陶中不见环耳标本。

夹砂黄褐陶标本有喇叭状壶领、环耳、叠唇口沿、凸点纹器壁残片、戳点纹鋬耳、茧形和亚腰形的网坠、短剑加重器、饼状纺轮、喇叭形豆座，豆座外壁有一短泥条凸饰。

夹砂灰陶标本有豆、钵、鸡冠形戳点纹鋬耳、柱状耳、环耳、叠唇和直口或侈口圆唇口沿。其中有喇叭形壶领、假圈足器底、平底器底、圆柱形鼎足、加重器，带戳点纹、指甲纹的器壁残片及网坠等。豆座外壁饰有"∴"形或麦粒形戳点纹。发现一种贴附于器壁上的窄条状器耳，耳下饰一组横排的戳点纹。

夹砂黑陶有环耳、带弦纹的器壁残片。

石器有青铜短剑加重器、多孔石刀、剖面为椭圆形的石斧、石锤、石磨棒、石剑等（图 2-18、图 2-19、图 2-20、图 2-21、图 2-22）。

2. 古城子山城遗址

位于开原市八棵树镇古城子村东一马蹄形山洼中，公元 7 世纪时，高句丽人在此利用自然山势将其修葺成一座山城，遗址就在城中面南一侧的平缓山坡地上。山城所在正当清河河谷要冲之处，阿拉河在遗址北不到 2 公里处汇入清河，地理区位优势明显。在该城址中，除采集高句丽时期红陶绳纹、网格纹板瓦外，青铜时期夹砂陶器标本采集有桥耳和方形鼎足等（图 2-23）。

采集标本陶色有夹砂红褐和灰褐两种，灰褐陶标本不辨器形，只是器物残壁碎片；红褐陶标本采有桥耳和方鼎足残段两件标本。

3. 弯垄沟老爷庙地遗址

位于开原市八棵树镇松树沟村弯垄沟屯南山北坡中部的老爷庙地上。南高北低，

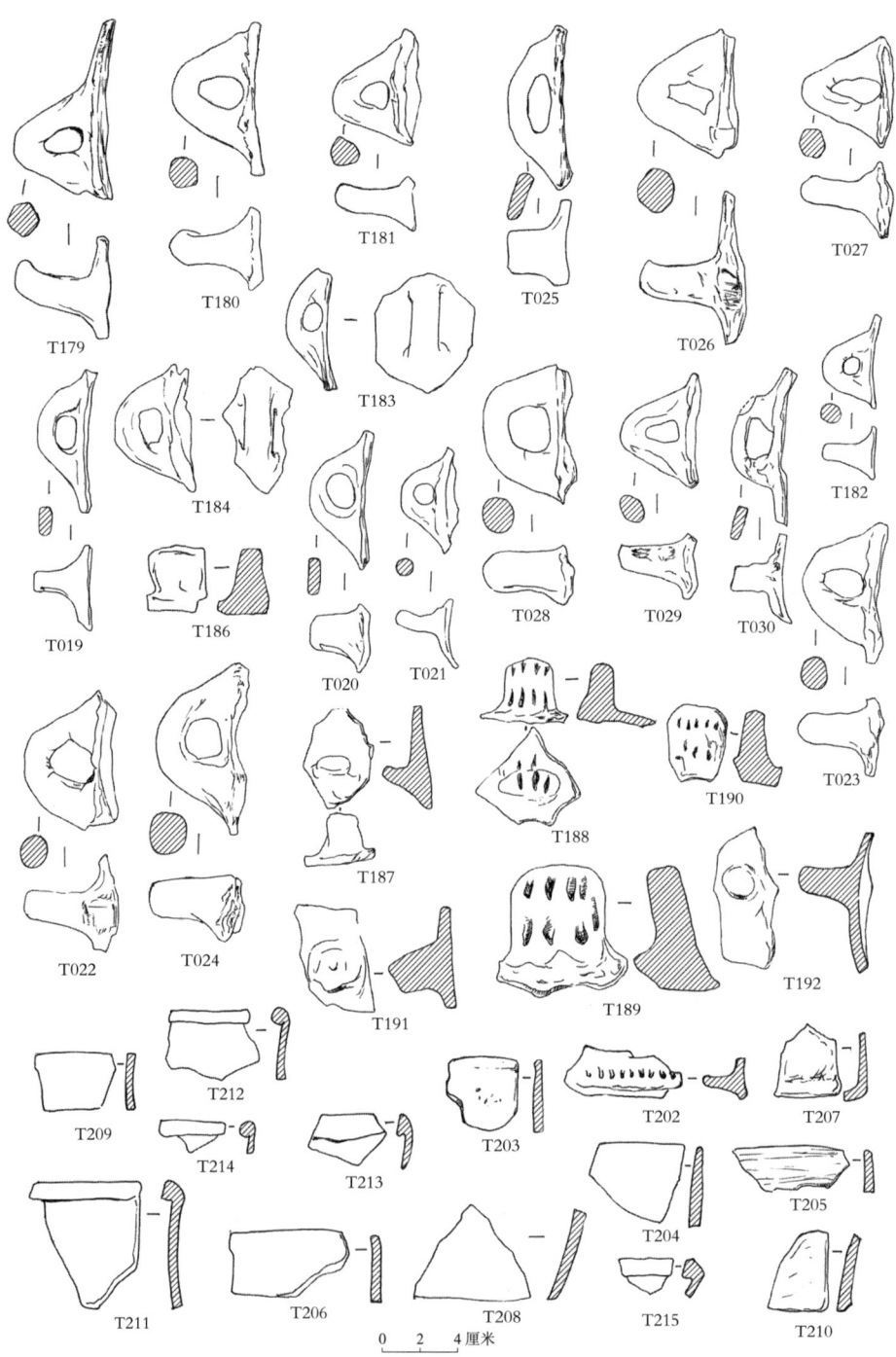

图 2-18 团山遗址采集标本（1）

T019、T020、T025、T030.桥状耳；T021—T024、T026、T027、T179—T184.环状耳；T186—190、T202.鋬耳；T191、192.柱形耳；T206、T207、T209—T215.口沿；T208.豆座

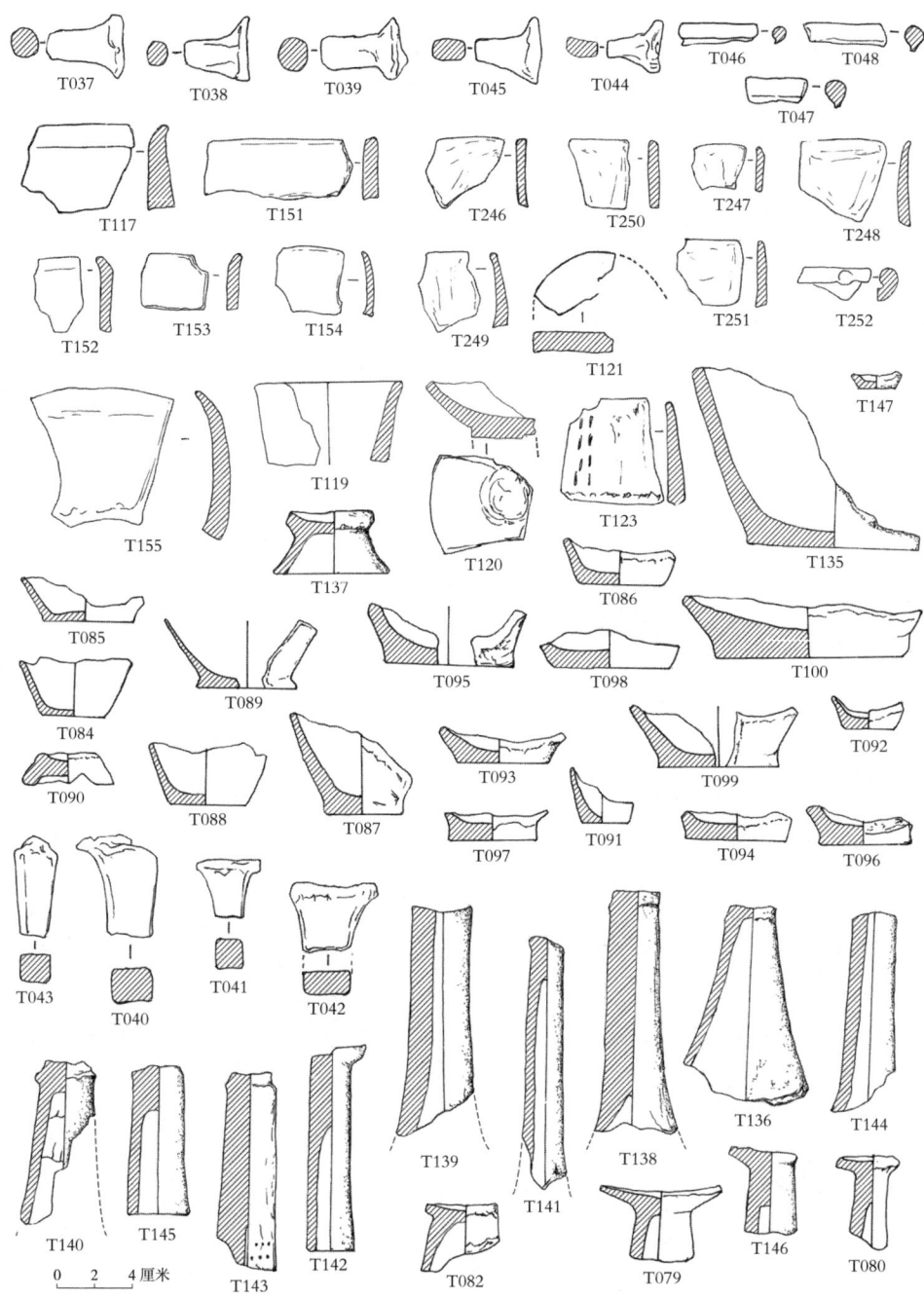

图 2-19 团山遗址采集标本（2）

T037—T039、T045—T048、T079、T085、T086、T099、T117、T120、T135、T139、T140、T143、T144、T146、T149、T152、T153、T155、T248、T250、T252.灰陶；T154.灰黑陶；T040—T044、T136—T138、T141、T147、T246、T247.红陶；T089、T090、T098、T100、T251.黄褐陶；T080、T082、T094、T119、T121、T123、T151.红褐陶；T084、T087、T088、T091、T093、T095—T097.灰褐陶

图 2-20 团山遗址采集标本（3）

T101—T106、T109、T111—T116. 口沿；T110. 豆座；T124. 锥刺纹陶片；T125. 弦纹陶片；T126. 几何纹豆座；T127、T128、T130、T131、T133. 石斧；T129. 石剑；T135. 石刀；T132. 石饼；T134. 石磨棒；T193—T196. 柱状耳；T197—T200. 錾耳；T117. 陶枕状器

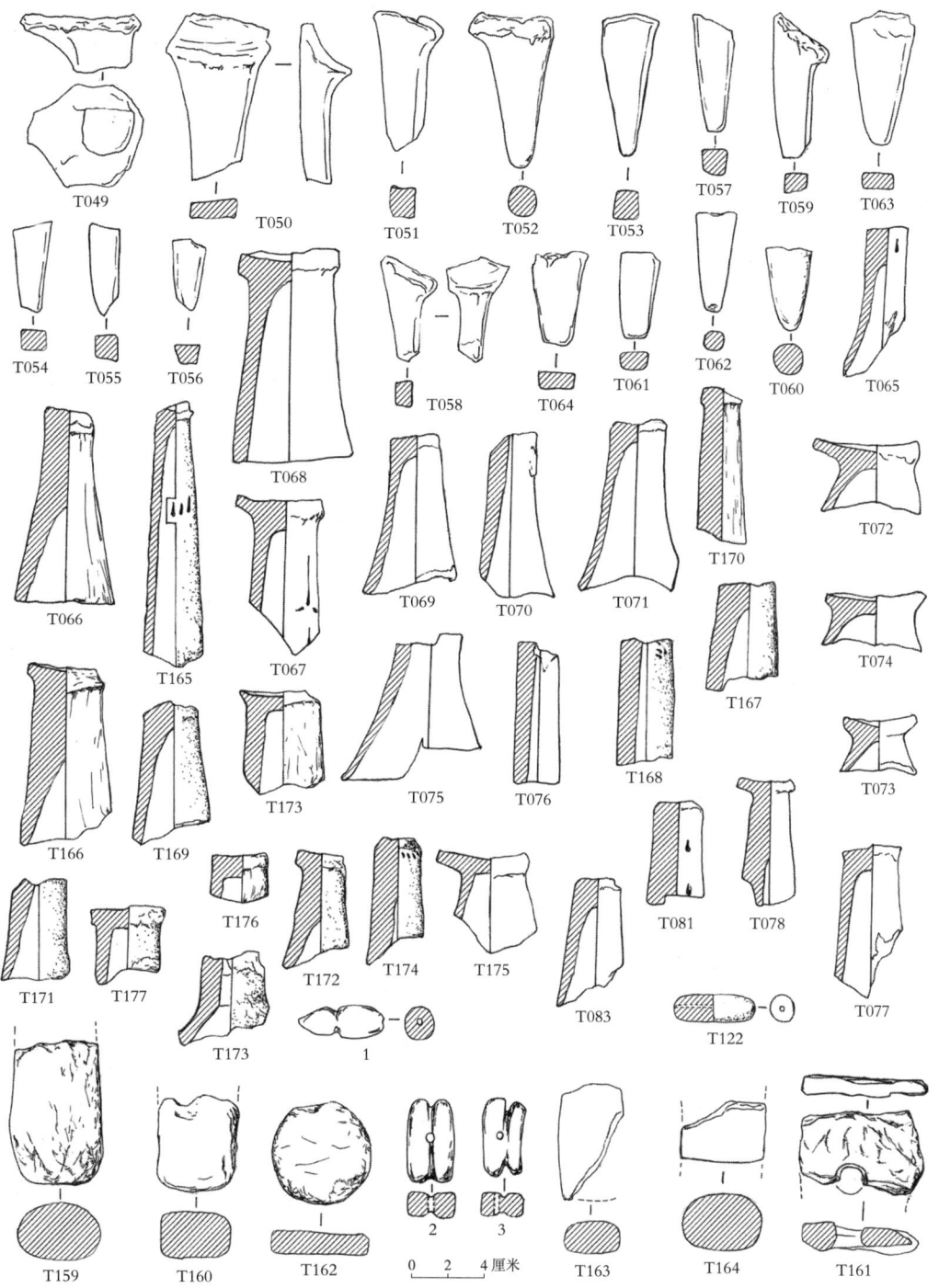

图 2-21 团山遗址采集标本（4）

T049—T056、T058.鼎足；T065—T078、T165—T177.豆座（柱）；1—3、T122.网坠；T159、T160、T163、T164.石锤；T161.石刀；T162.石饼

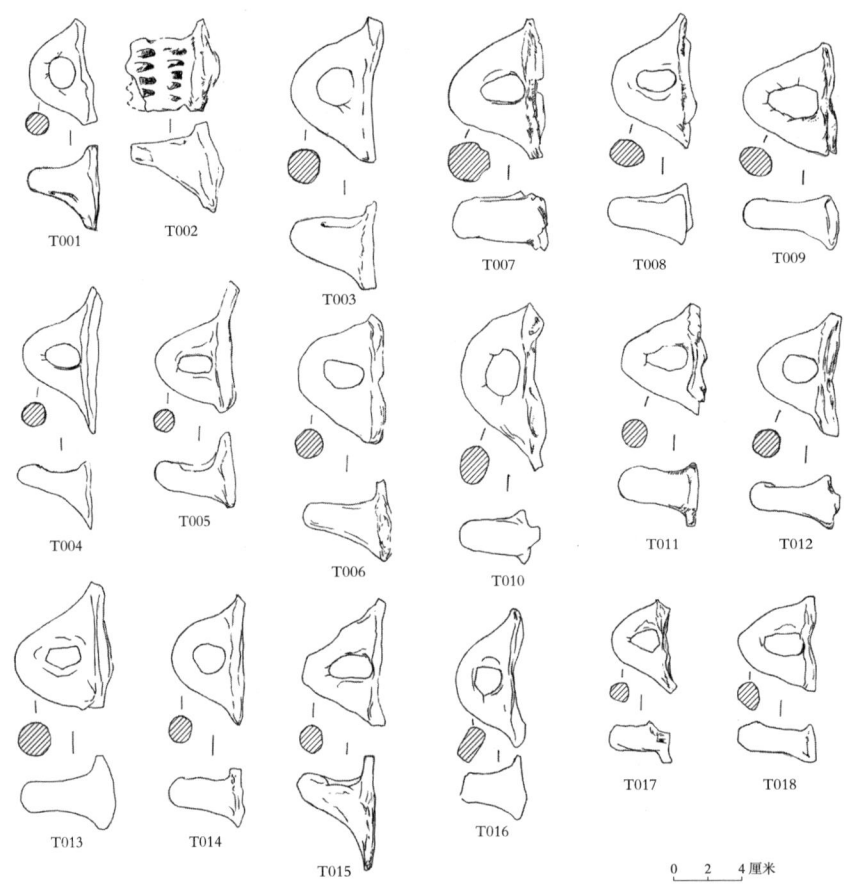

图 2-22 团山遗址采集标本（5）

图中均为夹砂灰陶

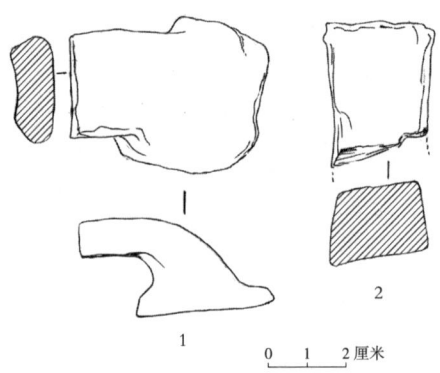

图 2-23 古城子山城遗址采集标本

1. 桥耳；2. 鼎足

地表遗物较丰富，采集有夹砂红褐陶器底、鼎足等标本（图2-24）。

4. 八道岗子东偏脸地遗址

位于开原市八棵树镇八道岗子村腰屯北约1公里的一块西高东低的斜坡地上，当地俗称"东偏脸地"。遗址西倚建材屯北山，坡下1.5公里处是清河由东向西流。地表采集有器耳、口沿、石磨棒等标本（图2-25）。陶色驳杂，有夹砂红褐、灰褐、黄褐陶。

5. 碾盘沟东山遗址

位于开原市八棵树镇八棵树村西一名作碾盘沟的东侧山顶上，西坡下为一条山溪由南向北流入清河。遗址部分为耕地，大部分被八棵树镇烈士陵园覆盖。采集有夹砂陶片、桥耳等标本（图2-26）。

所采标本均为夹砂灰褐陶桥耳，制作较规整，火候亦高，桥耳规格很大，应为大件器物上的附耳，而从其形制观察，似均应为横置器耳。

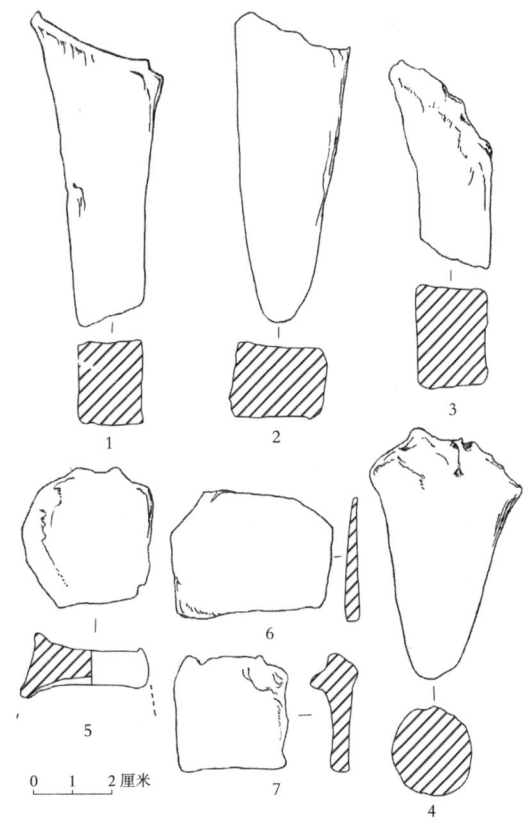

图2-24 弯垄沟老爷庙地遗址采集标本

1—4.鼎足；5.豆盘与豆柄结合处；6.尖唇口沿；7.纽状耳

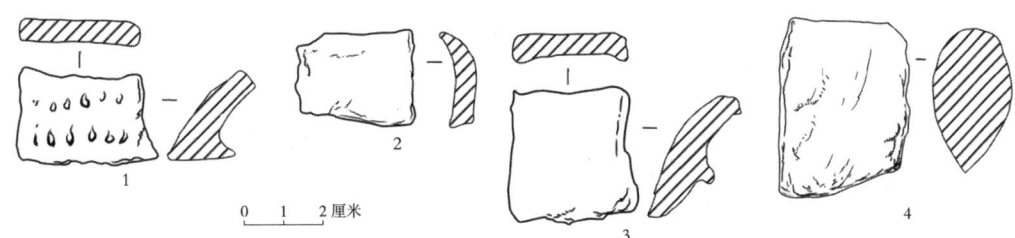

图2-25 八道岗子东偏脸地遗址采集标本

1、3.桥耳；2.口沿；4.石磨棒残段

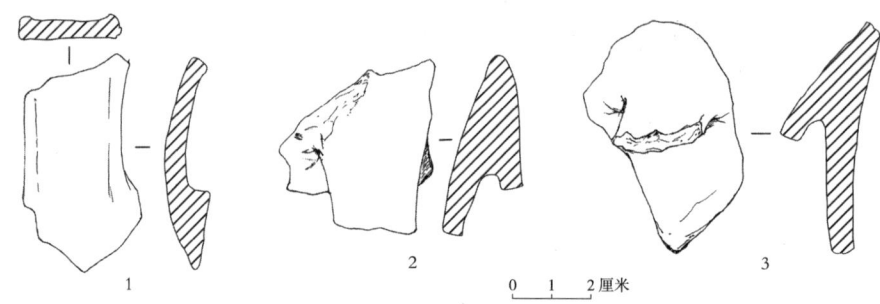

图 2-26 碾盘沟东山遗址采集的桥耳标本

6. 八道岗子八丈沟遗址

位于开原市八棵树镇八道岗子村北约 1000 米处的一个东向开口的小山沟向阳坡地上,东约 200 米是一条由北向南的山溪,汇入清河。地表遗物较丰富。采集标本有夹砂陶高柄豆、喇叭形豆座、叠唇口沿、带锥刺纹的陶片、戳点纹錾耳、环耳、器底、壶领、茧形网坠、棒状石锤等(图 2-27)。

遗址中陶质均为夹砂陶,有红、灰、黄三种。其中灰陶为主,红褐很少。

夹砂灰陶标本有带戳点纹的錾耳、柱状耳、实心豆柱、叠唇口沿、器底、环耳等,其中豆器标本多见,灰陶的全部为实心柱状,器表或用刀削加工,或饰串珠状戳点纹。灰陶錾耳耳面饰戳点纹 3 列,环耳则制作草率,或略有上翘者,陶色暗褐显黑,以榫卯法与器壁相接,制作方法在标本上清晰可见。

夹砂红陶为喇叭形豆座,豆座以泥条盘筑法制成,其中一件器表有"∴"形戳点纹,虽然外观看似红陶,但残存的豆盘内壁却是黑色的。黄褐陶只见 1 件茧形网坠。

7. 夏家后山遗址

位于开原市八棵树镇夏家村村北后山的向阳坡地上,南距清河约 2 公里,东坡下有山溪汇入清河。遗址地表遗物较多,但较残碎,采集有器物口沿、器底、桥耳等标本(图 2-28)。有夹砂红褐与灰褐两种陶色。

红褐陶标本有尖唇和叠唇口沿、圆唇直口的壶领、方形鋬耳、带有假圈足而器壁斜直的器底。灰褐陶占标本大部,见有方唇和叠唇口沿、舌状和方形錾耳、桥耳、泥条坑点纹贴耳、鸡冠耳、空心豆柱等。

图 2-27 八道岗子八丈沟遗址采集标本

1—5.豆；6.高足；7、8.柱状耳；9、11、12.环耳；10.鋬耳；13、15、16.口沿；14.器底；17.网坠

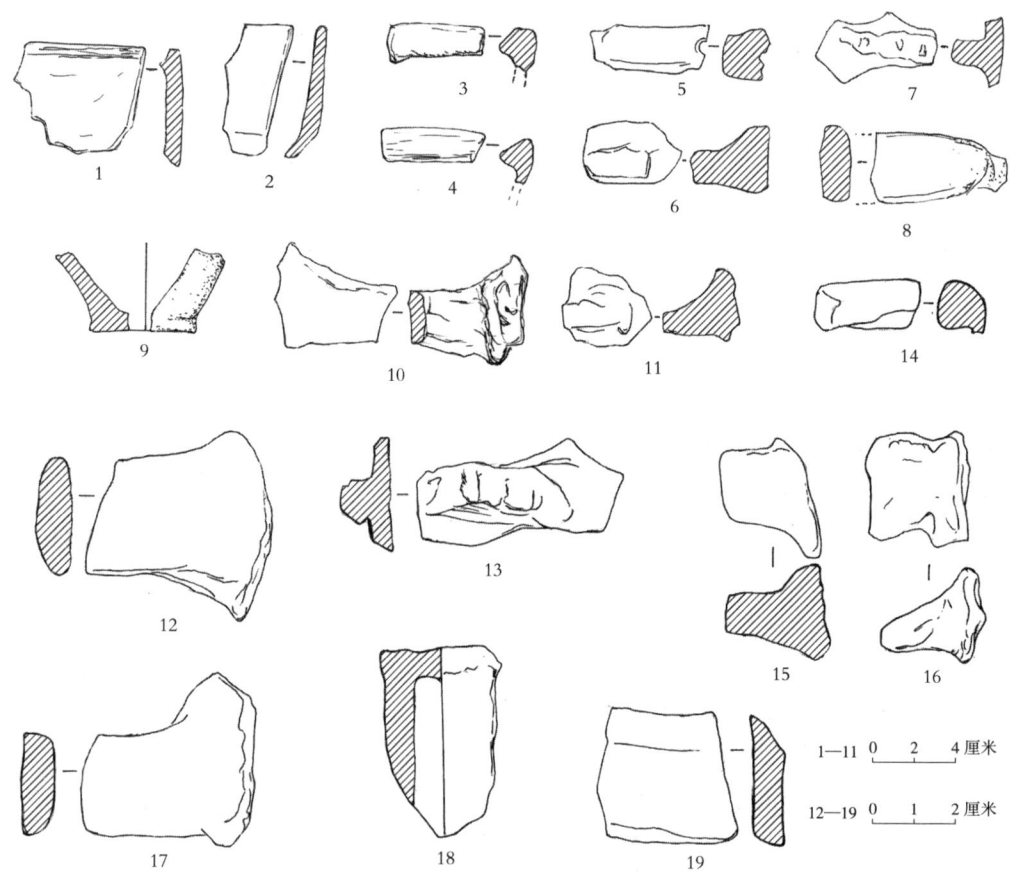

图 2-28 夏家后山遗址采集标本
1、3、5、7、8、10、11、12—18.夹砂灰陶；2、4、19.夹砂红陶；6、9.夹砂红褐陶

8. 八道岗子转山子遗址

位于开原市八棵树镇八道岗子村西约 500 米一名作"转山子"的山坡上，遗物在几乎整个山冈上都有发现。东约 200 米处有一条山溪由北向南流入距遗址约 1.5 公里的清河。地表遗存十分丰富，采集有鼎足、器耳、口沿、器物残壁等（图2-29）。有夹砂红褐陶、黄褐陶和灰褐陶 3 种陶色。

夹砂红褐陶标本有鬲足、桥耳、圆锥形和方锥形鼎足、扁方形鼎足，带附加堆纹陶片。鬲足在采集标本中仅见 2 件，实足根较高；余皆鼎足。鼎足有圆形、方形和扁方形 3 种，在采集的总共 23 件鼎足标本中，圆形鼎足 4 件、扁方形鼎足 6 件、方形鼎足 13 件，可见方形鼎足占大多数。所有鼎足无论形制全部为夹砂红陶，陶色非常单纯。一件桥耳的根部有瘤状饰。豆只见盘与座的结合处 1 件标本，或为高足钵的残段。

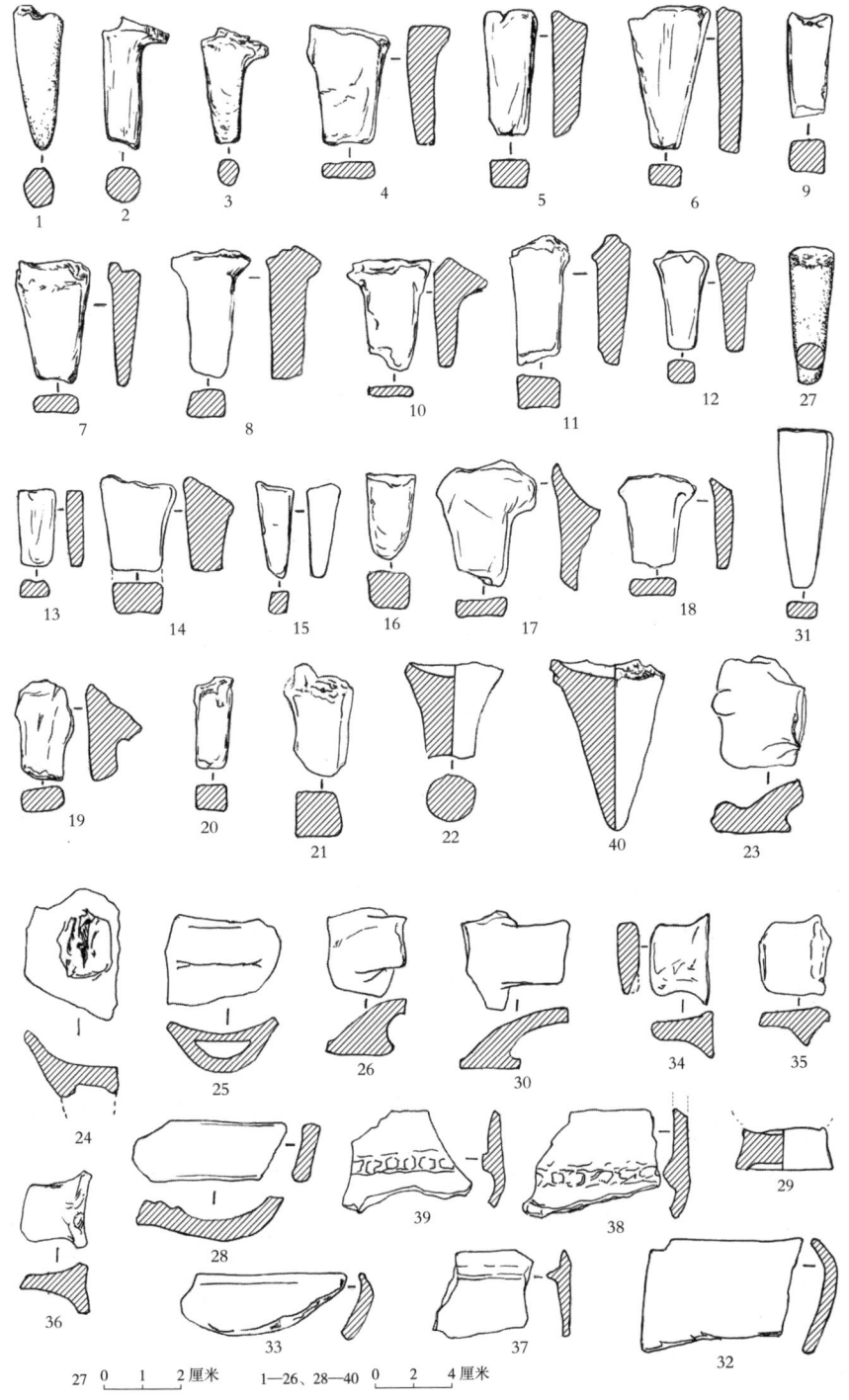

图 2-29 八道岗子转山子遗址采集标本

2—9、40.夹砂红褐陶；32、33.夹砂黄褐陶；36、38、39.夹砂灰褐陶

夹砂黄褐陶只见 2 件口沿标本，均圆唇外侈，器壁有厚薄之分。

夹砂灰褐陶标本有錾耳和附加堆纹残片两种，为器物颈肩间的装饰带，也分两种：一种为素面凸起，一种为连续点窝状，堆纹带下残存器壁外侈。

9. 夏家金家沟冈梁遗址

位于开原市八棵树镇夏家村村部后的山梁上，山梁自北向南延伸近 50 米折向西南，是为"金家沟冈梁"。遗物即分布于这段曲折山梁及两侧山坡上。坡下有山溪南北向流入清河，遗址南距清河约 2 公里。采集标本有高足钵、口沿、器耳等（图 2-30）。陶器只有夹砂红褐陶一种，口沿为内抹斜，高足钵见圈足状器底，盲耳为泥条状。

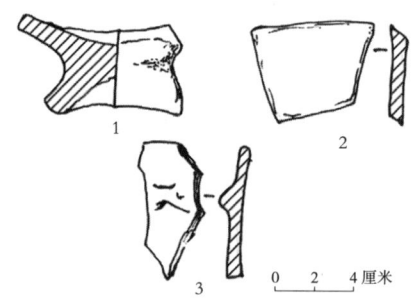

图 2-30　夏家金家沟冈梁遗址采集标本
1. 高足钵；2. 口沿；3. 器耳

10. 小东沟东山头遗址

位于开原市八棵树镇石场村小东沟屯东北一缓坡山梁上，遗址东侧山坡下有一季节性无名小河北流入清河。采集有豆、器耳和陶器残壁等标本（图 2-31）。标本陶质均为夹砂红褐陶，豆座为喇叭形，錾耳为舌形。

11. 八棵树南山遗址

位于开原市八棵树镇八棵树村南山顶上，地表遗物丰富，采集有口沿、器底、桥耳、鼎足等标本（图 2-32）。有夹砂红褐陶和夹砂灰褐陶两种陶色。夹砂红褐陶的标本有圆锥和方锥形鼎足、桥耳、錾耳、乳突状耳、假圈足器底、尖唇口沿等；夹砂灰褐陶标本有尖唇和内抹斜的口沿。

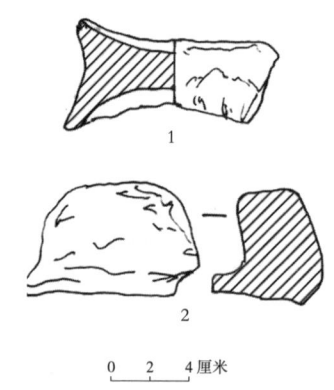

图 2-31　小东沟东山头遗址采集标本
1. 豆座；2. 錾耳

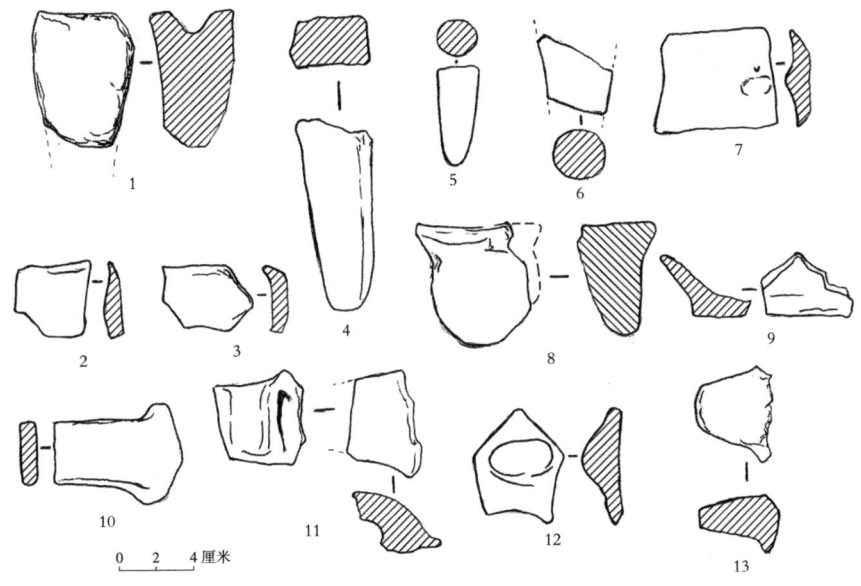

图 2-32 八棵树南山遗址采集标本

1、4、5、6.鼎足；2、3、7.口沿；8、13.鋬耳；9.器底；10、11.桥耳；12.乳突状耳

12. 官粮窖村北遗址

位于开原市八棵树镇官粮窖村北约 300 米处的山坡上，南距清河约 1.5 公里。采集标本有鼎足、器耳和陶器壁残片等（图 2-33）。均为夹砂红褐陶。三足器只见鼎足，有方锥、扁方和圆形 3 种，从标本残部可见鼎足安装方法，是先在足端压成凹沟以便与鼎身相接，然后再在器表涂泥加固，所以脱落后可见鼎足上部预制的凹槽；矮圆柱蹄形鼎足很少见。桥耳是该遗址发现的唯一器耳形制。

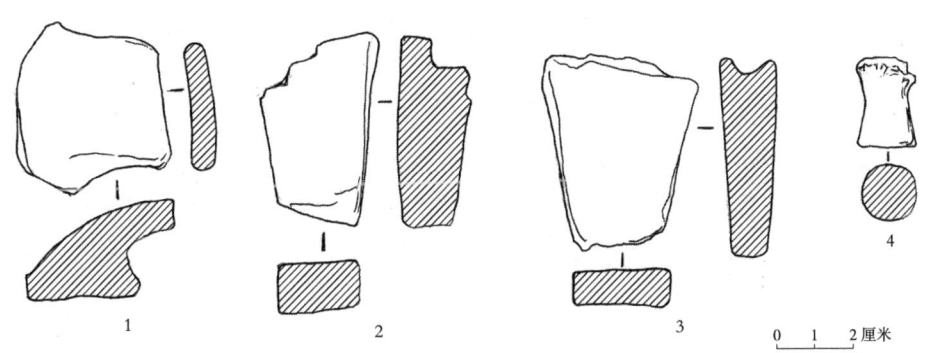

图 2-33 官粮窖村北遗址采集标本

1.桥耳；2—4.鼎足

13. 八道岗子小后山遗址

位于开原市八棵树镇八道岗子村西北约600米的小后山山顶上,遗址中采集有桥耳、口沿、鼎足、錾耳、石磨棒等标本(图2-34)。

标本有夹砂红褐陶、泥质红陶和夹砂灰褐陶3种。

夹砂红褐陶的器物标本有豆、方锥形鼎足和一件桥耳。从残存的豆盘与豆座结合处的形制判断,这件豆应是高圈足喇叭状的形制。遗址中还采有一件泥质红陶的口沿标本,为内抹斜的尖唇。夹砂灰褐陶的器物标本有方形錾耳、圆唇口沿和一件桥耳。

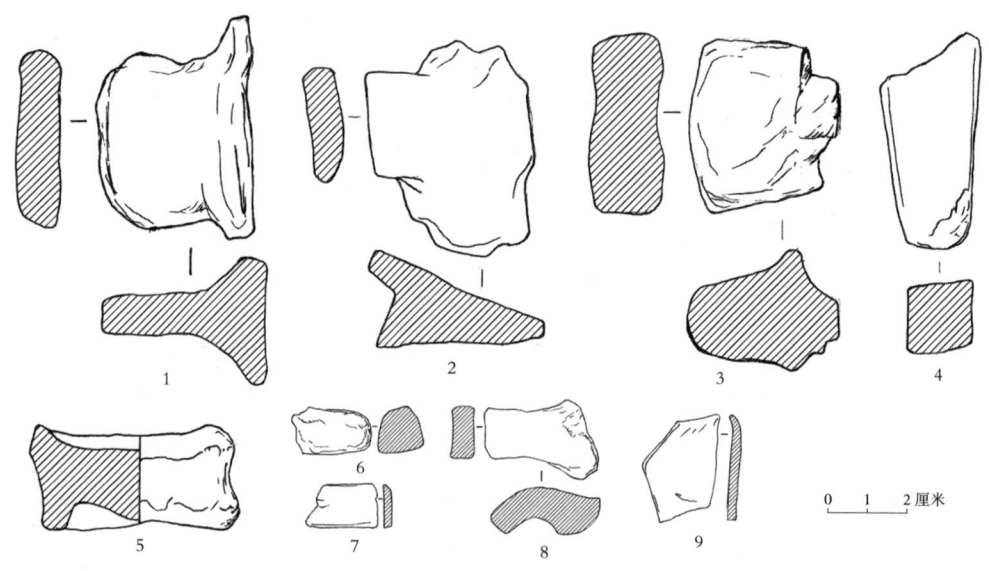

图2-34 八道岗子小后山遗址采集标本
1、3.錾耳;2、8.桥耳;4.鼎足;5.豆;6.石磨棒;7、9.口沿

14. 八棵树张家坟遗址

位于开原市八棵树镇八棵树村西约0.5公里处的碾盘沟内西侧一名作"张家坟"的向阳坡地上。采集有器耳、鼎足、鬲足、口沿、豆等标本(图2-35)。

均为夹砂红褐陶。附加堆纹残段可能是某器物的腰部,以一素面泥条贴附而成;桥耳断面近于方圆,与环耳剖面已很近似;鼎足有方锥和圆锥两种,圆锥鼎足内侧尚存火炱痕;鬲足有很浅的乳袋,下接较高的实足根;豆为豆盘和豆座的结合部;口沿2件:一为圆唇略外侈;一为厚方唇。

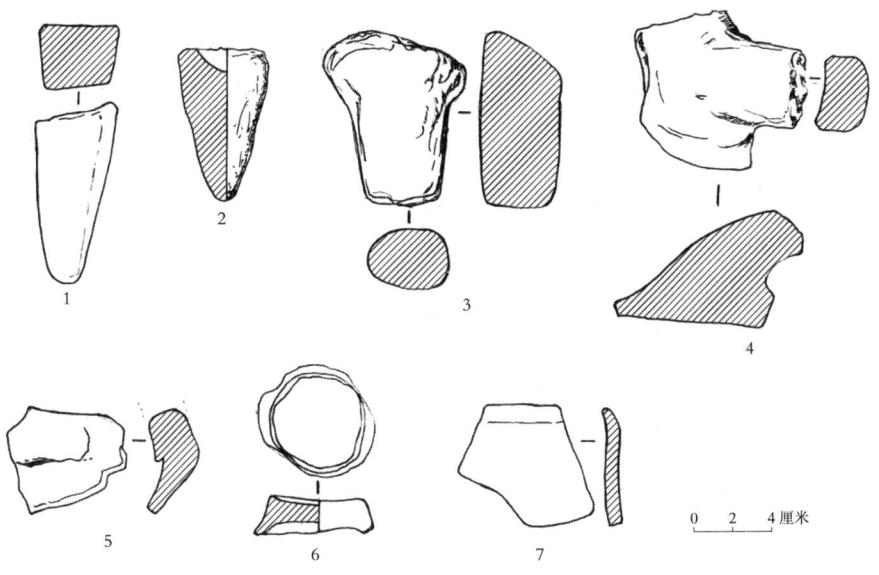

图 2-35 八棵树张家坟遗址采集标本

1、2.鬲足；3.鼎足；4.器耳；6.豆柄与豆柱连接处；5、7.口沿

二、李家台乡

1. 小三家子太阳沟东坡遗址

位于开原市李家台乡东碱厂沟村南约 1 公里处名为太阳沟的东坡山梁缓坡上，北高南低，坡度较平缓，坡下有季节性小河，遗址西距清河约 1 公里。采集标本有器底、口沿、桥耳、方形鼎足等（图 2-36）。

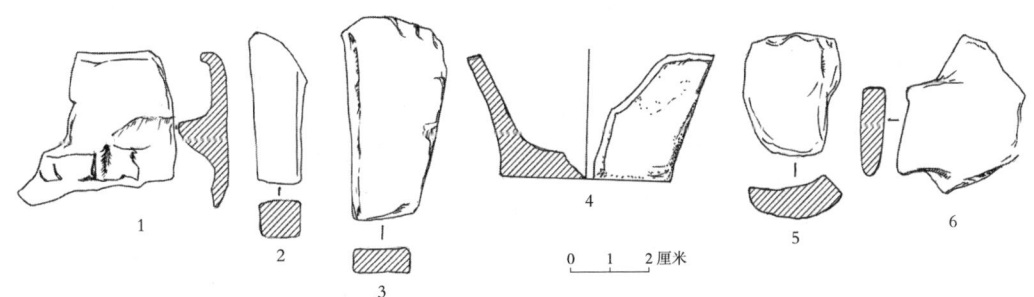

图 2-36 小三家子太阳沟东坡遗址采集标本

1、5、6.器耳；2、3.鼎足；4.器底

均为夹砂红褐陶,有桥耳、器底,鼎足有方形和扁方两种,口沿为圆唇平折,短颈下接舌形錾耳,耳下并有附加堆纹。

2. 王杲城遗址

位于开原市李家台乡王杲城村崔家街屯东约100米处的山冈上,是一座建于青铜时代的小型山城。明代海西女真哈达部以其为王城的一部分,城墙现仅存山石垒砌的墙基,沿山脊走向构筑,呈不规则椭圆形,全长1000余米。城内地势呈锅底状,标本集中分布于西墙和南墙的城内坡下,东南角的城门处因位处最低,山水下泄时可能有部分标本被冲至此,故山门处也有少许标本采集。标本有器耳、豆座、口沿、器底等(图2-37)。

除一件抹斜的口沿为夹砂红褐陶外,余皆为夹砂灰褐陶。有环耳、舌形錾耳、实心豆柱、叠唇和圆唇的口沿、喇叭形豆座残部、略有内凹的器底等。

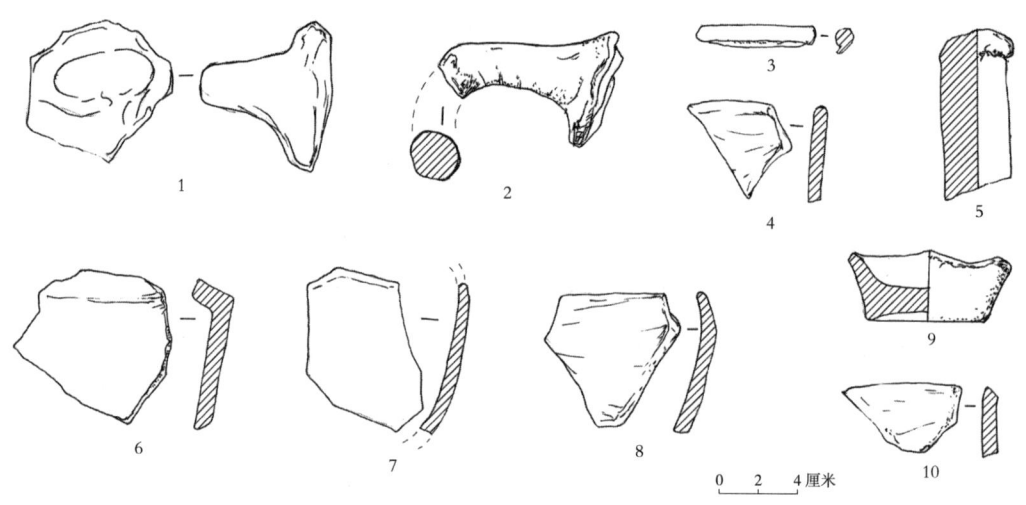

图 2-37 王杲城遗址采集标本
1.錾耳;2.环耳;3、4、6—8、10.口沿;5.豆柄;9.器底

3. 王杲城四方城遗址

位于开原市李家台乡王杲城村崔家街屯东约300米的河谷平原台地上，遗址正处明代海西女真哈达部王城建城之地，知哈达部王城建在青铜遗址之上。遗址西距清河1公里许，南300米为王杲城村。城址所在的残墙内外，除有明代灰瓦残片外，夹砂陶片也随处可见。采集有口沿、器耳、器底等标本（图2-38）。

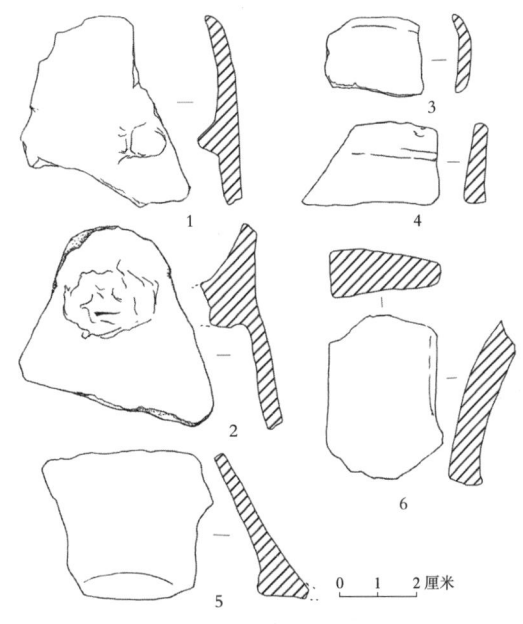

图2-38 王杲城四方城遗址采集标本
1、3、4.口沿；2.环耳残部；5.器底；6.桥耳

4. 廖家沟老院后沟遗址

位于开原市李家台乡廖家沟村一名作"老院后沟"的山坡上，坐北朝南，坡度平缓，坡下有一条山溪由西向东汇入清河，遗址东北距清河约4公里。东西长约100米，南北宽约60米。采集标本有鬲足、器底、口沿、器壁残片、器耳等（图2-39）。

有夹砂红陶和夹砂灰陶两种。灰陶仅1件，为无实足根的鬲足，这种形制标本在艾清河流域曾有发现，但均为红陶，此处为灰陶，甚为少见。夹砂红陶标本有带附加堆纹的陶片、瘤状器耳和残器底。

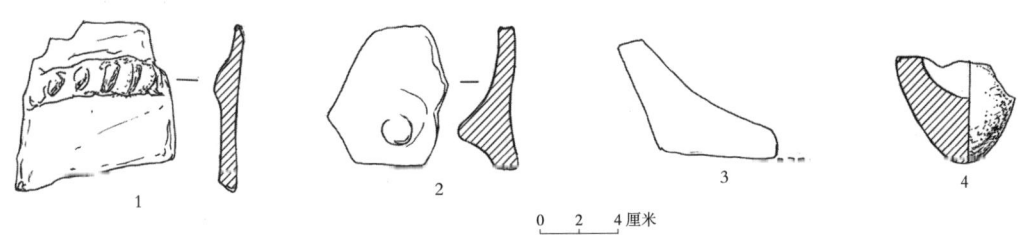

图2-39 廖家沟老院后沟遗址采集标本
1.口沿；2.器耳；3.器底；4.鬲足

5. 西南沟南山冈遗址

位于李家台乡西南沟村西南沟屯南约150米的南山冈缓坡台地上，遗址南距抚顺市清原县夏家堡镇朱家堡村约3公里，遗址西侧坡下有山溪由南向北流入清河。采集有器底、器耳等标本（图2-40）。

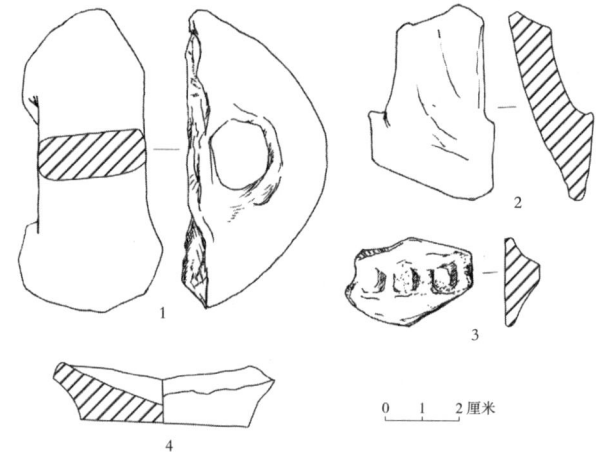

图 2-40 西南沟南山冈遗址采集标本

1、2. 桥耳；3. 附加堆纹陶片；4. 器底

6. 粉房王家坟冈梁遗址

位于开原市李家台乡粉房村北约1公里处的一处高坡地上，当地名为王家坟冈梁，遗址山坡下有山溪汇入一无名小河，成为清河上源支流。遗址东西长约200米，南北宽约80米。采集有器耳、器底、口沿和鼎足等标本（图2-41），均夹砂红褐陶。

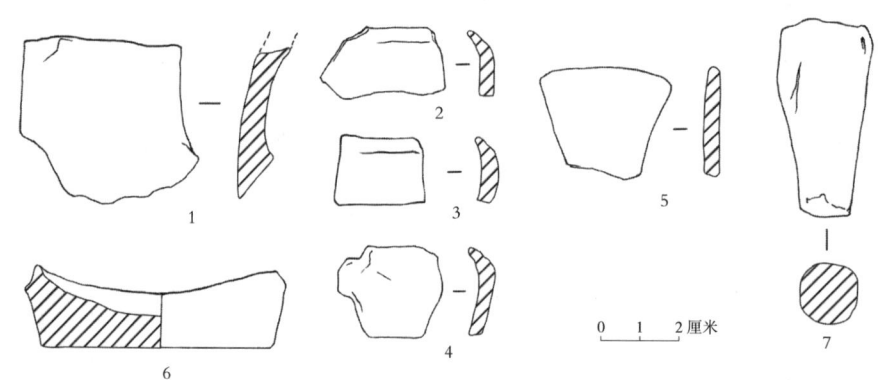

图 2-41 粉房王家坟冈梁遗址采集标本

1. 桥耳；2—5. 口沿；6. 器底；7. 圆锥形鼎足

7. 粉房高丽墓子积石墓群

位于开原市李家台乡潘家窝棚村东约500米的名"高丽墓子"的耕地中，南约800米为清河。现存积石墓可见20余座，其中个别墓葬形制清晰可见，两侧石壁以数块大

石板拼砌，两端堵头各为一整块石板封堵，一般长 2-2.5 米，宽 1.3-1.5 米，存高 0.5-0.8 米，棺顶石不见。根据墓葬的形制与特点可断，该处应为青铜时代积石墓群。在该墓群中采集到一件石刀的半成品（图 2-42），已具石刀雏形，全身布满加工痕迹，此件石刀半成品系在墓群所在地采集，应为墓中随葬品，其他陶器标本未见。

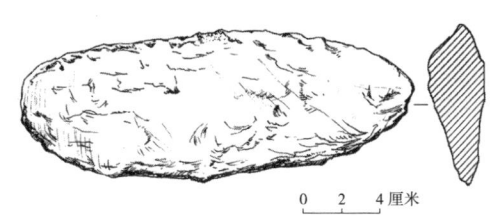

图 2-42 粉房高丽墓子积石墓群采集的石刀标本

8. 泉眼沟东冈梁遗址

位于开原市李家台乡粉房村泉眼沟屯东冈梁上。遗址东坡较陡，西坡较缓，地表遗物较丰富，采集标本有口沿、器底、桥耳等（图 2-43）。夹砂红褐陶的标本有附加堆纹陶片、器底、桥耳、鋬耳、方锥形和半圆形鼎足等。半圆形鼎足在铁岭所含三足器类遗存中为仅见。鋬耳规格不大，从残存部分可清楚看到与器壁是以榫卯办法相连接的。桥耳制作规整，陶胎细腻且很薄。夹砂灰褐陶只 1 件口沿，圆唇外侈，火候较高。

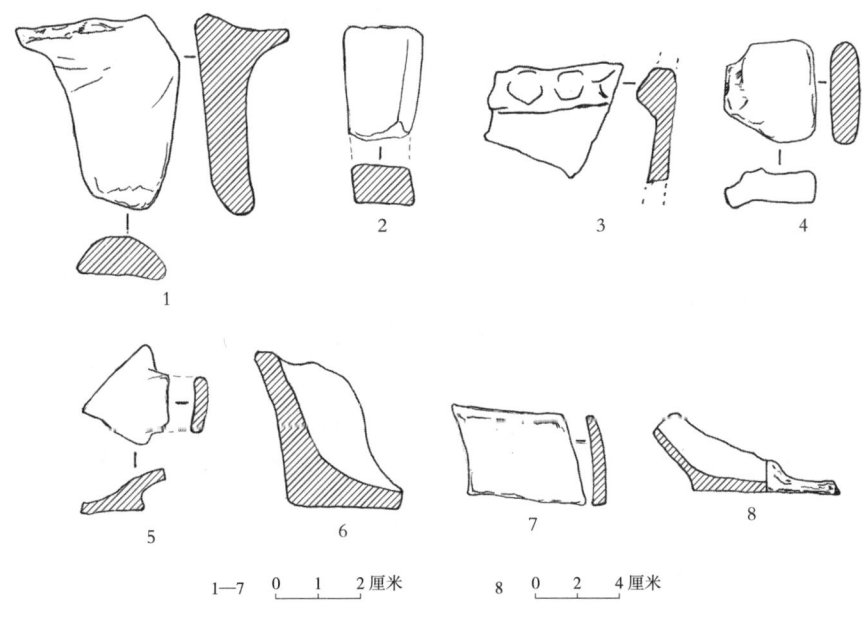

图 2-43 泉眼沟东冈梁遗址采集标本

1、2. 鼎足；3、7. 口沿；4. 鋬耳；5. 桥耳；6、8. 器底

三、林丰乡

1. 新边水库西山遗址

位于开原市林丰乡新边村尖山子屯后沟水库西山南坡上,坡下为清河上游的一条山溪,由南而北流入清河,遗址南距山溪约300米。标本多为残碎的陶片,可辨器类有方唇的壶领口沿和附加堆纹残片(图2-44)。

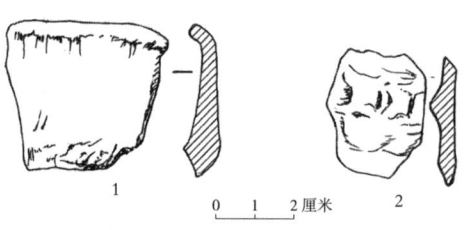

图2-44 新边水库西山遗址采集标本
1.口沿;2.附加堆纹残片

新边水库西山遗址标本的主要特征是,夹砂黄褐陶为主,少许灰黑陶,不见红陶,除采集的几件残碎过甚的器底外,其他陶片多不辨形制。拣选出画图的两件标本,壶领口沿为夹细砂黄褐陶,方唇外侈,直颈。附加堆纹标本只一小块,类似形制的附加堆纹在邻近的清河上游林丰新边西山冈、李家台东碱场太阳沟东坡等遗址中也有所见。

2. 新边东大坡地遗址

位于开原市林丰乡新边村东南约2公里处的东大冈东坡上,遗址南侧坡下是清河的一条支流,由东向西汇入清河。所见标本均为夹砂红褐陶,有舌耳、桥耳和器底等(图2-45)。

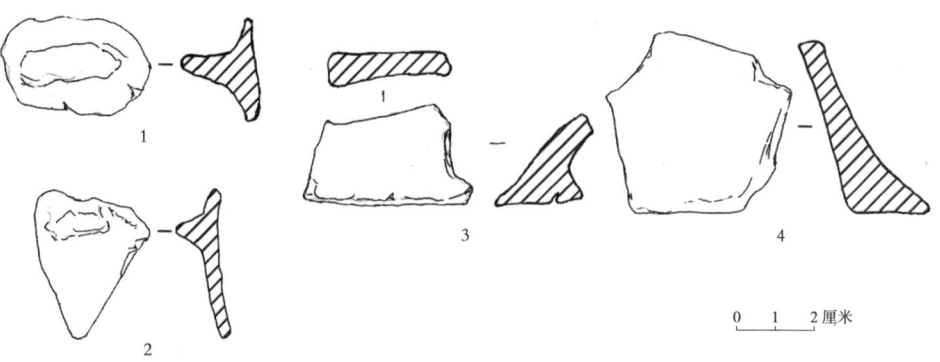

图2-45 新边东大坡地遗址采集标本
1—3.器耳;4.器底

3. 凤翔果园遗址

位于开原市林丰乡凤翔村东北约400米处的北山冈上,地表采集有器耳、鬲足、器底等标本(图2-46)。标本陶质均为夹粗砂灰褐陶,桥耳耳面宽平,制作规整;器底为平底;圆锥状鼎足外有烟炱痕。

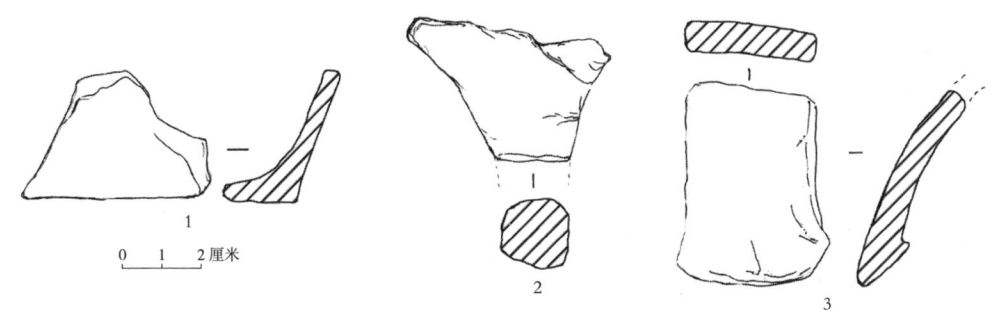

图2-46 凤翔果园遗址采集标本
1.器底;2.鼎足;3.桥耳

4. 新边西山冈遗址

位于开原市林丰乡新边村西北约1000米处的西山冈上,南1.5公里处有清河支流由东向西流。标本散布在山顶南北两坡上,采集标本有夹砂红褐陶的鬲足、鼎足、器耳等标本(图2-47)。

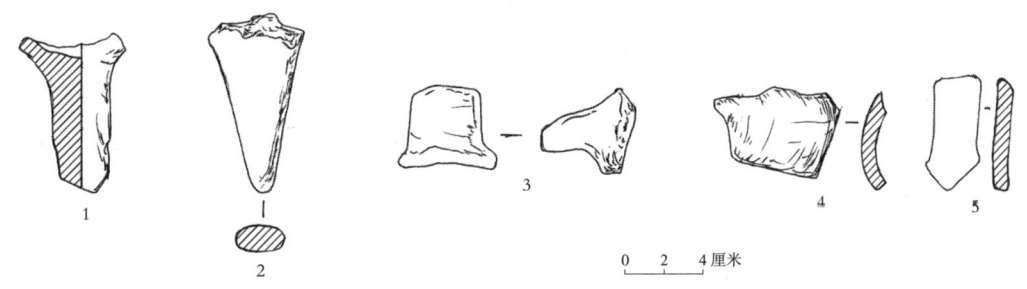

图2-47 新边西山冈遗址采集标本
1.鬲足;2.鼎足;3.錾耳;4.陶钵残壁;5.口沿

5. 宁远房身沟遗址

位于开原市林丰乡湾子沟村房身屯西约150米处的西冈东坡，北约1公里处是由东向西流的清河支流。采集遗物有桥耳、柱耳、瘤耳、口沿、鬲足、鼎足、器底等标本（图2-48），标本均为夹砂红褐陶。鬲足存浅乳袋，实心足较高；鼎足为方锥式，桥耳和瘤耳制作均较规整；錾耳为舌状；口沿作圆唇直口，柱耳剖面为方圆形。

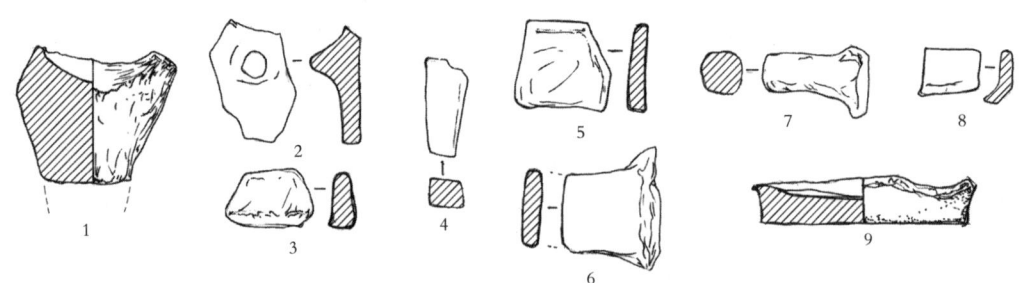

图2-48 宁远房身沟遗址采集标本
1.鬲足；2、3、6、7.器耳；4.鼎足；5、8.口沿；9.器底

四、杨木林子乡（清河区）

1. 富饶后山南坡遗址

位于清河区杨木林子乡富饶村东北约80米处的后山南坡上，遗址长约90米，宽约50米。采集有夹砂红褐陶的柱形器耳和叠唇口沿以及夹砂灰褐陶的带有盲耳的陶罐口沿标本（图2-49）。

圆柱状耳在铁岭东部山区青铜文化遗址中并不常见，叠唇口沿的三角形剖面也不

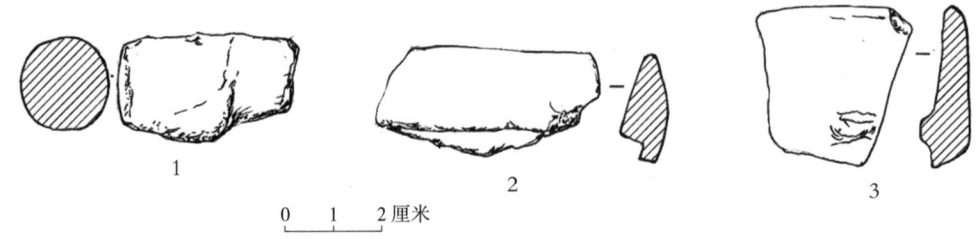

图2-49 富饶后山南坡遗址采集标本
1.柱状耳；2.叠唇口沿；3.带盲耳的口沿

同于那种圆唇的样式,这两件标本均为夹砂红褐陶。标本3为夹砂灰褐陶,口沿较厚,沿下有盲耳。

2. 八社北上冈子地遗址

位于清河区杨木林子乡后八社村西北的缓坡台地上,西距寇河0.5公里许。在遗址中采集有钻孔石刀残片、夹砂红陶三足器器足残段、口沿等标本(图2-50)。

厚唇口沿是流行于柴河流域的器物标本形制,三足器为夹砂红褐陶。石刀残段刃

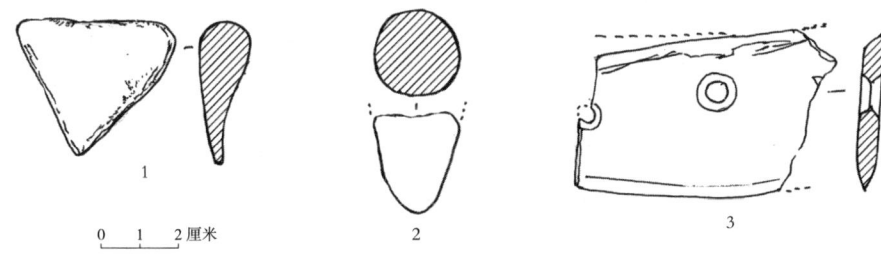

图2-50 八社北上冈子地遗址采集标本
1.口沿; 2.器足; 3.石刀

部似很锋利,从其残存的形态看,石刀应为梯形,这种形制的石刀在清河和寇河流域分布较为广泛。

3. 北大沟东门外道上遗址

位于清河区杨木林子乡北大沟村北大沟屯东北约1公里的山坡上,遗址南缘即为开原—八棵树公路,坐北朝南,南距清河水库约1公里,属清河北岸的二级台地。遗址东西长约150米,南北宽约40米。采集有夹砂灰褐陶的环耳、柱状耳以及夹砂灰陶的器壁残片等(图2-51)。

4. 后杨木林子东门外道上遗址

位于清河区杨木林子乡后杨木林子村

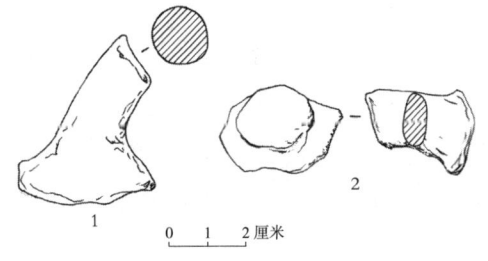

图2-51 北大沟东门外道上遗址
1.环耳; 2.柱状耳

东约300米的一处高台地上,周围地势为矮丘陵,西侧坡下有山溪水由北向南流入清河水库。地表陶片多见,但多残碎,器形不辨。采集有口沿、鬲足和石器等标本(图2-52),陶器标本均为夹砂红褐陶。

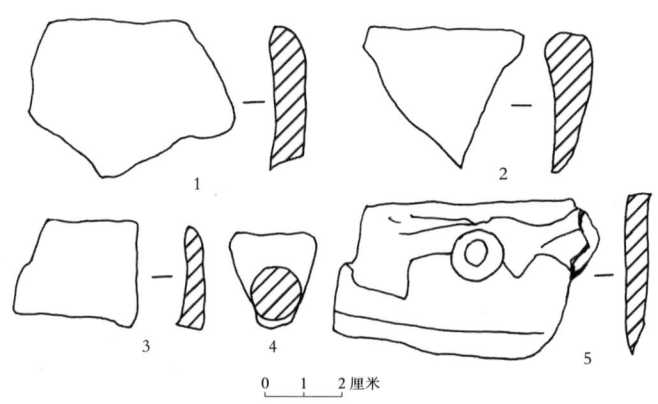

图2-52 后杨木林子东门外道上遗址采集标本

1—3. 口沿；4. 鬲足；5. 石刀残段

五、兴开街道（开原镇城郊乡）

小山冈瓦碴地遗址

位于开原市兴开街小山冈村村北约400米处的一北高南低的缓坡地上,东约500米为清河。采集标本陶器多残碎,石器有石斧、砺石等(图2-53)。陶器均为夹砂红褐陶,标本因残碎过甚,器形不辨,此外并见红烧土块。采集石斧1件,扁体长方形,通体磨光,斧身崩残较甚。砺石,砂岩质,略呈等边三角形,磨面残半,正反两面使用。

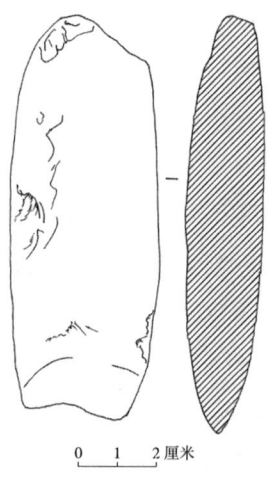

图2-53 小山冈瓦碴地遗址采集的石斧标本

六、莲花乡

1. 石龙小北山南坡地遗址

位于开原市莲花镇石龙村东北约200米的小北山上,遗址东距叶赫河约1公里。采集标本有豆、器底、鋬耳、口沿、石斧等(图2-54)。

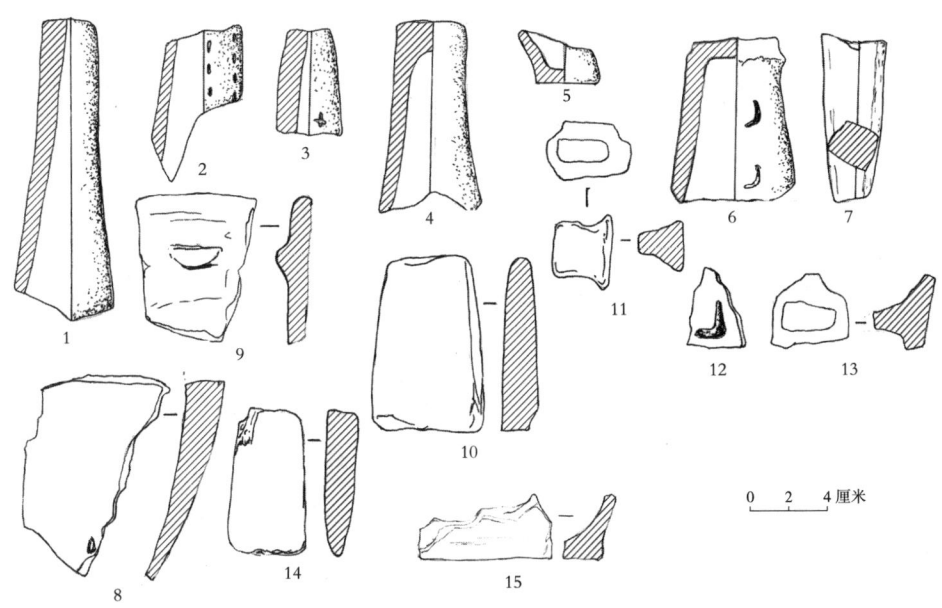

图2-54 石龙小北山南坡地遗址采集标本

1—4、6. 豆;5、15. 器底;7. 鼎足;8. 豆座;9. 口沿;10、14. 石斧;11、13. 鋬耳;12. 带纹饰陶片

标本陶色只见夹砂红褐陶一种,器类有喇叭形豆座、方锥鼎足、器底等。喇叭座豆有戳点纹,戳点纹有双排竖列麦粒形、"十"形、"J"形等几种纹样,陶土中含石英颗粒比较粗大。石斧为扁平体的长方形。

2. 夏家沟北山石棚地遗址

位于开原市莲花镇石龙村北沟屯一名叫夏家沟的山南坡地上,遗物大致呈东西向条状分布,地表遗物不多,采集有夹砂红褐陶片、器底、石刀残部等标本(图2-55)。

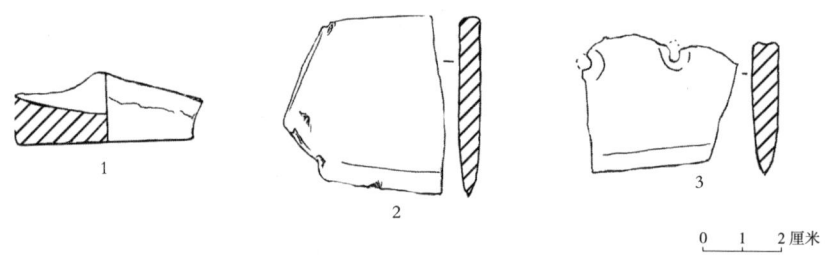

图 2-55 夏家沟北山石棚地遗址采集标本

1. 器底；2、3. 石刀残段

3. 糖坊后山遗址

位于开原市莲花镇糖坊村后山石灰窑沟东山南坡处，一条小山溪由北至南从遗址的西坡流过。采集有口沿、鬲足、豆柄、器耳、石斧等标本（图 2-56）。陶器只见夹砂红褐陶一种。

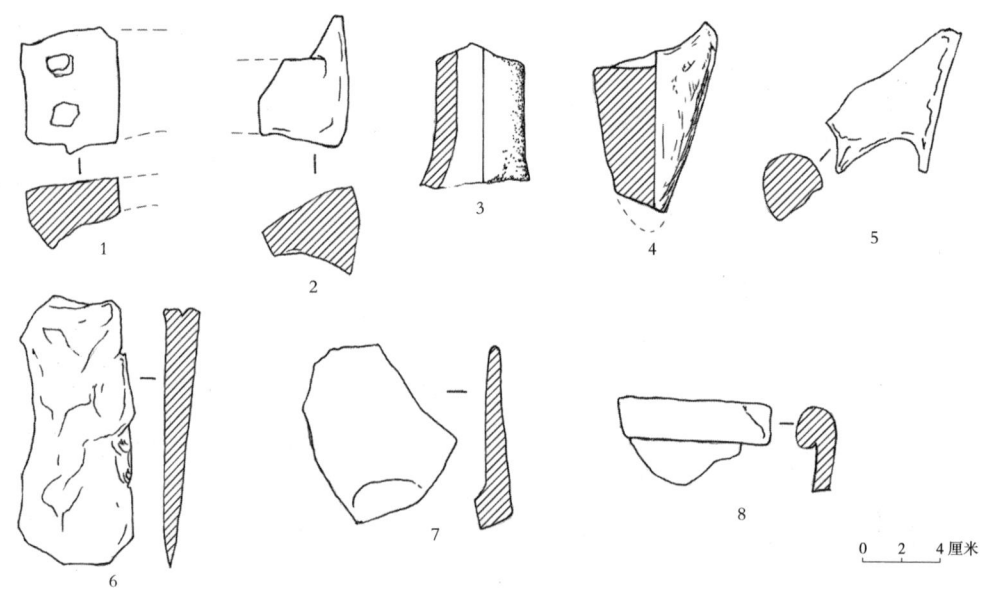

图 2-56 糖坊后山遗址采集标本

1. 环耳与器壁结合处；2. 桥耳；3. 豆；4. 鬲足；5. 环耳；6. 石斧毛坯；7. 高壶领口沿；8. 叠唇口沿

4. 罗家屯北山东沟遗址

位于开原市莲花镇石龙村罗家屯北山头道岭北侧第一个沟口内，地势西高东低。采集有鼎足、器底、桥耳、錾耳等标本（图2-57）。

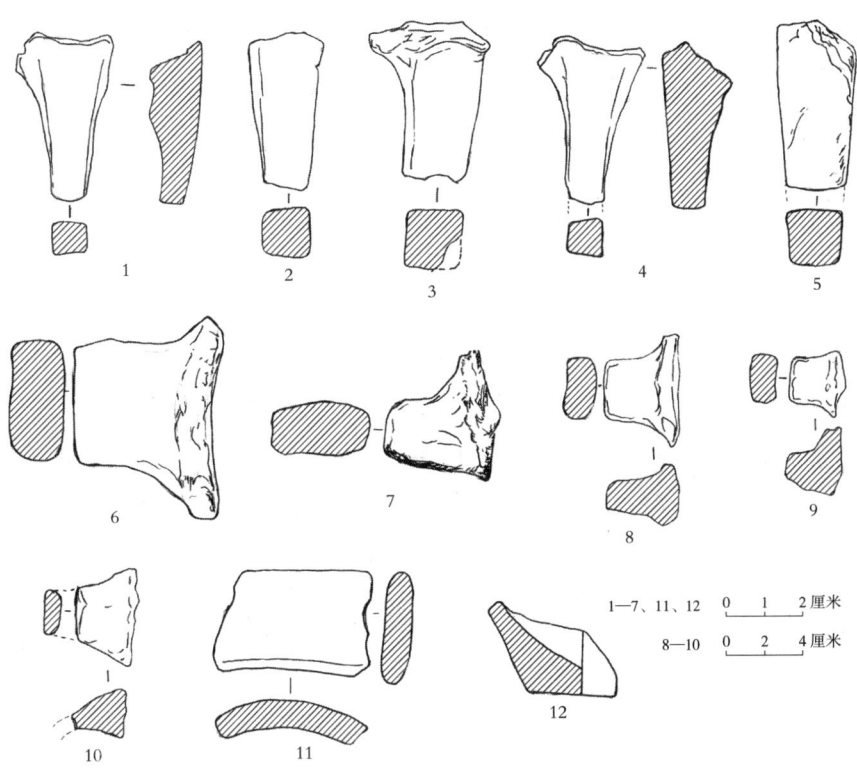

图 2-57 罗家屯北山东沟遗址采集标本
1—5.鼎足；6—9.錾耳；10、11.桥耳；12.器底

该遗址采集标本均为夹砂红褐陶，鼎足采集5件，一律为方锥式。錾耳方形素面，胎质坚硬，其中一件耳端出现戳印的沟形纹。桥耳只见耳面残段，器物制作非常规整，胎质坚硬。器底为薄壁厚底。

5. 罗家屯景家坟地遗址

位于开原市莲花镇石龙村罗家屯北山南坡，叶赫河的一条支流从遗址东侧由北而南流，地表遗物丰富，采集有口沿、双孔网坠、纺轮、方锥鼎足、錾耳、石刀等标本（图2-58）。陶器标本均为夹砂红褐陶。馒状纺轮上遍施戳点纹；网坠为亚腰双孔形。

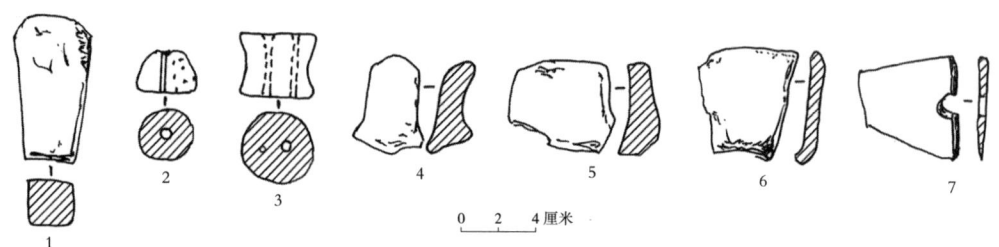

图 2-58　罗家屯景家坟地遗址采集标本
1.鼎足；2.纺轮；3.网坠；4、5.鋬耳；6.口沿；7.石刀残断

6. 罗家屯南山大片地遗址

位于开原市莲花镇石龙村罗家屯南山向阳坡地上，东约 200 米为叶赫河。采集有鼎足、桥耳、口沿、器底、石锤等标本（图 2-59）。

有夹砂红褐陶和夹砂灰褐陶两种。夹砂红褐陶鼎足采集 3 件，其中 1 件为近半月形剖面的扁凿形，这种形制的鼎足也曾出现在清河流域的李家台乡粉房村泉眼沟东冈梁遗址中。另两件为扁方和方锥形，与鼎身的衔接均是先在鼎足与器身结合处预制一个凹槽，对合严实后再在结合部抹泥加固。桥耳剖面近方，已渐失早先剖面扁薄风格，

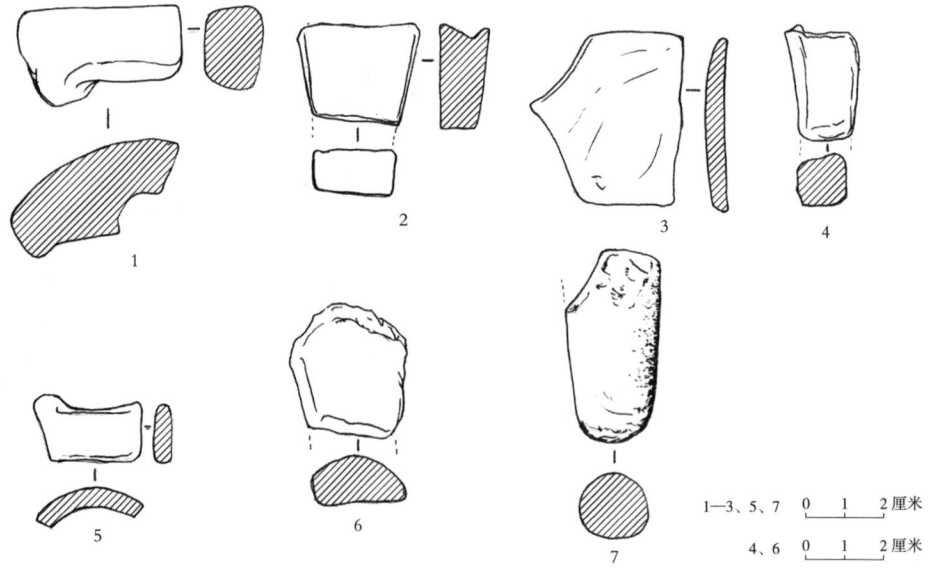

图 2-59　罗家屯南山大片地遗址采集标本
1、5.器耳；2、4、6.鼎足；3.口沿；7.石锤

而转向钝圆，与环耳相类。口沿尖圆唇，微内敛，器壁很薄，内含少量云母。夹砂灰褐陶只见1件桥耳，贴附于器壁之上，形制殊小。石器只见1件石锤，灰色玄武岩，琢磨兼施，器身浑圆，略有崩残，敲砸面有打击痕。

七、聂家乡（清河区）

曾家屯窑后地遗址

位于清河区聂家乡曾家屯村一道南北向山冈的东坡上，西约100米是一条南北向的溪流，由南向北流入清河水库。采集有夹砂红褐陶鼎足、豆座、纺轮、鋬耳、石锤残段等标本（图2-60）。

标本陶质除一件环耳外，余均为夹砂红褐陶，鼎足有圆锥和方锥两种，豆也有实心豆柱与空心豆座之别；带戳点纹的鋬耳与素面的小鋬耳共存。桥耳采集2件，从其耳面角度分析，应为横置。

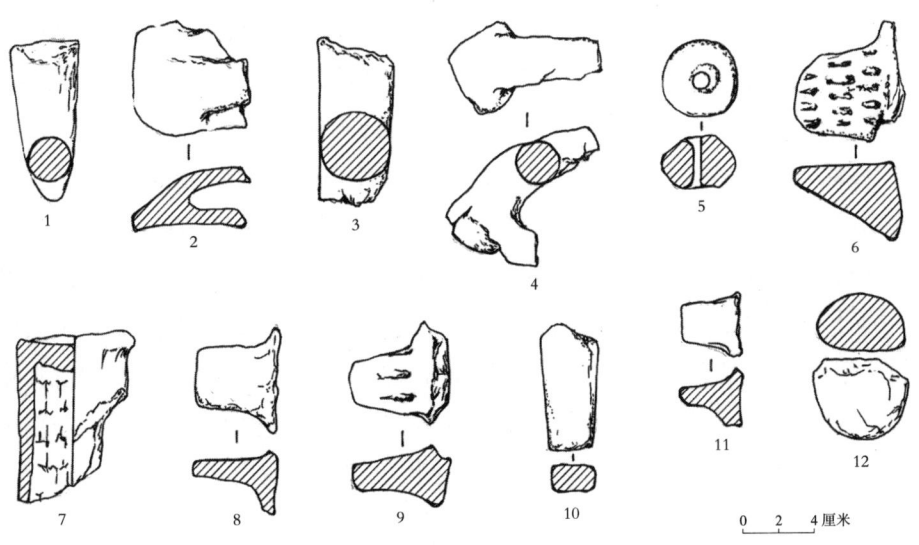

图2-60 曾家屯窑后地遗址采集标本

1.鼎足；2.桥耳；3、7.豆柄；4.环耳；5.纺轮；6、9.戳点纹鋬耳；8、11.方形鋬耳；12.石锤残段

第三节　中部丘陵区

这一区域属于东部山地与西部辽河平原的过渡地带，地势略有起伏，有较矮的山丘，山丘和沟壑间有泉水，河流主要是沙河，流经松山、马家寨、中固三个乡镇后，汇入辽河。

这一地区因为地近辽河，青铜文化具有部分辽河以西同期遗存的某些特征，如在松山堡乡木鱼村果子园北山遗址中采集的圆锥状和方锥状鼎足、实足根较高的鬲足和带有附加堆纹的陶片等，显示出年代较早的特征。

鬲与高柄豆的共存（城东乡开原站村黄土坑遗址）、錾耳发达（城东乡赵家台村岭冈遗址）、甑底与厚唇沿同见（松山乡二道沟村后台子遗址）等，都是这一区域有别于其他地区的显著特征。在松山乡还发现一处山城址，是铁岭"三普"中的重大发现，城为山皮土夯筑，南北各有一门，城中采集到包括鬲足、折沿罐、方锥鼎足、桥耳、厚唇沿在内的青铜时期标本，也有晚于青铜时期的泥质红陶和灰陶陶片。

城址中采集的标本年代跨度较大，与邻区高柄豆类遗存形成明显区别，特别是在柴河流域广为流布的厚唇沿在该区域也有发现（松山乡麻线堡村孤山子城址、二道沟村后台子遗址），这些因素，对分析铁岭辽河以东地区青铜时代文化的源起及地域分布，都是非常有价值的材料。在城东乡后马市堡村炮台南地遗址中采集到网坠，是渔猎经济曾经在此驻足的实物见证，说明该地有可以张网捕鱼的河水，但现在却没有暴露于地表的哪怕是极小的细流，或许在自然环境变迁方面可说明一些问题。

夹砂红褐陶占采集标本大部，高柄豆的陶胎非常细腻，与在清河、寇河和碾盘河流域高柄豆分布密集区陶土含大粒石英粗陶形成鲜明对比，总体看，这一区域早期遗存多见，据以方锥鼎足与鬲的发现，参照新乐上层文化的时间框架，有理由判断这批遗存所处年代当在西周初期至春秋早期前后；个别晚期遗址中见手制粗糙的灰陶环耳、实心高柄豆等（松山乡麻线村麻线遗址），年代可到战国晚及汉初。

一、松山堡乡

1. 木鱼果子园北山遗址

位于开原市松山堡乡木鱼村果子园屯北山的山顶上，南坡下即为柴河支流二道河。地表采集标本有鬲足、鼎足、口沿、桥耳、附加堆纹陶片、石斧残段等标本（图 2-61）。均为夹砂红褐陶，附加堆纹标本采集 2 件，都是连续窝点状的纹样。鼎足有方锥和圆

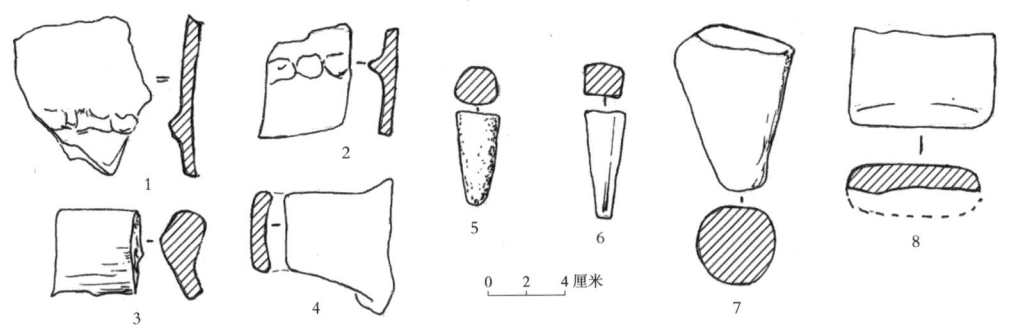

图 2-61 木鱼果子园北山遗址采集标本

1、2.附加堆纹陶片；3.口沿；4.桥耳；5、6.鼎足；7.鬲足；8.石斧残段

锥两种，规格都较小。鬲足1件，残存很浅的乳袋，下接实足根。口沿为方唇厚沿，外侈幅度很大。桥耳残断，制作规整。

2. 上冰峪张西沟遗址

位于开原市松山堡乡二道沟村上冰峪屯和下冰峪屯交界处，东南距上冰峪屯约150米，西南距下冰峪屯约200米，当地名"张西沟"，遗址在沟内西侧一西高东低的向阳坡地上。遗址沟口处有一东西向无名小河，由东而西汇入沙河支流。采集有鼎足、陶片等标本。可辨器类标本仅见鼎足，有方锥和圆锥两种，胎质细腻，均夹砂黄褐陶（图2-62）。

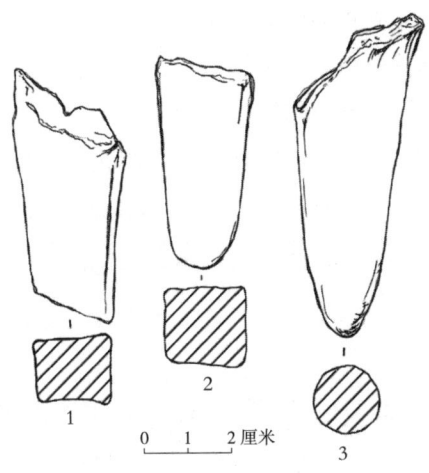

图 2-62 上冰峪张西沟遗址采集的鼎足标本

3. 英窝屯东山遗址

位于开原市松山堡乡大康屯村英窝屯东约1公里东山近顶处的向阳坡地上，坐北朝南，在遗址中采集有陶片、鼎足、口沿等标本（图2-63）。鼎足有方锥和扁锥两种，均夹砂红褐陶；3为口沿，厚唇沿的特点，在铁岭柴河流域青铜时代遗址中颇具典型性。

4. 大康屯康坟沟遗址

位于开原市松山堡乡大康屯村东约500米的西山向阳坡地上，当地人称"康坟沟"。附近未见水源。采集器耳及器物残片等标本（图2-64）。采集标本均为夹砂红褐陶，可辨形制的标本仅见一件器耳，耳身宽厚，似介于桥耳与环耳之间的状态。

5. 麻线孤山子城址

位于松山堡乡麻线堡村南约1公里的一处马蹄形孤山上，城北墙下即为二道河。整个城址东西长约130米，南北宽约100米，四周城墙轮廓分明，城墙全长400米许，平均存高1米左右。东、南、西三侧较高，北部因临河且山势陡峭，城墙略显低缓。有城门和水门设施。城内遗物多散布在南部高敞向阳之处，北部半环状缓坡也有少量分布。采集有鬲足、鬲裆、鼎足、口沿、石刀、石斧等标本（图2-65）。青铜时期标本均为夹砂红褐陶。

6. 麻线遗址

位于开原市松山堡乡麻线堡村东侧腰岭沟沟口缓坡台地上，坐北朝南，南距沙河约500米。地表采集有环耳、鼎足等标本（图2-66）。标本均为夹砂红褐陶，鼎足为圆锥状；豆柱残断，为实心柱状；环耳手制，制作粗糙。

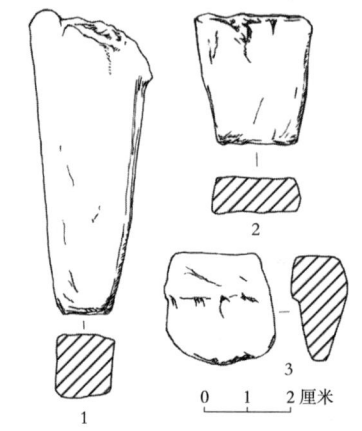

图2-63 英窝屯东山遗址采集标本

1、2.鼎足；3.口沿

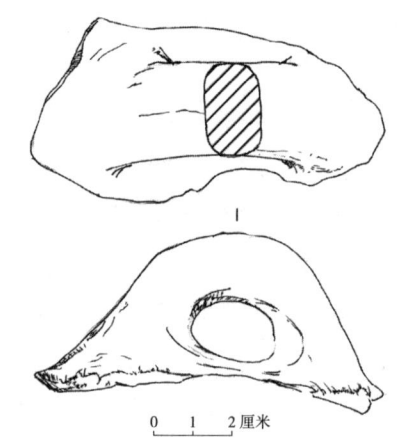

图2-64 大康屯康坟沟遗址采集的器耳标本

第二章 开原市

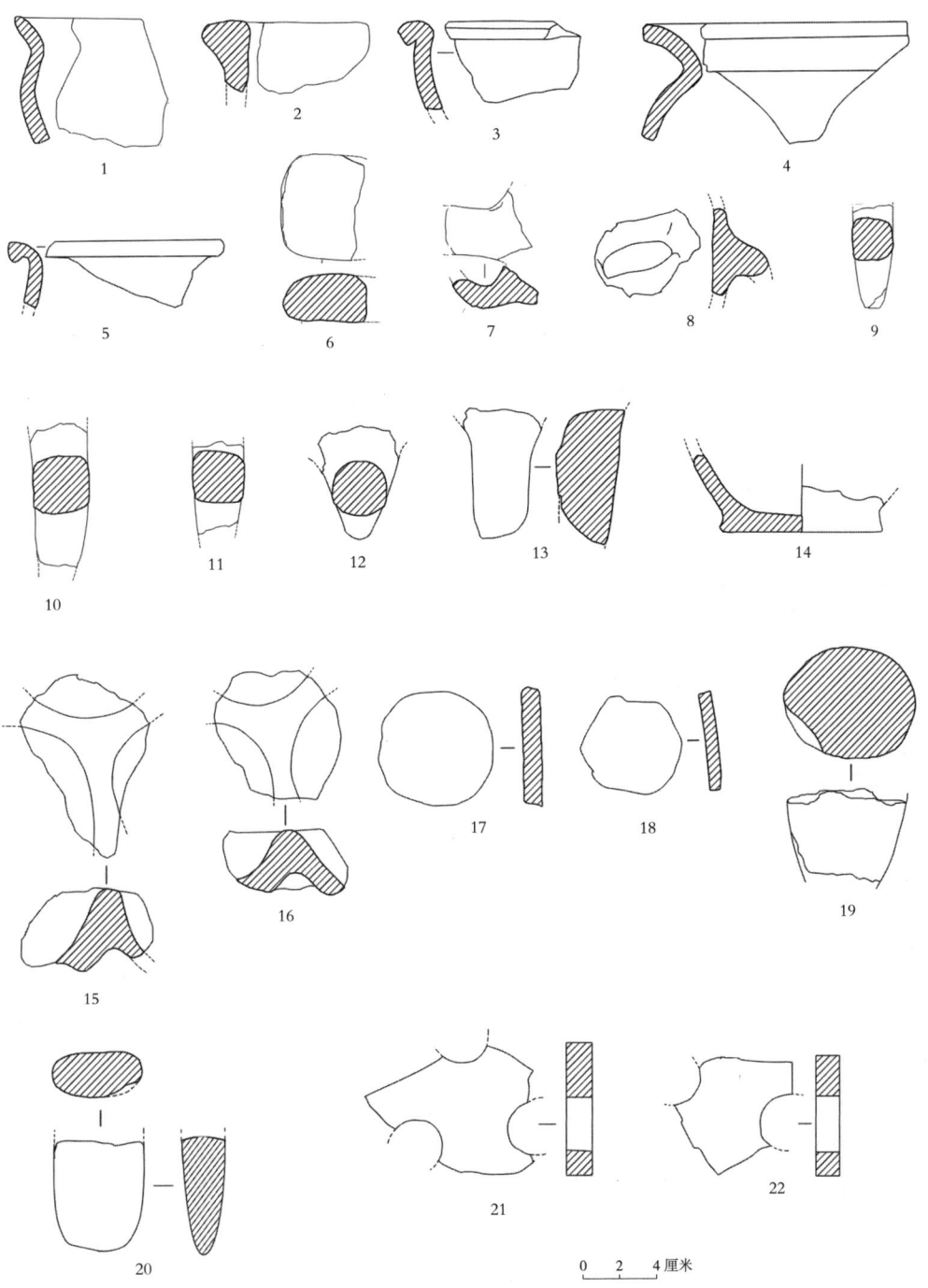

图 2-65 麻线孤山子城址采集标本

1—5.口沿；6—8.器耳；9、10—13.器足；14.器底；15、16.鬲裆；17、18.陶饼；19、20.石斧残段；21、22.甑残片

7. 上冰峪后台子遗址

位于开原市松山堡乡二道沟村上冰峪屯后山向阳坡地上,采集有桥耳、口沿、器底等标本(图2-67)。标本均为夹砂红褐陶,加厚的唇沿为方唇。

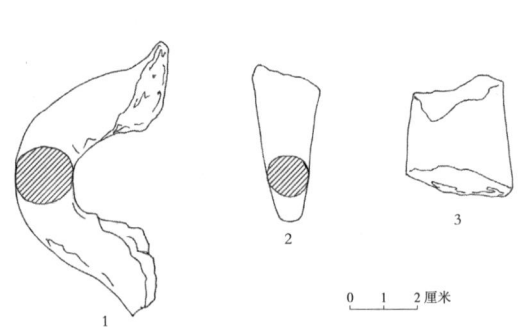

图2-66 麻线遗址采集标本

1.环耳;2.鼎足;3.豆柄

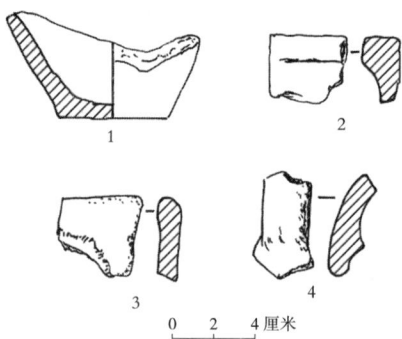

图2-67 上冰峪后台子遗址采集标本

1.器底;2、3.口沿;4.桥耳

8. 陈家屯大西山遗址

位于开原市松山堡乡半砬山村陈家屯西山平坦的"L"形山梁南坡上,西侧坡下为二道河的一条支流由北向南流。采集标本有器底、豆、石斧等(图2-68)。只有夹砂红褐陶一种陶色。豆为高圈足的喇叭座,胎质非常细腻。石斧为扁体长方形。

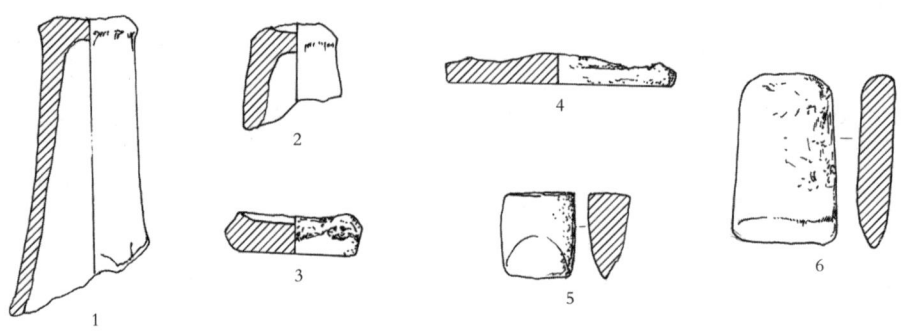

图2-68 陈家屯大西山遗址采集标本

1—3.豆柄;4.器底;5、6.石斧

9. 麻线哑巴岭遗址

位于开原市松山堡乡麻线堡村腰岭沟屯西北约300米的哑巴岭向阳坡地上，北侧坡下有一条山溪自北向南流。采集有陶勺、器耳、豆柄、纺轮、石锤残段等标本（图2-69）。标本皆为夹砂红褐陶，纺轮为算珠状，制作较规整。錾耳为柱状，殊小。豆从残段看应作喇叭状座。圈足为台底状的假圈足。陶勺勺把为扁平状，勺体残半。

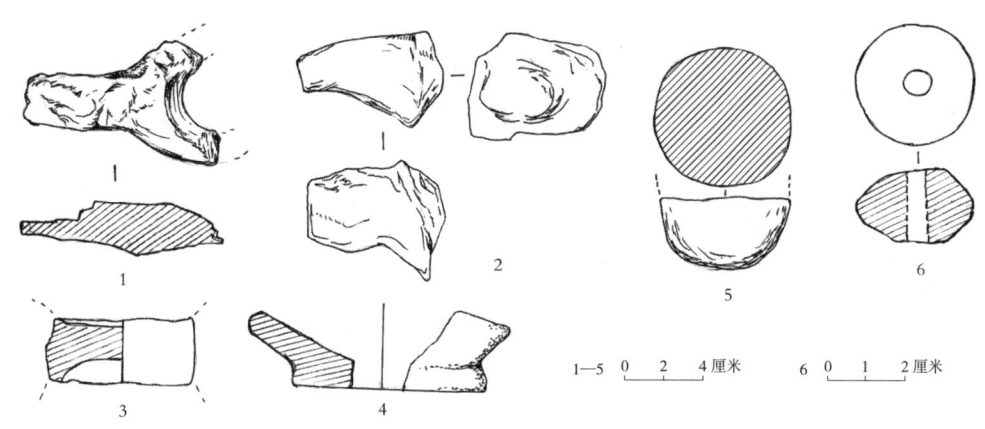

图2-69 麻线哑巴岭遗址采集标本
1.陶勺；2.柱状錾耳；3.豆柄；4.器底；5.石锤；6.纺轮

二、金沟子镇

1. 新安堡小城子地遗址

位于开原市金沟子镇新安堡村东约1000米的向阳坡地上，遗址附近未见暴露水源。地势西北高，东南低，采集有鬲足、豆座等标本（图2-70）。均为夹砂红褐陶。鬲足实足根较高；豆座很小，若翻转过来，则颇似陶杯。采集的一块近方形石块上，刻出瓦沟纹，标本见存3道，瓦沟中无磨砺痕迹，系用钝器凿刻而成，用途不详。

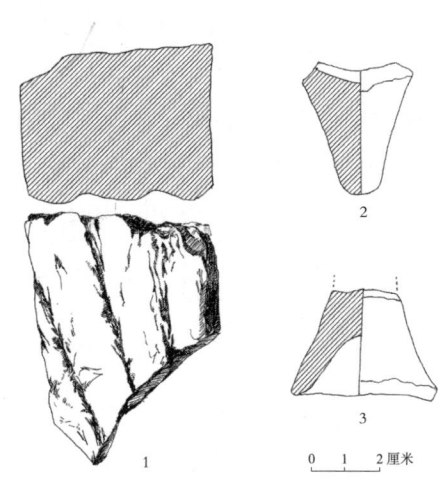

图2-70 新安堡小城子地遗址采集标本
1.瓦沟纹石块；2.鬲足；3.豆座

2. 小湾屯东山遗址

位于开原市金沟子镇小湾屯村东约400米处的坡地上，东距小三家子屯约0.5公里，附近未见水源。采集标本有环耳、鬲足、豆柄、鋬耳等（图2-71）。均为夹砂红褐陶。环耳，形体硕大，制作较规整，耳身平直；豆柄为实心圆柱形，因陶土含砂粒较大致器表斑驳。或在豆柄底部作喇叭形外撇。鼎足，圆锥形，残断，可见依稀鼎内平底。鋬耳，耳身扁圆。

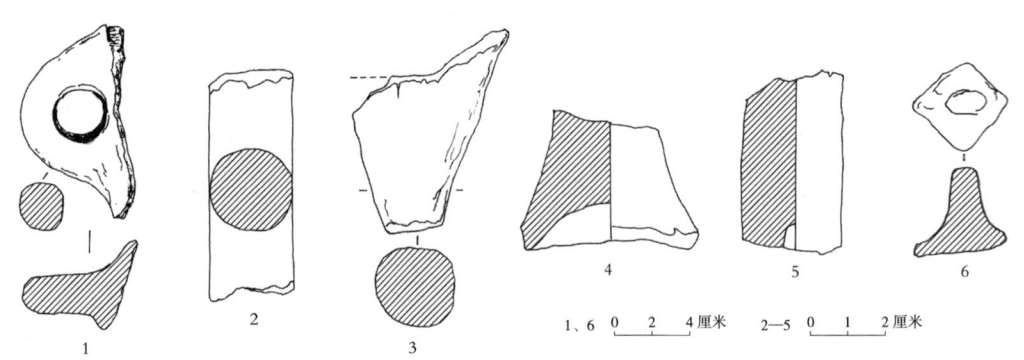

图2-71 小湾屯东山遗址采集标本
1.环耳；2、4、5.豆柄（座）；3.鼎足；6.鋬耳

3. 小窝棚房后地遗址

位于开原市金沟子镇蚂螂屯村小窝棚屯北一块地势较为平坦的耕地上。采集标本有陶器口沿、石斧等（图2-72）。采集陶器标本均为夹砂红褐陶，极其零碎。口沿，直口，圆唇。石斧，通体磨光，棱线分明，残断，刃部略有崩缺。

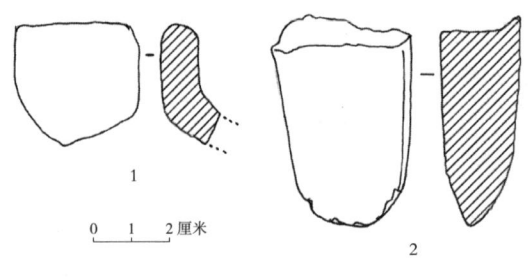

图2-72 小窝棚房后地遗址采集标本
1.口沿；2.石斧

4. 二道房敬老院后山遗址

位于开原市金沟子镇头道房村二道房屯东约1100米东山腰一向阳坡地上，西距马仲河约800米。地势西北高，东南低，采集有环耳、器壁等标本（图2-73）。有夹砂红褐陶和夹砂灰陶两种陶色。夹砂红褐陶器壁残片内含大粒石英；采集的两件环耳标本均为

夹砂灰陶，可见采用榫卯办法与器身相接，手制粗糙。

5. 二道房东山顶遗址

位于开原市金沟子镇头道房村二道房屯东约800米的东山上，西距马仲河600米，东与二道房屯敬老院后山遗址相距约200米。采集有豆柄、叠唇口沿等标本（图2-74）。均夹砂红褐陶。陶豆器身残存有戳印的坑点纹，豆柄直径3.4厘米；叠唇口沿制作方法不同，一件在叠唇与器壁结合处，划一浅沟，另件则不见。

6. 八虎营子西山八道岗子遗址

位于开原市金沟子镇八虎营子村果园山北约100米的向阳坡地上，东300米有马仲河，西南距小沟子屯约300米。采集有鼎足、口沿、石锛、石纺轮等标本（图2-75）。陶器均为夹砂红褐陶。鼎足为圆锥形，陶土内夹大粒石英。口沿有方唇和圆唇两种，方唇者内敛，圆唇者外侈。

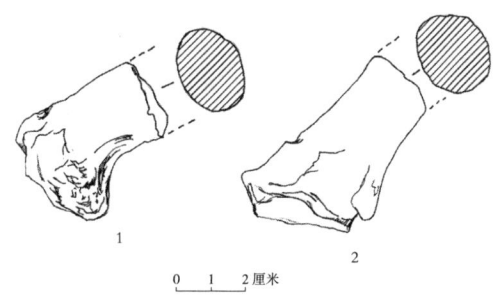

图2-73 二道房敬老院后山遗址采集的环耳标本

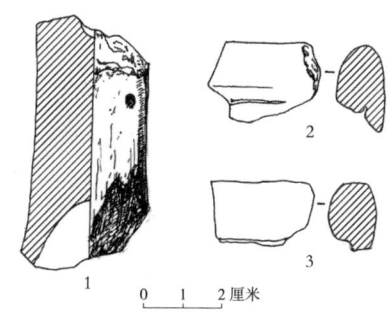

图2-74 二道房东山顶遗址采集标本
1.豆柄；2、3.叠唇口沿

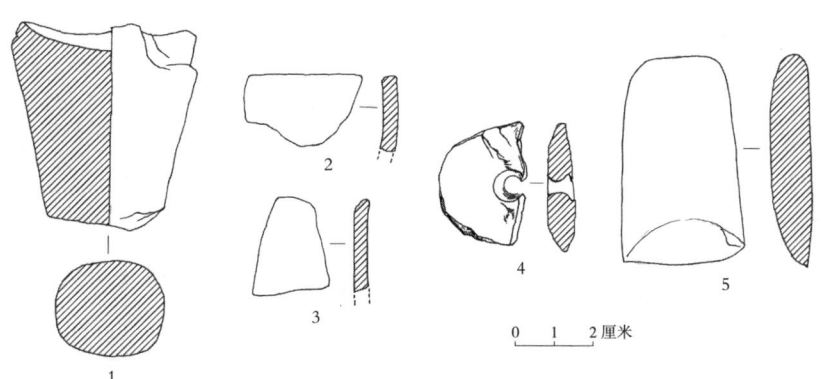

图2-75 八虎营子西山八道岗子遗址采集标本
1.鼎足；2、3.口沿；4.石纺轮；5.石锛

石器采有纺轮和石镞。纺轮，残断，双面钻孔。石镞，通体磨光，造型规整，磨制精细。

三、城东乡

1. 后马市堡炮台南坡地遗址

位于开原市城东乡后马市堡村东北约800米的一向阳山坡地上，寇河在遗址南约1公里处由西向东流，遗址东距狮子沟屯约100米。采集有网坠、口沿、柱耳、鋬耳等标本（图2-76），均为夹砂红褐陶。网坠为圆柱形，有透孔；口沿为圆唇外侈。

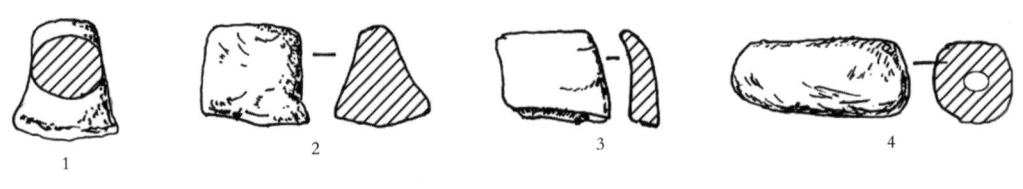

图2-76 后马市堡炮台南坡地遗址采集标本
1.柱形鋬耳；2.方形鋬耳；3.口沿；4.网坠

2. 狮子沟山脚地遗址

位于开原市城东乡狮子沟村东约200米的山前台地上，坐西朝东，坡下有山溪水由南向北流入寇河。采集有豆柄、口沿等标本（图2-77）。豆柄尚存依稀豆盘底，口沿为尖圆唇，均为夹砂红褐陶。

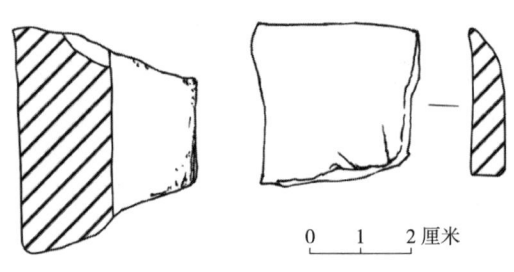

图2-77 狮子沟山脚地遗址采集标本
1.豆柄；2.口沿

3. 后马市堡白家坟遗址

位于开原市城东乡后马市堡村东北约700米处的一向阳山坡地上，西北距狮子沟屯约300米，该遗址与炮台南坡遗址隔狮子沟东西相望。采集有豆柄、桥耳、纺轮、石刀等标本（图2-78）。陶器均为夹砂红褐陶，豆柄为空心柱状。采集1件小盲耳，以泥条贴附器壁而成。1件石刀为半成品，已钻孔，只待磨刃。

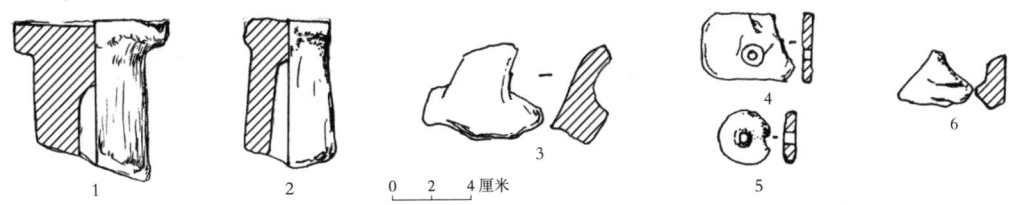

图 2-78 后马市堡白家坟遗址采集标本
1、2. 豆柄；3. 桥耳；4. 石刀残段；5. 石纺轮；6. 盲耳

4. 赵家台岭冈遗址

位于开原市城东乡赵家台村北约 400 米处的冈地上。遗址附近未见暴露水源。采集有桥耳、鋬耳、鼎足、器底等标本（图 2-79）。均为夹砂红褐陶，鋬耳采集多件，皆作方形；鼎足为方锥状，有盲耳；采集的桥耳略上翘；器底或作假圈足。

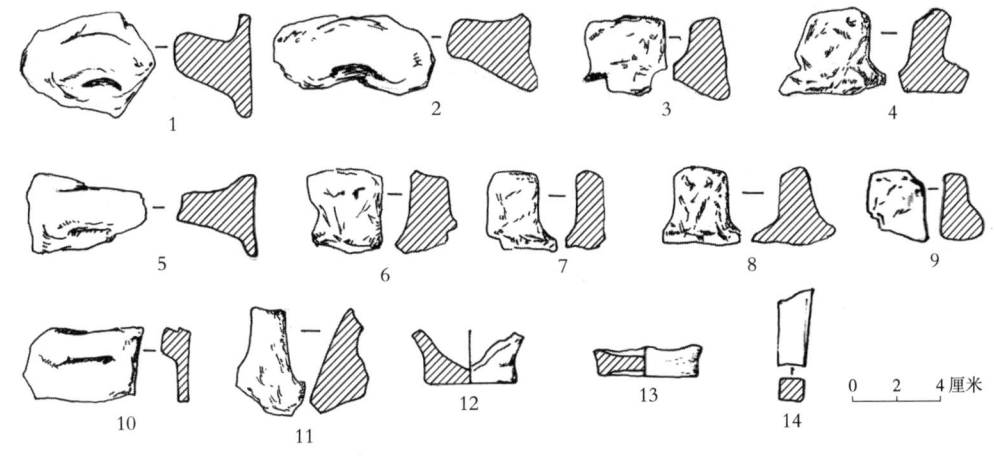

图 2-79 赵家台岭冈遗址采集标本
1、2. 桥耳；3—9. 方形鋬耳；10. 盲耳；11. 环耳；12、13. 器底；14. 鼎足

5. 大狮子沟黄顶山遗址

位于开原市城东乡大狮子沟村西南约 500 米的黄顶山向阳坡地上，寇河在遗址南约 500 米处由东向西流。地表遗物较丰富，采集标本有桥耳、鋬耳、附加堆纹陶片、厚唇口沿等（图 2-80）。有夹砂红褐陶和细砂黄陶两种陶质，细砂黄陶只 1 件带附加堆纹的陶片。夹砂红褐陶标本有：内沿抹斜的口沿、沿下一周附加堆纹的口沿和厚唇口沿。

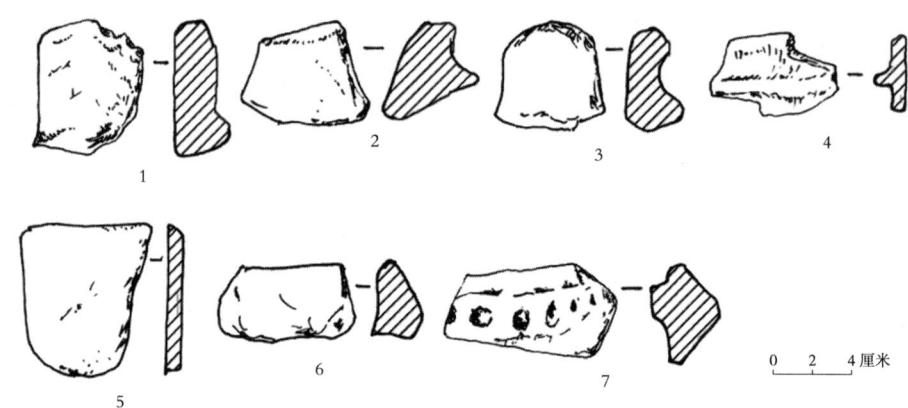

图 2-80 大狮子沟黄顶山遗址采集标本
1、3.鋬耳；2.桥耳；4.带附加堆纹口沿；5、6.口沿；7.附加堆纹陶片

6. 吴家屯北山黄土坑遗址

遗址位于开原市城东乡站前村吴家沟屯南约 500 米处的北顶子山向阳山坡上，南坡下即为寇河。标本陶质为夹砂红褐陶，采集有鬲档、豆座残段及一些陶器残壁标本（图 2-81）。豆座为喇叭形。

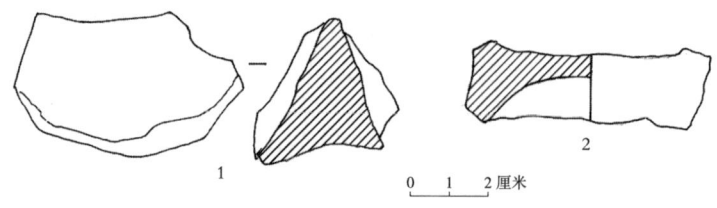

图 2-81 吴家屯北山黄土坑遗址采集标本
1.鬲档；2.豆座

第四节　辽河干流区

辽河干流区指靠近辽河的开原西部几个乡镇，包括八宝、庆云堡、业民等地，该区域青铜时期遗址只在业民乡五寨子村南台子发现一处。辽河流域平畴万顷，近河一带低洼常涝，不适人类在此定居，直到明代，这里还是草没人身、虎骑出没之地。业民乡的这处遗址是开原市境内最西边的一处，采集的标本主要是高柄豆、环耳、叠唇

口沿和錾耳，这些标本无论是形制还是陶质特点，都是团山文化中时代最晚的，而在其东面同样处于辽河平原的金沟子镇的几处遗址，标本显示的年代也比较晚，差不多与在业民所见同时，似乎表明此类遗址愈西愈晚的分布特点。但考虑到在辽河以西的法库县、吉林省四平市等地也曾发现此类遗存的情况，又似乎表明这种时间相对较晚的青铜时代文化遗存所蕴含的问题可能并不像我们看到的这么简单，需要的不仅是微观上的细致观察，而且也要放宽眼界，开拓视野，对这种含高柄豆类遗存的流布规律从宏观上加以把握。

业民乡

五寨子南台子遗址

位于开原市业民镇五寨子村南约300米处，为清河下游的平滩地，是紧傍辽河的一处遗址，西距辽河河道约1公里。采集标本有豆柄、环耳、叠唇口沿等（图2-82）。陶质均夹粗砂，陶色有红褐和灰褐两种，红陶为实心的豆柄；叠唇口沿仅余圆唇。灰陶为环耳，手制粗糙，但陶质坚硬，剖面有圆和椭圆两种。

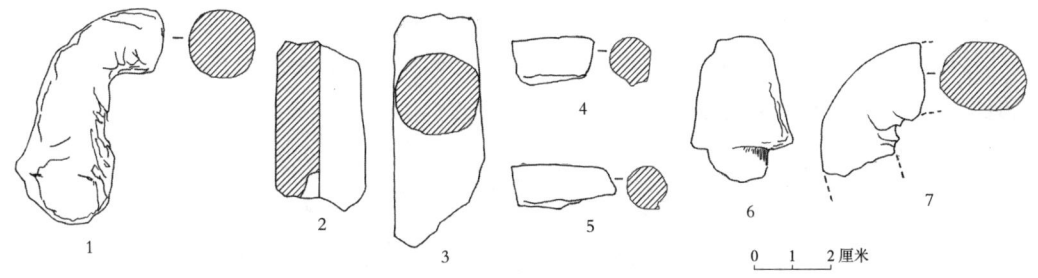

图2-82 五寨子南台子遗址采集标本
1、7.环耳；2、3.豆柄；4、5.口沿；6.柱耳

注释：

[1] 铁岭地区文物组：《辽北地区原始文化遗存调查》，《考古》1973年1期。

第三章　昌图县

昌图县位于铁岭市北部，也是辽宁省最北的一个县份，在辽河上游东岸，介于东经123°32'-124°26',北纬42°33'-43°29'之间。西北与内蒙古自治区科尔沁左翼后旗、吉林省双辽县隔东辽河相望；西与康平县、西南与法库县以辽河为界；北、东北与吉林省梨树县、四平市为邻；南、东南与开原市毗连。南北最长104公里，东西宽73公里。昌图县名源于蒙语"常突额尔克"，为绿色草原之意，是辽北典型的荒甸草原地貌，进入历史时期后，曾是鲜卑、渤海、契丹、女真等北方各民族奔突驰骋的地方。

昌图县傅家镇和三江口镇、曲家店镇都曾发现新石器时代遗址，标本显示有早晚两期特征：在曲家店孟家村采集的陶片，压印的之字纹风格特点与陶质陶色均与兴隆洼文化近似；晚期遗址采集标本则与东辽河上游区域同类遗存接近，表明晚期新石器时代文化可能受到来自北方的一些影响。但总体看来，新石器时代文化遗址的数量和周邻其他省市比较起来还是相对较少，而且这不多的遗址也都集中在沿辽河一线的狭长地带上，这也是铁岭新石器时代文化的一个重要分布特点。

昌图县因为地域面积广大，从南到北达百余公里，东西跨度近80公里，地貌变化明显，由此决定的青铜文化面貌和特质也有很大区别。遗址多分布在东部丘陵地区，这一地区与开原和西丰的北部山地相连，文化特征也与之类似，多为青铜时期晚期以高柄豆为主要特色的遗存。这一区域在下二台乡东面的艾家村发现的三处小型山城值得关注，这三座山城相对集中，大锅盖山城和小锅盖山城相距不到200米，而大小锅盖山城与东升山城相距也不足5公里。城址中采集到夹砂红褐陶鼎足等标本，在城址附近也找到了同期的遗址，并采集了与在城址内相同的标本，证明城址年代与城址附近的遗址属同期遗存无疑。昌图县下二台镇发现的三座山城与在调兵山市、开原松山乡发现的山城可以联系起来考虑问题，这种小型山城分布在铁岭市境内的东南-西北一线，似乎应该说明当时文化与军事格局的一些情况。可以指出的是，山城年代与在这个镇附近区域内发现的含高柄豆类遗存显然不是一个时期，虽然均为青铜时期遗存，但依据标本与遗迹比较材料，其早晚的区别还是不难作出判断的。而这也证明，昌图北部山地丘陵区域青铜文化的发展是存在一个过程的，文化性质并不单一，为此，对这一区域早期青铜文化遗物的调查与辨析就更显重要。

昌图镇的煤窑沟遗址非常重要，这里正处东部丘陵山地与西部平原地区过渡的缓坡地上，遍布陶石器标本，除发现高柄豆和环耳等标本外，还发现有网坠，而这一地区附近根本没有暴露水源，更谈不到小河，网坠在这里的发现，恰可证明这里当时可能是水草肥美的地方，这对说明当地自然环境的变迁是一份很有说服力的材料。

除下二台、泉头和昌图镇个别遗址外，全县偌大个区域青铜时期的遗址发现显得特别稀少，多数乡镇都只有一两个遗址。这种情况固然与田野踏察的细致程度有关，但也说明昌图县境大部分地区青铜时期文化尚欠发达，稀疏的遗址分布很鲜明地揭示了这一点。遗址分布虽然稀疏，但在遗址中采集的标本却很值得注意。平原地区遗址中，鬲足多见，与西部草原地区多鬲的特点相符合。更重要的是，在昌图部分平原地貌的青铜时期遗址中，还发现了有可能破解东部山地含高柄豆类遗存来源路径问题的一些线索，例如在古榆树镇小山果园遗址发现的高柄豆标本。这处遗址，也是铁岭市境内最靠西边的一处含高柄豆类遗址，正处辽河左岸。结合高柄豆的时代特征，这处遗址对夏家店上层文化进入铁岭的路径或可说明一些问题。无独有偶，2009 年铁岭"三普"期间，也是在与西辽河毗邻的昌图县三江口镇海丰村征集到一件小铜斧，与属夏家店上层文化的宁城小黑石沟 M8501 所出形制大同，更与克什克腾龙头山 M1:6 斧形态相近，对照喻琼先生给出的扇面形铜斧各种型式，基本同于 AαI 式，时代在西周晚到春秋早。三江口铜斧规格尺寸均小于小黑石沟铜斧，且斧身素面无纹，形制晚于小黑石沟铜斧，年代早不到西周，将其置于春秋中期比较合理。这件铜斧的发现，不但是夏家店上层文化影响辽北的重要资料，而且也对这一文化影响辽北的时间给出了大致的时间框架。

第一节　辽河干流区

昌图的辽河干流区是指东辽河由三江口镇开始向南流而与西辽河交汇之前的一段区域，这一区域由于地近内蒙古草原，地貌为典型的荒甸草原特征，无天然障碍，便于原始文化交流，因此，该区域受辽河以西文化的波及影响较深，辽北仅有的几处新石器时代遗址就多在这一区域。这一区域青铜时期考古学文化的主要特点是：陶器多为夹砂红褐陶，少量黑灰陶，鬲多见，器耳多錾耳和桥耳，口沿见有内沿抹斜的作风，与高台山文化在口沿方面的特点很接近。在三江口团结后冈遗址，还采集到带有附加堆纹和弦纹的陶片。东辽河南流区域上游的三江口发现遗址数量不多，这个镇的遗存中不见豆,是区域遗存的一个值得注意的现象;在辽河干流中下游地区的通江口镇,发现有鬲足与喇叭形豆座并存的例子(通江口镇新立水库遗址),其间的关系及高柄豆的分布区域特点令人回味。

一、三江口镇

1. 团结后冈遗址

位于昌图县三江口镇团结村毛扣屯北约300米的一个平坦台地上,台地西坡下有季节性小河。地表遗物丰富,1982年全省文物普查时,曾在此采集有新石器时代压印之字纹陶片标本,但到2008年"三普"再来复查时,新石器时代标本已难找到,只见青铜时代标本。采集有附加堆纹陶片、口沿、器耳、鬲足及器物残片等(图3-1)。

均为夹砂红褐陶。鬲足采集2件;鋬耳、桥耳各1件,桥耳残断;口沿有叠唇和圆唇直口之分,亦各1件;2件陶片标本,其中1件器表饰弦纹,器壁很薄;一件红陶小盅,残半,敛口。

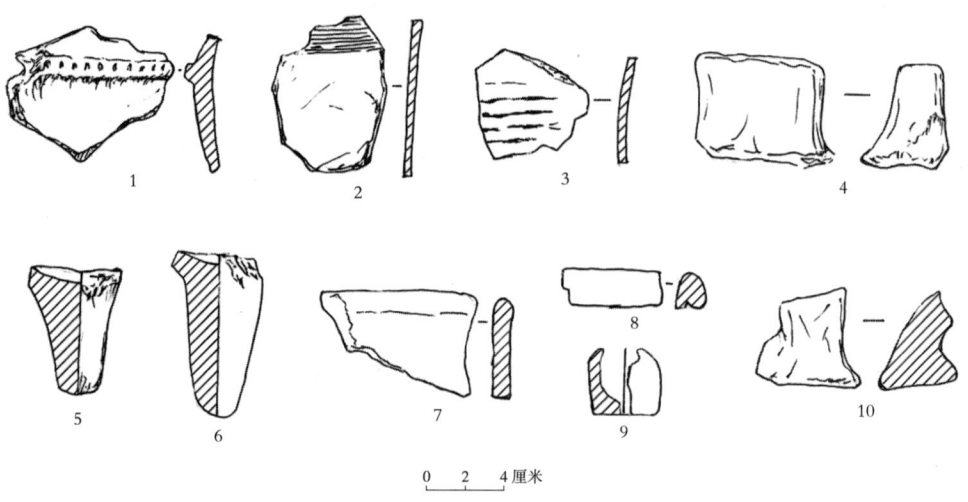

图 3-1 团结后冈遗址采集标本

1.附加堆纹陶片;2.弦纹陶片;3.划刻纹陶片;4.鋬耳;5、6.鬲足;7、8.口沿;9.小陶盅;10.桥耳

2. 苏龙起大山下遗址

位于昌图县三江口镇团结村西南约1公里处的苏龙起屯二大山缓坡台地上,与团

结后冈一样,在这处遗址中,早年也曾发现新石器时代遗物,"三普"期间未见早期标本。地表遗物丰富,采集有器耳、陶片、口沿、器底标本(图3-2)。有夹砂灰褐陶和夹砂红陶两种陶色。2件桥耳和1件器底为夹砂灰褐陶,夹砂红褐陶标本有:器底1件,压磨光滑,胎质坚硬,显与另件器底胎质不同。2件口沿为内抹斜,其中一件沿下划一道浅沟,有似叠沿。

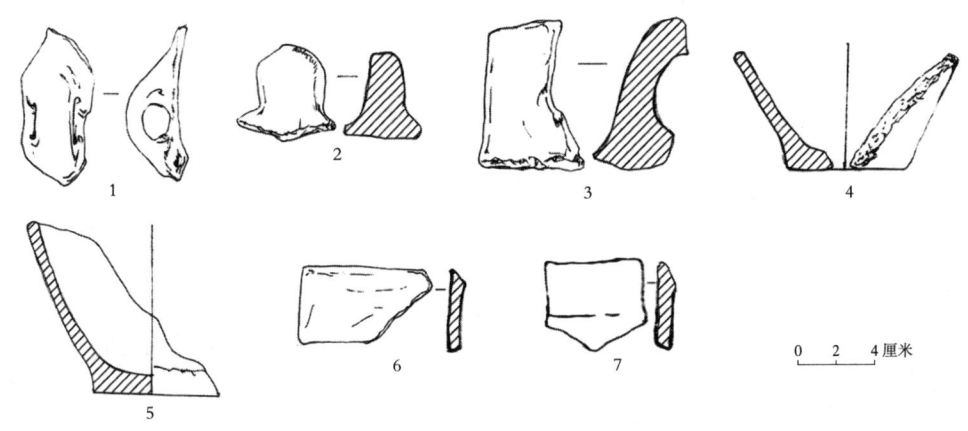

图3-2 苏龙起大山下遗址采集标本
1、3.桥耳;2.鋬耳;4、5.器底;6、7.口沿

二、古榆树镇

1.小会小山遗址

位于昌图县古榆树镇小会村小山屯东北约200米人称"小山"的小山坡上,西距东辽河主河道约800米。采集有夹砂灰陶器耳、器底、残片等标本(图3-3)。

陶色有夹砂红褐陶和夹砂灰褐陶两种,红褐陶仅有2件喇叭座豆和1件桥耳,余皆灰陶。鋬耳采集4件,其中1件为带条沟纹。这处遗存发现的意义在于:在紧傍辽河的这处遗址中,第一次发现带条沟纹的鋬耳,陶质火候普遍比东部山地的同类遗存火候要高,豆均为喇叭座,不见环耳,灰陶占大部。

2.西胡家窝堡孙家坟遗址

位于昌图县古榆树镇东风村西胡家窝棚屯北约200米的一个漫坡冈地上,高敞向阳,

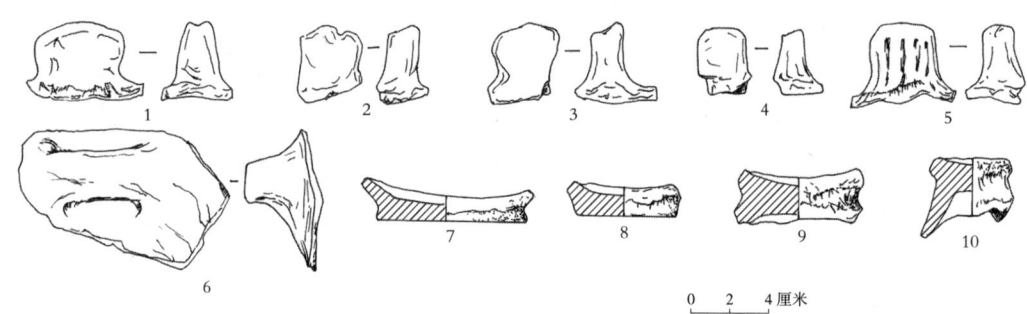

图 3-3 小会小山遗址采集标本
1—5. 鋬耳；6. 桥耳；7、8. 器底；9、10. 豆盘与豆柄结合部

在遗址中采集有夹砂红褐陶器壁残片、器底等。

2 件口沿标本，形制不一，较小，陶质非常细腻，为夹砂红褐陶，陶土显经淘洗，近泥质，做工精细（图3-4）。

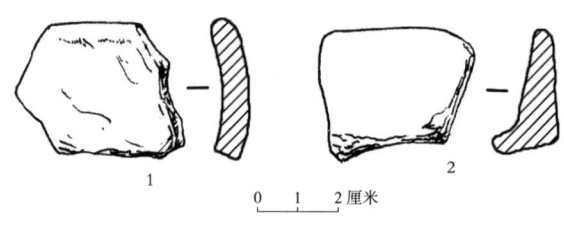

图 3-4 西胡家窝堡孙家坟遗址采集的口沿标本

3. 青龙窝堡遗址

位于昌图县古榆树镇曙光村兴隆窝棚屯南约 50 米的台地上，附近未见水源。采集有夹砂陶器壁残片和器耳等标本。舌形器耳，夹砂红褐陶，陶质坚硬，手制痕迹明显（图3-5）。

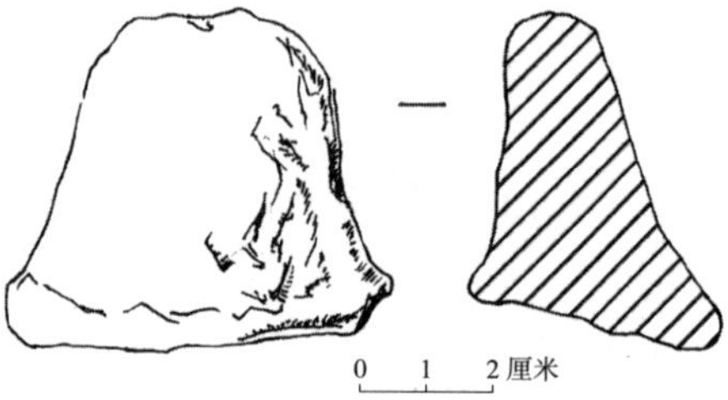

4. 崔家沟大包地遗址

位于昌图县古榆树镇裕国村崔家沟屯南约 20 米处的村民常永华家自留地上，南距招苏台河约 300 米。遗物稀少，采集有器壁残片、鬲足、豆座等标本。除少量不辨器形的器壁残片外，可辨器形的标本只有鬲足和喇叭形豆座各 1 件（图3-6），均为夹砂红褐陶，鬲足实足根较高，豆座仅存与豆盘结合处部分。

图 3-5 青龙窝堡遗址采集的器耳标本

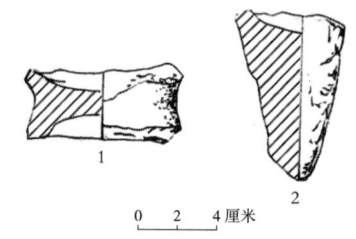

图 3-6 崔家沟大包地遗址采集标本
1. 豆座；2. 鬲足

5. 小山敖包山遗址

位于昌图县古榆树镇小山村北敖包山南坡上，南距小山村约1公里，东距杨粉房屯约150米，西距东辽河主河道约300米。采集有鬲足、器耳、口沿及器壁残片等标本（图3-7）。

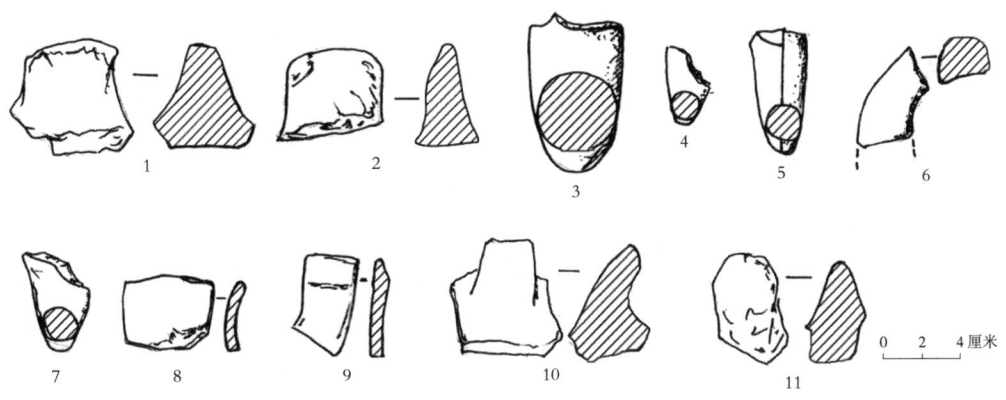

图3-7 小山敖包山遗址采集标本
1、2、11.鋬耳；3—5、7.鬲足；6.环耳；8、9.口沿；10.桥耳

这是一处紧傍辽河的遗址，陶色均为夹砂红褐陶，砂很细或近泥质；口沿有叠唇和圆唇内敛两种，陶钵残片外表还饰有红陶衣。鬲足采集3件，规制大小不一，均为实足根较高者；方鋬耳3件，制作草率，与采集的1件桥耳形成鲜明对比，亦见有剖面为半月形的环耳。

6. 大房东冈地遗址

位于昌图县古榆树镇大房村红旗畜牧场东南约150米的漫坡冈地上，遗址坐北朝南，采集有器壁残片、口沿、鬲足、器底、器耳等标本（图3-8）。

陶器有夹砂灰褐陶和红褐陶两种。2件口沿标本为黑灰陶，其中1件沿下饰一周凸起纹，且在凸带上饰戳点纹；另件为圆唇微外撇。夹砂红褐陶标本有：器底2件，均有假圈足；鬲足4件，全部为高实心足；豆柄1件，实心柱形；方鋬耳5件，形制基本相同。

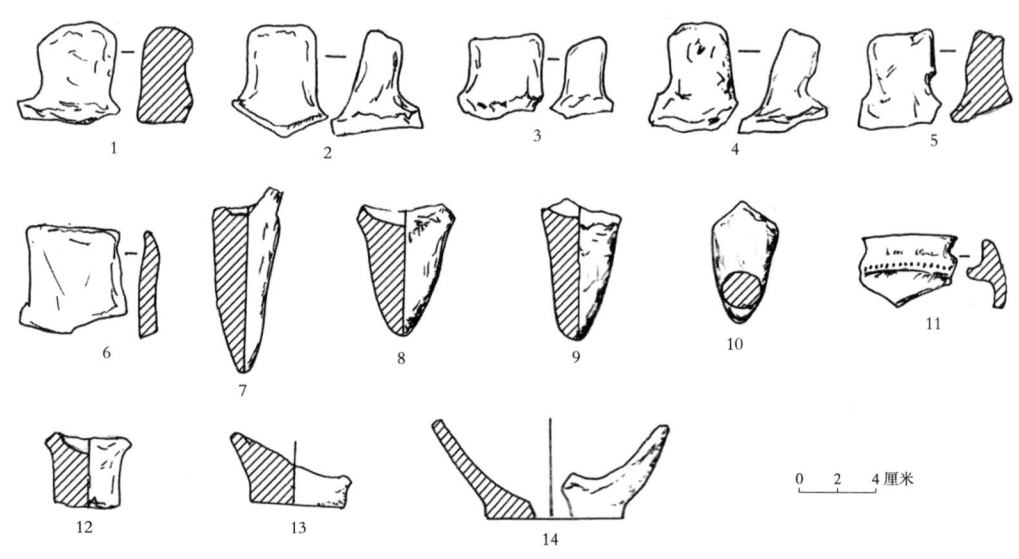

图 3-8 大房东冈地遗址采集标本
1—5. 鋬耳；6. 口沿；7—10、12. 鬲足；11. 凸带口沿；13、14. 器底

7. 三道王家粉房遗址

位于昌图县古榆树镇三道村王家粉房屯西约 300 米的一处耕地中，遗址所在地势平坦，附近未见水源。遗址表面遗物稀少，采集标本只有几件器壁残片和一件鬲足。鬲足 1 件，夹砂红褐陶，为高实足根（图 3-9）。

8. 套干土老乔家地遗址

位于昌图县古榆树镇三道村套干土屯北约 200 米的一高阜坡地上，因该地块早年曾为一乔姓村民所有，故名。附近未见水源。从遗址地表采集有器耳、鼎足等（图 3-10）。陶色均为夹砂红褐陶，

图 3-9 三道王家粉房遗址采集标本

桥耳、鋬耳、器底各 1 件，鼎足 2 件，圆锥与方锥各 1 件。其中一件器壁残片为泥质红陶。

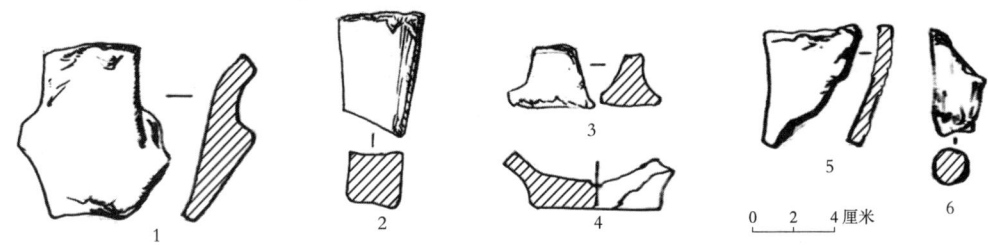

图 3-10　套干土老乔家地遗址采集标本

1.桥耳；2、6.鼎足；3.鋬耳；4.器底；5.泥质红陶片

三、通江口镇

1. 孤榆粮库遗址

位于昌图县通江口镇孤榆树村粮库北约 30 米处，西距辽河约 1.5 公里。遗址正处一高台地上，西高东低，高敞向阳。采集有陶片和鬲足等标本。可辨器形只有鬲足 3 件（图 3-11），皆为夹砂红褐陶，高实心足。

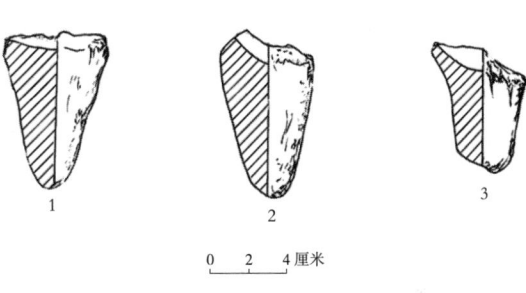

图 3-11　孤榆粮库遗址采集的鬲足标本

2. 靠山屯南地遗址

位于昌图县通江口镇边家村靠山屯南约 200 米处的缓坡地上，西南约 1 公里处即为辽河。从地表采集有陶器残片、鬲足、鋬耳等标本，皆为夹砂红褐陶。鬲足 3 件，高实心足；鋬耳 1 件，舌状（图 3-12）。

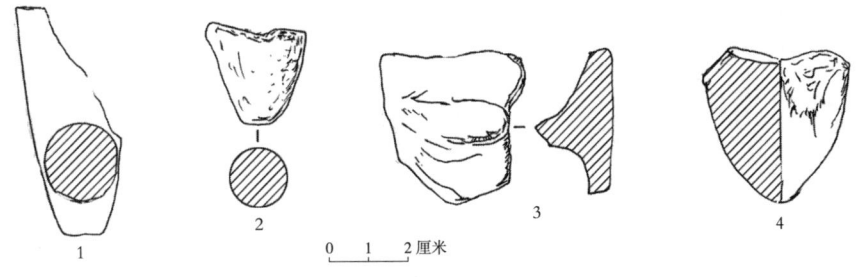

图 3-12　靠山屯南地遗址采集标本

1、2、4.鬲足；3.鋬耳

3. 靠山偏坡子地遗址

位于昌图县通江口镇边家村靠山屯西北约30米处，是一处北高南低的漫坡地。地表采集标本有夹砂红陶片、鬲足等。仅见的这件鬲足标本（图3-13）为夹砂红褐陶，火候较高，残断，是鬲足的足尖部分。

图3-13 靠山偏坡子地遗址采集的鬲足标本

4. 新立屯遗址

位于昌图县通江口镇新立屯村西约200米的山坡地上，是一处东低西高的漫坡地，遗址南侧有季节性小河由北而南流。地表采集有夹砂红陶片、鬲足、器底等标本（图3-14）。鬲足与器底均为夹砂红褐陶，陶土内含大粒石英，鬲足残断，器底内壁较光滑。

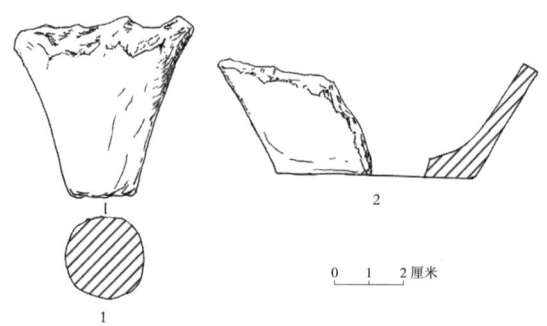

图3-14 新立屯遗址采集标本

1.鬲足残段；2.器底

5. 新立孙家坟遗址

位于昌图县通江口镇新立村西约300米处，从地表采集有陶片、錾耳、豆柱等标本。可辨器形标本有2件，均为夹砂红褐陶：豆柄1件，残断，喇叭形；錾耳1件，三角柱形，有榫卯结构以与器壁相接（图3-15）。

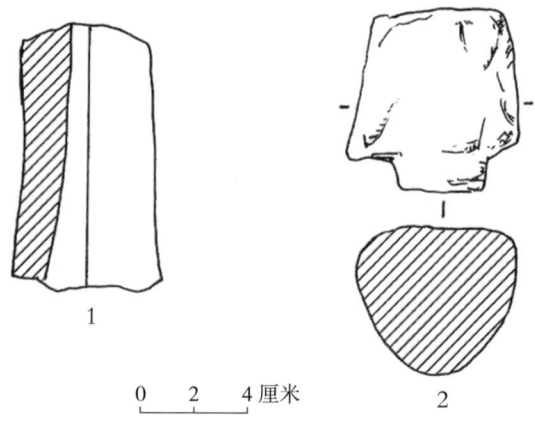

图3-15 新立孙家坟遗址采集标本

1.豆柄；2.錾耳

6. 新立遗址

位于昌图县通江口乡新立屯村西约300米的缓坡地上，采集有器壁残片、豆柄、鬲足等标本。此遗址中只采集3件标本（图3-16），均为夹砂红褐陶：鬲本和豆柄各1件，还有1件是陶罐器底，残损过甚。

7. 前四方台遗址

位于昌图县通江口镇四方村西北约350米处，采集有器壁残片和鬲足等标本。鬲足2件，均夹砂红褐陶，高实足根，其中一件残断（图3-17）。

四、后窑镇

1. 六家子丁家院地遗址

位于昌图县后窑镇六家村，遗址坐落于村西一丁姓村民后院，遗物稀少，只采集到数片夹砂陶片和一件叠唇口沿标本。可辨器形标本只有叠唇口沿1件，夹砂红褐陶（图3-18）。

2. 双山家北花生地遗址

位于昌图县后窑镇双山村村委会北约500米处，地表采集有夹砂红陶片、錾耳等标本。舌形錾耳（图3-19），夹砂红褐陶，陶质细腻，火候也很高。

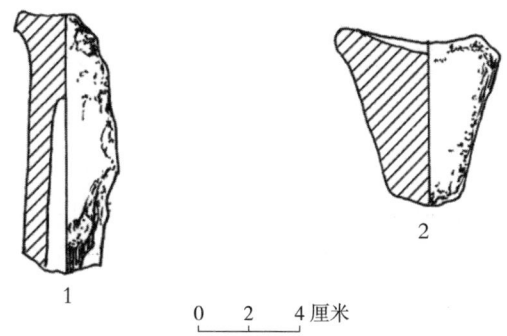

图3-16 新立遗址采集标本

1.豆柄；2.鬲足

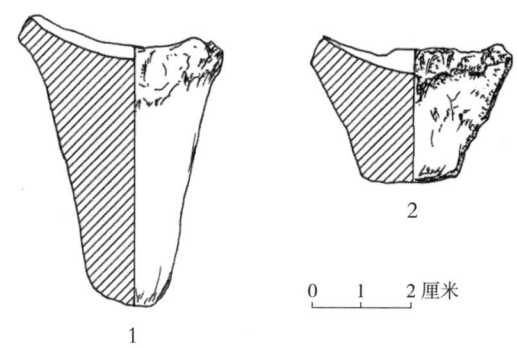

图3-17 前四方台遗址采集的鬲足标本

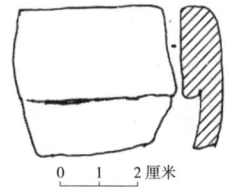

图3-18 六家子丁家院地遗址采集的叠唇口沿标本

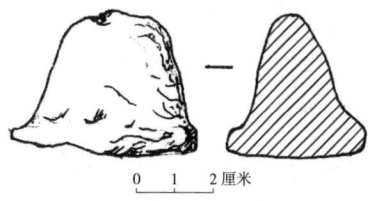

图3-19 双山家北花生地遗址采集的錾耳标本

五、长发镇

三合东沙窝子遗址

位于昌图县长发镇三合村东约300米处一向阳坡上，西距辽河约1公里。地表采集有鬲足、口沿等标本（图3-20），均为夹砂红褐陶。桥耳1件，残断，仅余根部；鬲足，高实足根；口沿3件，其中2件为圆唇直口，另件为尖唇。

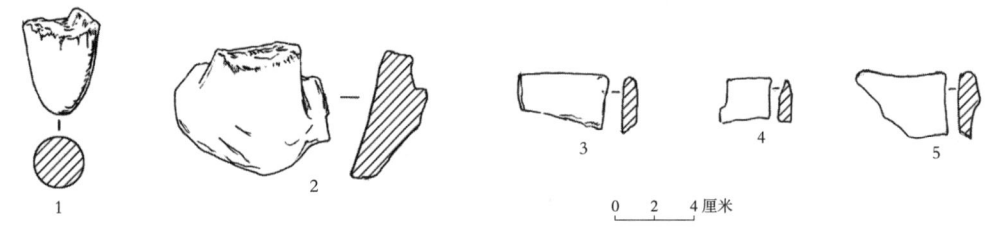

图3-20 三合东沙窝子遗址采集标本
1.鬲足；2.桥耳；3—5.口沿

第二节 东北部丘陵区

昌图县北部丘陵区是全县青铜时期遗存最为集中的地区，形成这一现象的主要原因是由于地近开原东部山区，与寇河流域诸遗址有着某种先天的联系，下二台镇的一些遗址标本显示出与其东邻的西丰县艾清河流域和寇河流域大致相似的情况，但在器类组合方面也存在些许差异，如虽然器类中都有高柄豆，豆柄上并饰有纵向的戳点纹，但与之共存的还有相当数量的鬲，这种情况与在毗邻的西丰艾清河流域诸遗址相同。而在清河流域，与高柄豆共存的三足器则多是鼎。下二台镇五棵树房后地是一处非常重要的遗址，这处遗址既见三足器的鬲，又见圈足器的豆，又有一些叠唇口沿，叠唇形制与清河流域所见同类器略有不同，唇的剖面呈长方形而不是清河流域所习见的圆形，而且陶色均为夹砂红褐陶，不见灰陶，也明显区别于他地所见。这一区域较重要的遗址还有昌图镇双利村的煤窑沟和下二台赵家沟村三道岗子遗址，这两处遗址中，前者是类于团山文化的遗存，后者是以鬲为主要特色的遗存，显示出这一区域的青铜文化内涵并不单纯。

一、下二台镇

1. 八家子沟西遗址

位于昌图县下二台镇绿化村八家子屯东北约200米的一处高阜台地上，采集有鬲足、鬲裆、器耳、器底、石刀等标本（图3-21），均夹砂红褐陶。鬲足为高实足根，桥耳残断，器底作圈足。石刀为半成品，已打制成锥形，只待进一步加工成器。

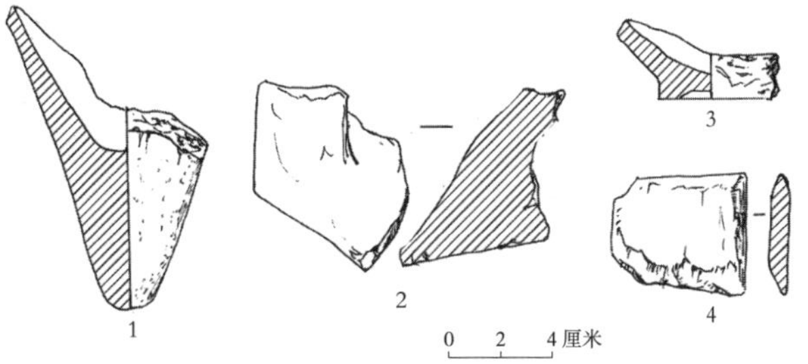

图3-21 八家子沟西遗址采集标本

1.鬲足；2.桥耳；3.器底；4.石刀

2. 洪家屯付家房后遗址

位于昌图县下二台镇洪家村洪家屯北约50米的一片向阳坡地上，遗址坐北朝南，是一块长方形的耕地，遗址南侧坡下有季节性小河由东向西流。在遗址中采集有夹砂红褐陶四棱锥状鼎足、陶片等（图3-22）。鬲足虽有足身肥瘦之别，但共同点是实足根均较高。桥耳宽薄，耳面下凹，制作较规整，均夹砂红褐陶。

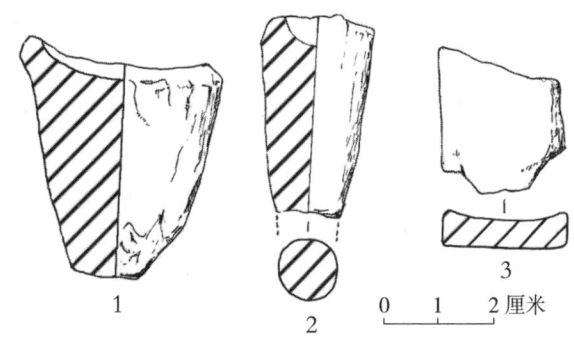

图3-22 洪家屯付家房后遗址采集标本

1、2.鬲足；3.桥耳残段

3. 石灰窑弯垅地遗址

位于昌图县下二台镇绿化村石灰窑屯北约200米的村民园田地上。遗址所在地势平坦，略有坡度，高敞向阳。采集有豆座和鬲裆等标本（图3-23）。标本均为夹砂红褐陶。3件豆柄标本，其中2件为喇叭座式，1件为实心柱状；鬲裆1件。

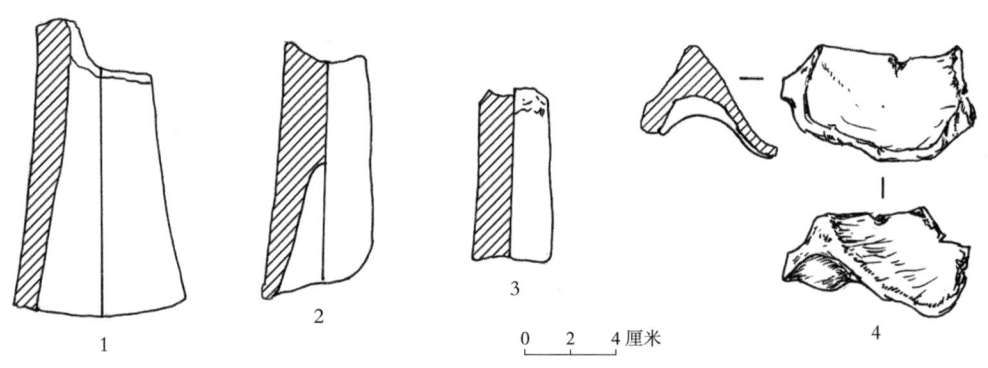

图 3-23 石灰窑弯垅地遗址采集标本

1、2、3.豆柄；4.鬲裆

4. 五棵树房后地遗址

位于昌图县下二台乡五棵树村东约 500 米的山坡地上，坐北朝南，坡东侧约 40 米处有一处山溪。采集有口沿、鬲足、器底、器耳、豆柄等标本（图 3-24）。

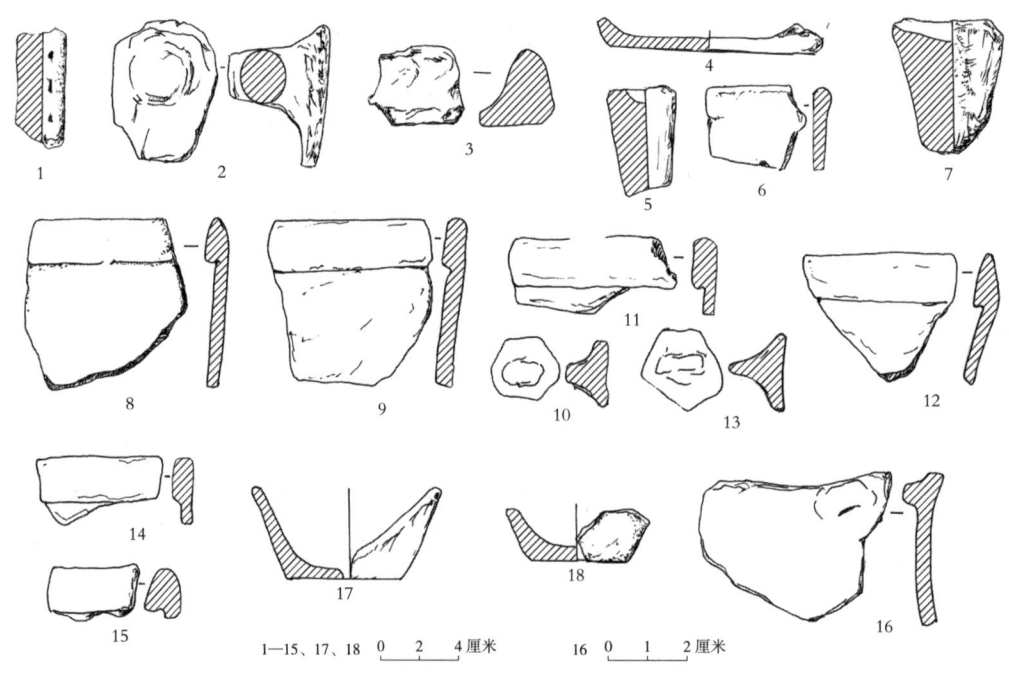

图 3-24 五棵树房后地遗址采集标本

1.豆柄；2.柱耳；3、10、13.鋬耳；4、18.器底；5、7.鬲足；6、8、9、11、12、14、15.口沿；16.盲耳器壁

所见标本为两种陶色,除一件带盲耳的陶钵残壁为夹砂黑陶外,余皆为夹砂红褐陶。鬲足2件,高实足根。口沿7件,1件为圆唇直口,其他6件为叠唇,叠唇沿中也有尖圆之分,圆唇4件,尖唇2件。鋬耳4件,3件为方体,1件为圆柱体。器底3件。豆柄1件,实心圆柱形,器表有竖排戳点纹。

5. 艾家山崴子遗址

位于昌图县下二台镇艾家村西南约2公里的山坡上,其东及南面分别是与遗址同时期的大锅盖山城和小锅盖山城,现为县级文物保护单位。东侧坡下有山泉水。遗址正当两山城中间偏北位置,应与城址有关。遗址面积较大,但遗物较少,仅采集有陶器残片、桥耳等标本。采集的2件标本都是桥耳残段(图3-25),均为夹砂红褐陶。

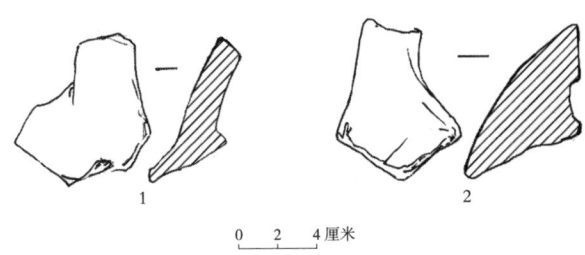

图3-25 艾家山崴子遗址采集的桥耳标本

6. 糖房沟三道岗子遗址

位于昌图县下二台乡赵家沟村糖房沟屯南约300米的坡地上,坐北朝南,采集有鬲足、器耳、器壁残片等标本,均夹砂红褐陶(图3-26)。鬲足4件,均高实足根。鋬耳1件,作舌形,呈下垂状。

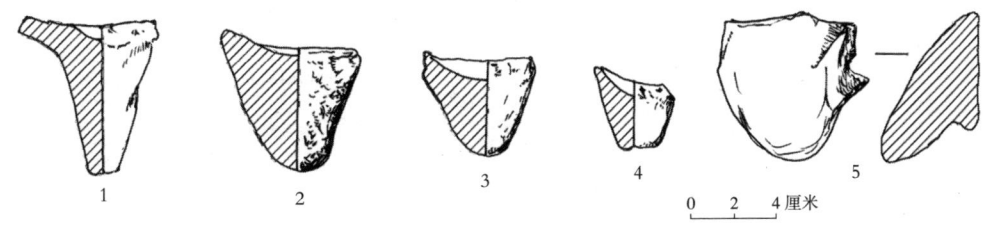

图3-26 糖房沟三道岗子遗址采集标本
1—4.鬲足;5.鋬耳

二、泉头镇

1. 大苇子西南山遗址

位于昌图县泉头镇大苇子村东南约700米处的西南山西坡上,采集有口沿、器耳、鼎足、鬲足等标本（图3-27）。

夹砂红褐陶,鬲足为矮实足根；鼎足为方锥形；口沿作方叠唇；器耳有桥耳和錾耳各1件,桥耳残断,錾耳作舌形。

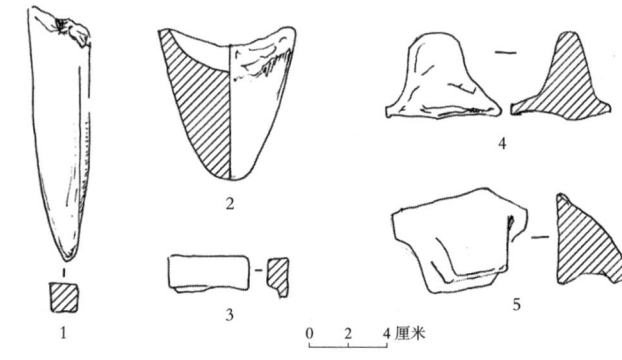

图3-27 大苇子西南山遗址采集标本
1.鼎足；2.鬲足；3.口沿；4.錾耳；5.桥耳

2. 小泉头遗址

位于昌图县泉头镇护林村东南约150米的一处漫坡地上,西侧坡下有一季节性小河由北向南流。遗址中采集有器耳、豆柄等标本（图3-28）。

标本皆为夹砂灰褐陶。器类有环耳2件,均残断,制作较粗；盲耳1件；錾耳3件,其中1件耳面饰两组戳点纹,另件为圆柱形耳；豆2件,其中1件是豆盘与豆座结合部,另1件为实心柱形,器表饰3组戳点纹。

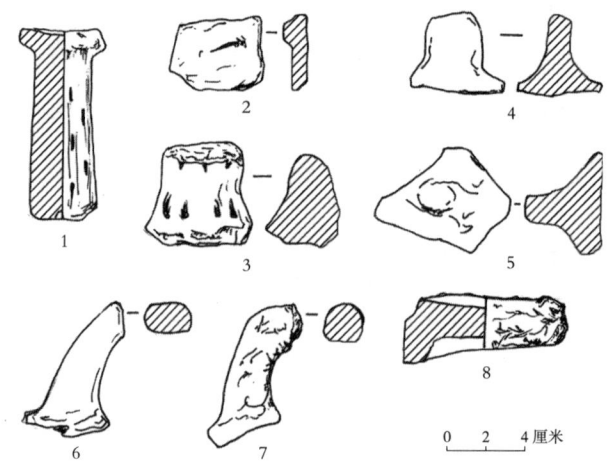

图3-28 小泉头遗址采集标本
1.豆柄；2—5.錾耳；6、7.环耳；8.豆柄与豆盘连接处

3. 大泉眼小麦地遗址

位于昌图县泉头镇大苇子村大泉眼屯一名作"小麦地"的耕地中,只采集到1件鬲足标本(图3-29)。夹砂红褐陶,高实足根。

三、昌图镇

1. 东明后山遗址

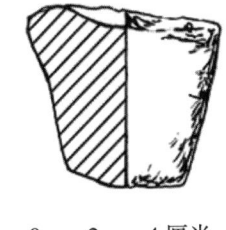

图3-29 大泉眼小麦地遗址采集的鬲足标本

位于昌图县昌图镇东明村北约300米处山冈上,西北距青羊堡村约400米。采集有陶器器壁残片、器耳、器底、网坠、豆柄、石器等标本,陶器标本皆为夹砂红褐陶(图3-30)。錾耳2件,为方形,器底与豆柄各1件,其中豆柄为喇叭状。采集一件网坠,为短圆柱状,有双透孔,形制较少见。

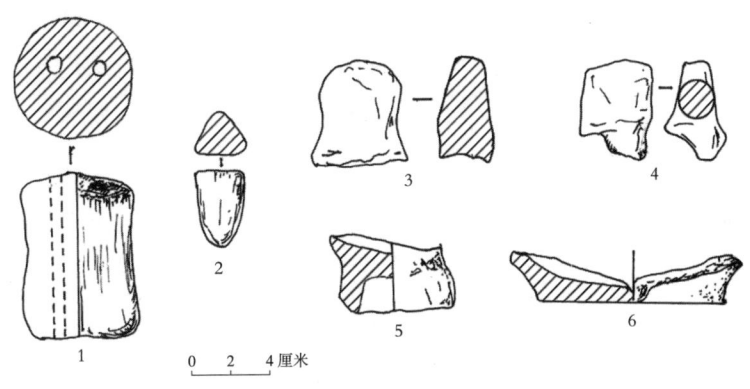

图3-30 东明后山遗址采集标本
1.网坠;2.柱耳;3、4.錾耳;5.豆柄;6.器底

2. 太阳山小南沟遗址

位于昌图县昌图镇太阳山村(原名十八家子)东南约600米的小南沟内一北高南低的向阳坡地上。在遗址中采集有鼎足、豆柄、器耳、石斧等标本(图3-31)。陶器均为夹砂红褐陶。錾耳1件,方形。豆柄1件,实心柱状,残断。鼎足1件,方锥形,制作较精。石斧2件,均为扁体方形,双面刃。

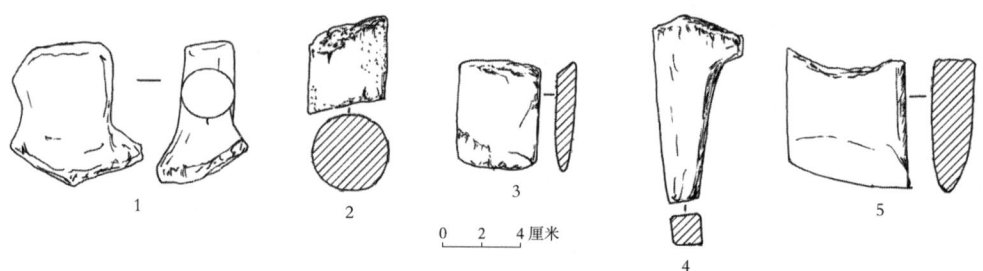

图 3-31 太阳山小南沟遗址采集标本
1. 鍪耳；2. 豆柄；3、5. 石斧；4. 鼎足

3. 双利煤窑沟西山遗址

位于昌图县昌图镇双利村煤窑沟屯西约900米处缓坡台地上，现为风力发电机塔群，附近未见明显水源痕迹。遗址坐北朝南，遗物散布在东坡和南坡上。地表遗物较丰富，采集有陶器器壁残片、器耳、器底、鬲足、豆柄等标本（图3-32）。

标本有夹砂红褐陶和灰褐陶两种，夹砂红褐陶器类有鬲足、桥耳、环耳、器底、鍪耳、豆柄、叠唇口沿和尖唇侈口口沿等。鍪耳多见，采有10件，均为方或长方形。桥耳5件，制作均较规整。鬲足采集3件，其中1件无明显实足根，2件带实足根。见一高圈足钵底。豆柄采集5件为实心圆柱形和大喇叭形两种，均残断，其中柱状豆身上或饰戳点纹。夹砂灰褐陶器类有叠唇口沿、鍪耳等。其中叠唇口沿叠唇部分很高，口沿也有内抹斜的，见1件，与高台山文化口沿近似。石器只采1件，为棒状器身，下残。

4. 后蛤什蚂沟前山遗址

位于昌图县昌图镇东张家村前蛤什蚂屯后蛤什蚂沟南坡上，是南北相距约200米的两个山顶中间山脊相连的缓坡地带。采集有器壁残片、鬲足等标本（图3-33），均为夹砂红褐陶，可辨器类只有鬲足一种，采集2件，均为高实足根。

第三节　招苏台河流域区

招苏台河为辽河支流，发源于吉林省梨树县大黑山西赫里峰，流经四平、梨树二市县后，在昌图县傅家乡张家桥附近进入铁岭市境内，经昌图傅家乡、曲家店等10余个乡镇（场），于通江口镇沙坨子汇入辽河。境内流域面积为3004平方公里，河长157.8公里，为昌图县境内第一大河。由于全流域大部分地带属丘陵平原区，河道比较小，

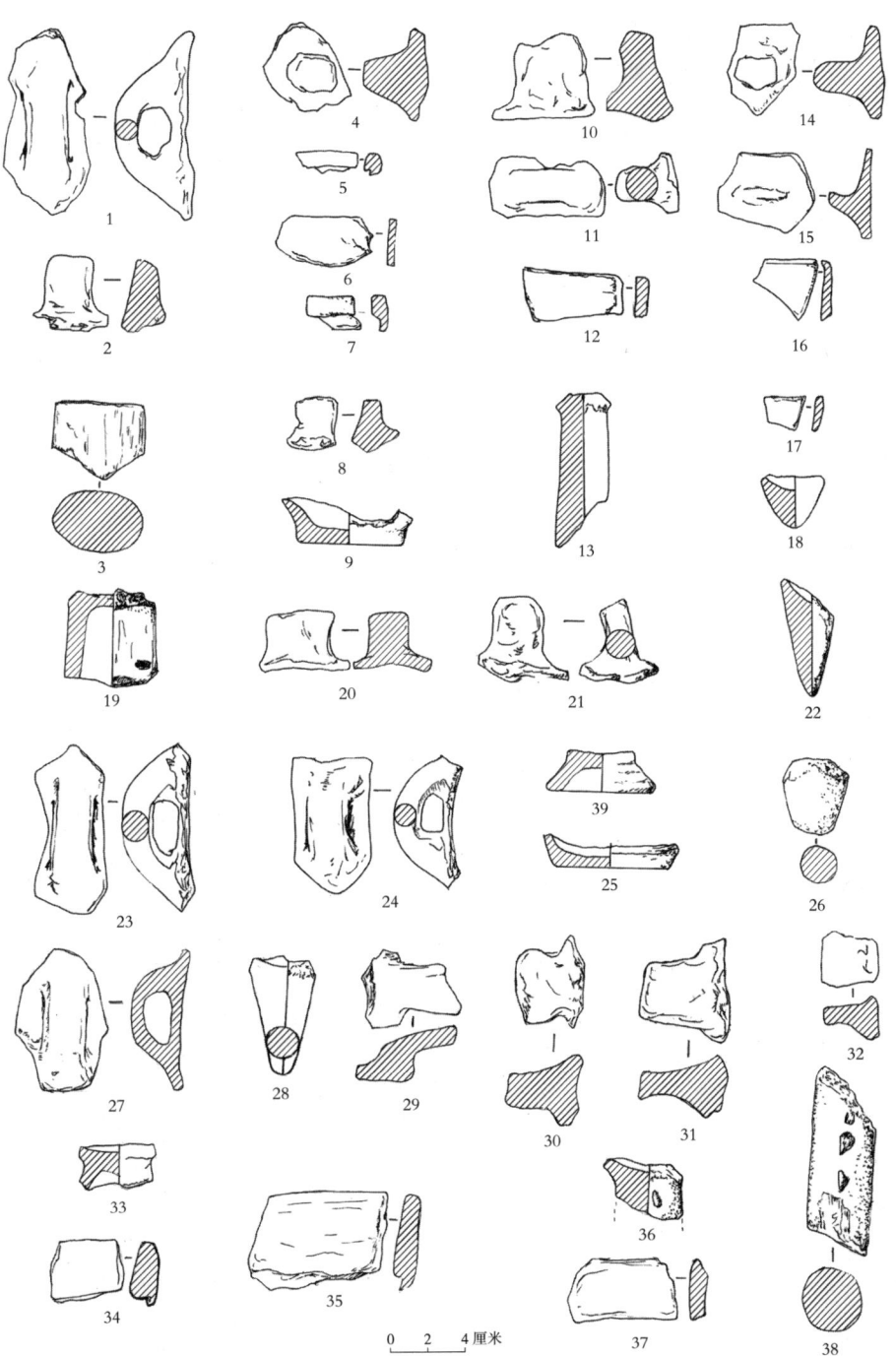

图 3-32 双利煤窑沟西山遗址采集标本

1、27、29.桥耳；2、4、8、10、14、15、20、21、30—32.鋬耳；3、13、19、33、36、38.豆柄；5—7、12、16、17、34、35、37.口沿；9、25、39.器底；11、23、24.环耳；18、22、28.高足；26.石器残段

河床冲淤较大。这一区域发现青铜时代遗址的乡镇很少，即使有青铜时期遗址的乡镇，也只有一两处而已。因遗址数量较少，且采集标本不多，这一区域的遗存面貌特征及内涵诸问题还有待更多发现才能有所认识。

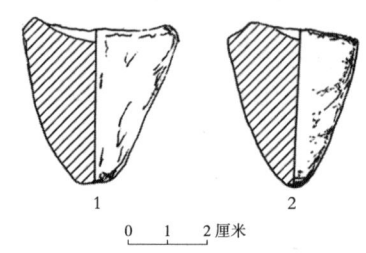

图 3-33 后蛤蟆沟前山遗址采集的鬲足标本

一、东嘎镇

东嘎敖包山西坡遗址

位于昌图县东嘎镇东嘎村砖厂东约 200 米处敖包山西坡上，坡下有季节河自北向南流。采集有器耳、鬲足等标本，均为夹砂红褐陶（图 3-34）。桥耳 2 件，残损严重。鬲足 1 件，亦残断，为高实足根。

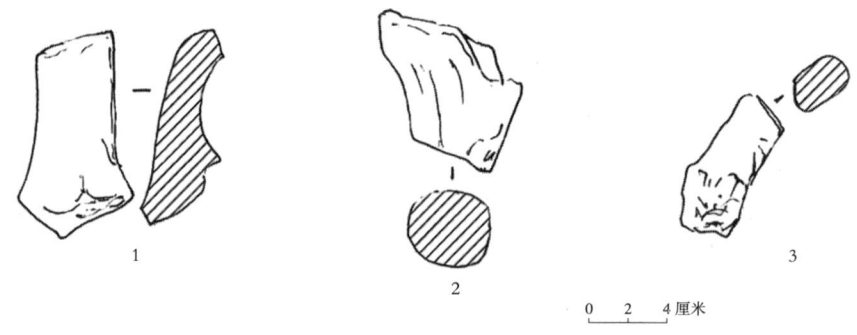

图 3-34 东嘎敖包山西坡遗址采集标本

1、3.器耳；2.鬲足

二、金家镇

五块石道下地遗址

位于昌图县金家镇五块石村东南约 300 米处的一块耕地中，地表遗物稀少，仅采集 1 件鬲足标本（图 3-35）。鬲足 1 件，夹砂红褐陶，高实足根。

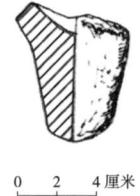

图 3-35 五块石道下地遗址采集的鬲足标本

三、大四家子乡

四天地遗址

位于昌图县大四家子乡大四家子村西南老铸造厂南约20米处，当地俗称"四天地"的一块耕地中。遗物稀少，仅采集到夹砂红陶片、鬲足等标本。鬲足2件，均夹砂红褐陶，高实足根（图3-36）。

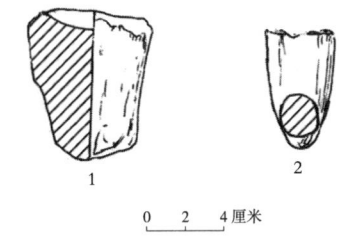

图3-36 四天地遗址采集的鬲足标本

第四节 二道河流域区

二道河是昌图县境内一条较大的河流，发源于吉林省梨树县山门镇南，在昌图县毛家店镇东白山嘴屯进入昌图县，从宝力镇下河口屯汇入招苏台河，流经毛家店、鸳鸯树等乡镇，河流全长129公里，流域面积1394平方公里，其支流有下二台河、虻牛南河、红山河、苇子河等。这一流域区范围广大，但经普查得以确认的青铜时期遗址却只在二道河流域的上游、昌图北部的老四平镇和在该河下游、位于昌图县西部的十八家子镇两个地方，数量非常稀少。十八家子镇发现的两个遗址都是以高柄豆为主要内涵的遗址，豆柄上见有戳点纹。值得注意的是采集的器耳标本，其形制介于桥耳与环耳之间，是否寓含着某种演变过程还有待进一步工作。

一、老四平镇

许家屯遗址

位于昌图县老四平镇光辉村许家屯北一道东西向的大漫冈顶部，漫冈南坡下有一季节性小河自东向西流。地表遗物甚少且残碎，采集标本有鬲足和器耳等，鬲足和錾耳各1件（图3-37）。鬲足为高实足根，残断；錾耳为方体。

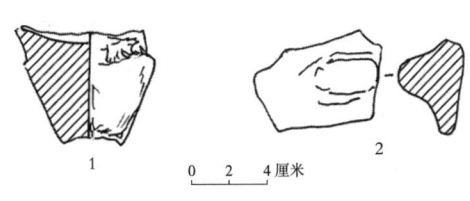

图3-37 许家屯遗址采集标本
1.鬲足；2.錾耳

二、十八家子镇

1. 杨家油坊椅圈地遗址

位于昌图县十八家子镇十八家子村西约200米处一西高东低的坡地上，在遗址中采集有口沿、豆柄、鬲足、器耳、器底等标本（图3-38）。

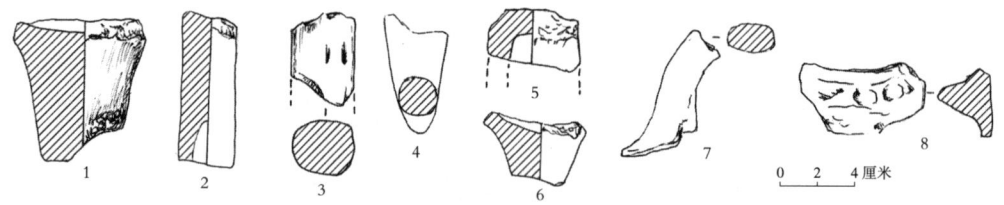

图3-38 杨家油坊椅圈地遗址采集标本
1、4、6.鬲足；2、3、5.豆柄；7.器耳；8.附加堆纹陶片

标本均为夹砂红褐陶，鬲足3件，其中2件残断，实足根较高；豆座3件，有两种形制，实心柱状和喇叭状。实心柱状2件，其中1件器壁外饰戳点纹；另1件为喇叭形，残断；采集一段附加堆纹标本，器壁外泥条上捺压窝点状纹。器耳为介于环耳与桥耳之间形制。

2. 杨家油坊王八盖子地遗址

位于昌图县十八家子镇十八家子村西约400米处一北高南低的山冈地上，采集有器耳、豆座、陶片等标本（图3-39）。

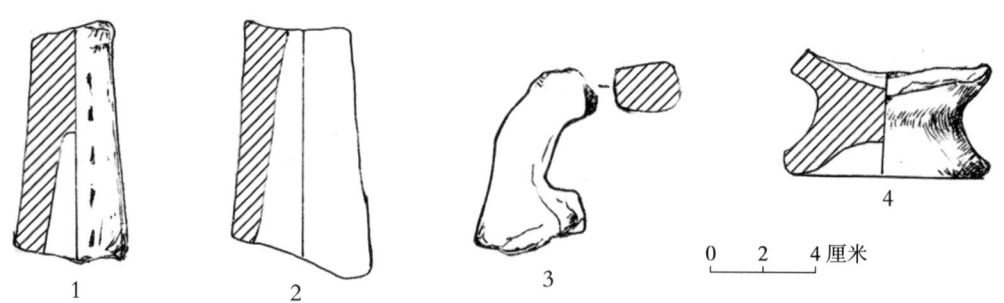

图3-39 杨家油坊王八盖子地遗址采集标本
1、2.豆柄；3.桥耳；4.圈足器

陶色有夹砂红褐陶和灰褐陶两种。红褐陶标本有豆座2件，均作喇叭形，其中1件饰竖向排列的一组戳点纹；桥耳1件，耳面宽厚，剖面为长方形，已近环耳。夹砂灰褐陶仅1件，为圈足器，可能是高足钵，也可能是豆盘与豆座的结合部。

第五节　亮子河流域区

亮子河源于昌图县泉头镇黄顶子村南，流经昌图、开原二县（市），在开原市后施家堡西南约2公里处汇入辽河。河长115公里，流域面积为578平方公里，是辽河以东具有代表性的平原区河流。这一区域青铜时期考古学文化在辽北区相对而言时间略早，从采集的标本来看，其面貌主要以夹砂红褐陶为主，器类有鼎和鬲，鼎足为方锥状，鬲足的实足根较高。器耳只见桥耳一种；纹饰见有附加堆纹，口沿与柴河流域常见的厚唇沿相同，为此类文化的来源及分布又提供了参考。这一区域含青铜时代文化遗址的现仅发现马仲河和老城两个镇，这两个镇的地势是略有起伏的低矮黄土丘陵，与东部山地毗连，是山地与平原的过渡地区。而这一地区青铜时期所见标本的时代普遍早于山地的青铜遗存，这也是考虑辽北东部山地青铜文化来源方向的一个重要根据。

一、马仲河镇

1. 周家三节地遗址

位于昌图县马仲河镇周家村东北约300米处，遗物稀少，采集有器耳、鬲足等标本（图3-40）。标本均为夹砂红褐陶，见有鬲足2件，高实足根；桥耳2件，皆残断。

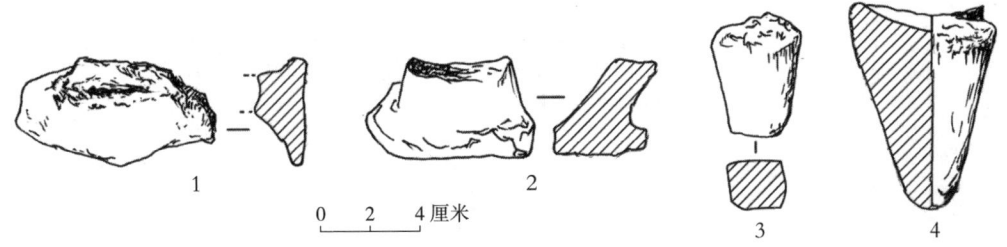

图3-40　周家三节地遗址采集标本

1、2. 桥耳；3、4. 鬲足

2. 革新大弯垄地遗址

位于昌图县马仲河镇革新村西北约300米处，地表遗物很少，采集有鬲足和器耳等标本（图3-41）。

均为夹砂红褐陶，鬲足4件，全部为高实足根式；桥耳1件，残断。

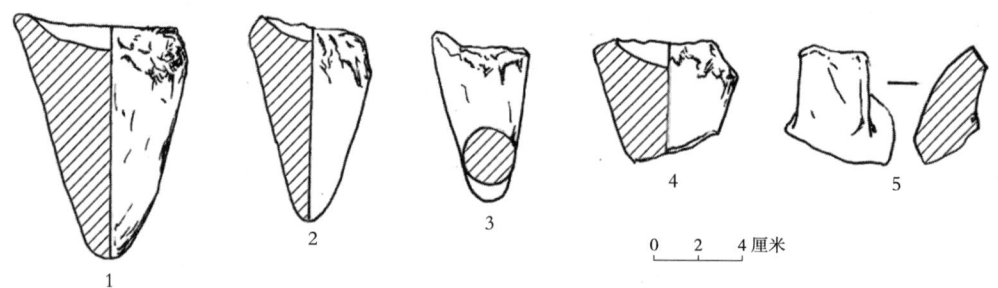

图3-41 革新大弯垄地遗址采集标本

1—4.鬲足；5.桥耳

3. 新城子北山遗址

位于昌图县马仲河镇新城子村东北约400米处的北山东坡上，北山西坡下有一条小河自北而南流。采集有鼎足、口沿和器耳等标本（图3-42）。均为夹砂红褐陶，鼎足3件，其中方锥足2件，圆锥足1件，均残断；1件附加堆纹陶片，残损较甚，附加堆纹为指压按窝形。舌形鋬耳1件。

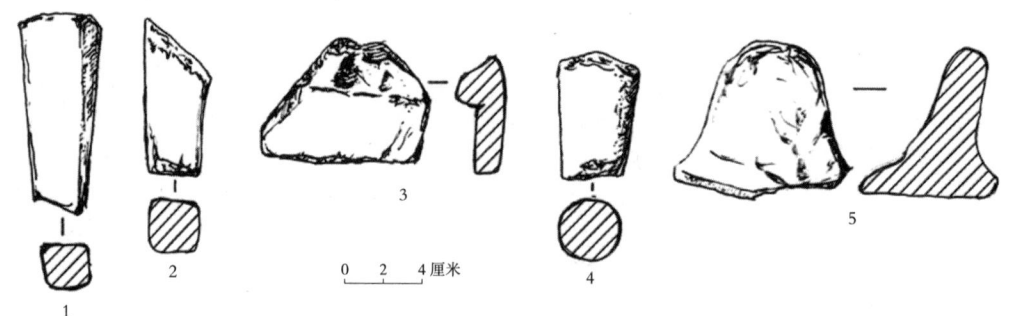

图3-42 新城子北山遗址采集标本

1、2、4.鼎足；3.附加堆纹陶片；5.鋬耳

4. 会元长垄地遗址

位于昌图县马仲河镇会元村头道沟屯西约200米处的坡地上，遗址南北长约50米，东西宽约30米。在遗址中采集有鬲足、口沿等标本，均为夹砂红褐陶（图3-43）。鬲足3件，高实足根。厚唇沿2件。

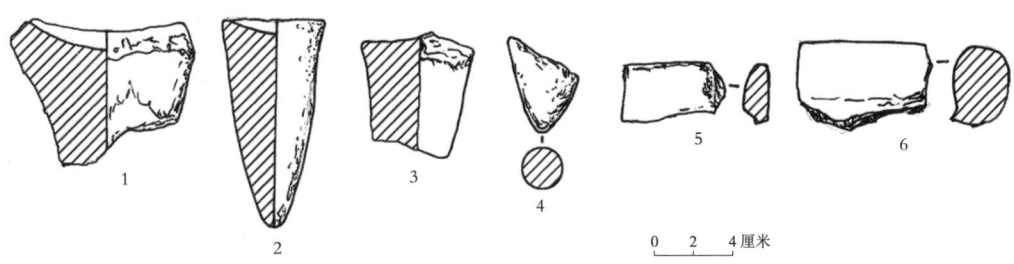

图3-43　会元长垄地遗址采集标本

1—4.鬲足；5、6.口沿

5. 城子大片地遗址

位于昌图县马仲河镇城子村东约400米处一名作"大片地"的耕地中，遗址地势略有起伏，遗址所在高敞向阳，坐北朝南，采集标本有器耳、器底、鬲足等，均夹砂红褐陶（图3-44）。桥耳2件，制作规整；鬲足1件，高实足根式。器底1件，有假圈足；发现1件带弦纹的陶片，外壁凸起有似盲耳，弦纹因磨损已不很清晰。

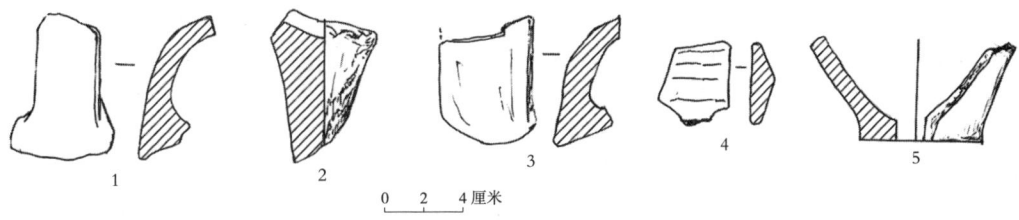

图3-44　城子大片地遗址采集标本

1、3.桥耳；2.鬲足；4.弦纹陶片；5.器底

二、老城镇

西北沟大脑瓜子地遗址

位于昌图县老城镇长青村西北沟屯东约400米处,地表遗物甚少,仅采集到陶片和口沿等标本(图3-45)。口沿2件,均夹砂红褐陶。1件尖唇外撇,器壁殊厚;另一件方唇直口,沿下器壁略外凸。

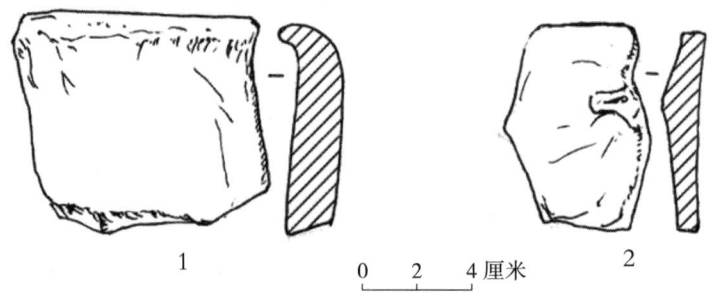

图3-45 西北沟大脑瓜子地遗址采集的口沿标本

第四章　调兵山市

　　调兵山市位于铁岭市西部，是铁岭市唯一处于辽河以西的县级行政单元。东距铁岭市银州区 35 公里，南距沈阳市 104 公里，地理坐标为东经 123°27′31″，北纬 42°20′31″。东、南与铁岭县为邻，西、北与法库县接壤。南北最长 23.7 公里，东西最宽 20.6 公里，幅员面积 262.9 平方公里。调兵山市地貌西高东低，呈倾斜之势，西部为低山丘陵区，东部为洪积、冲积平原区；境内主要河流有王河、长沟河，属辽河水系。调兵山市原属法库县的一个乡，1956 年，国家对这里的地下煤炭进行开发，方初具规模，1981 年经国务院批准设置县级市。这里的考古工作始于 1980 年开始的文物普查，尤其是 1986 年对矿区运煤铁路专线沿线进行的考古调查和对个别遗址进行的勘探发掘，使人们对这里的青铜时期文化遗存有了认识。

　　调兵山市青铜时期遗址数量不多，但标本显示的年代却相对较早，这里的青铜文化遗址主要以太平山、窑路沟两处为代表，主要有夹砂的鼎、鬲、罐、钵等，多红褐陶，很少见到灰陶。石器有石斧、石刀及石磨棒。类似的文化遗存具体分布情况目前尚不清楚，在窑路沟发现的器物口沿多附有一条泥带，在泥带上面抹光后施戳点纹，这种施纹方式在铁岭周边青铜文化中至今尚无类似发现。调兵山市西调北沟高丽庙遗址曾采集一件陶器口沿标本，口沿下的器壁上有斜向纵列的数道锥刺纹，口沿处有两周泥条附加堆纹，其上又施戳点纹。有相当一部分羼滑石标本，与柴河流域区陶质有很大的一致性，但在具体形制上又各具特点。

　　调兵山市青铜文化还有一个最大特点是小型山城址多见。调兵山市郊的古代山城遗迹，过去在隶属法库县期间，也曾进行调查。2008 年春季开始的全国第三次文物普查工作在调兵山市开展之后，"三普"工作队又在这一地区接连发现同类小型山城遗迹，始对山城的分布规律状况有所认识。在山城上采集的夹砂陶类标本清楚无误地显示其属于青铜时代，这些山城也应构筑于青铜时代。其文化性质，根据在山城之一的酒槽山山城南坡清理的石棺墓随葬陶器判断，具高台山文化特点。调兵山青铜文化带有铁岭东部山区青铜文化的一些特点，表现在舌状或柱状鋬耳发达和方锥鼎足多见两个方面，由于仅限于地表踏察和标本采集，其完整的文化面貌和器类组合内涵均有赖于以后的深入工作。在调兵山市境内发现这种小型山城共计4处，与这些山城所在地域毗连的法库县冯贝堡镇和法库镇境内也曾发现3处小型山城址，属于与调兵山小型山城同时构筑的山城址，这样，在不到20公里范围内分布的这7座山城遗迹，便构成了辽北独具特色的青铜时期小型山城群。这些城址多半规模不大，城墙周长都在200-300米之间，在经修整过的平顶下面，环筑一周可能用于方便巡视或交通的环道，远远看去，山城如"凸"字形，不但形制基本相同，而且在城址中采集的标本也相同，个别没有标本采集的山城，也在附近发现同期遗址。

第一节　调兵山街道

由于地质方面的侵蚀作用，这里的山地大部分呈侵蚀残余的岛状孤山，表现为山体丘顶浑圆，坡度和缓，低丘之间有大面积的漫冈和低平地面，宽阔的低平地面蜿蜒分布着河流，为古代先民在这里的生产生活以及军事防御工程的构筑，提供了较好的自然条件。最重要的考古发现是点将台山城的发现，在山城东坡和北坡上采集的大量夹砂红褐陶标本有鬲足、鼎足、罐口沿、杯残底等，也有纺轮和一些石器等生产工具。陶器特征反映出与新乐上层文化诸多的相似点，也有夏家店上层文化影响的痕迹，联系小型山城群在这一带出现的情况，似乎有理由认为这里受辽西同期文化的影响较大。

点将台山城

城址位于调兵山市调兵沟社区北约100米处，当地人称"点将台"山。环绕山顶平台，山腰处筑有一周环城通道，遗迹十分清晰，环道全长约300米，宽约4米，保存尚好，远望城址呈"凸"字形，海拔201米。城址东西略长约200米，南北稍窄约100米。山顶平台坡下四角利用山势修成4个外缘呈漫圆的瞭望台，长宽均在10米左右。在山城的东、南两侧的山坡上，采集有大量的夹砂陶片、鼎足、器耳、石刀、石斧等标本（图4-1）。

标本均夹砂红褐陶。鬲足1件，矮实足根；鼎足4件，均为方锥状；鋬耳5件，方形，其中1件为鸡冠形；口沿2件，叠唇和方唇各1件；纺轮2件，其中馒头状1件，轮底用短划线将圆轮均匀七等分，并在其间以戳点纹填充之。饼状1件，残半。采集深腹小罐1件，残半。陶网坠1件，亚腰圆柱形。器底1件，有假圈足；石斧1件，磨制不甚光滑；石刀1件，弧背弧刃，有钻孔，残半。值得注意的是，在该城址中还采集到几件带纹饰的陶片，为夹砂灰褐陶，有席纹、划刻之字纹、弦纹等，虽然数量不多，但说明该城址是在早期遗址上构筑的，文化内涵比较丰富。

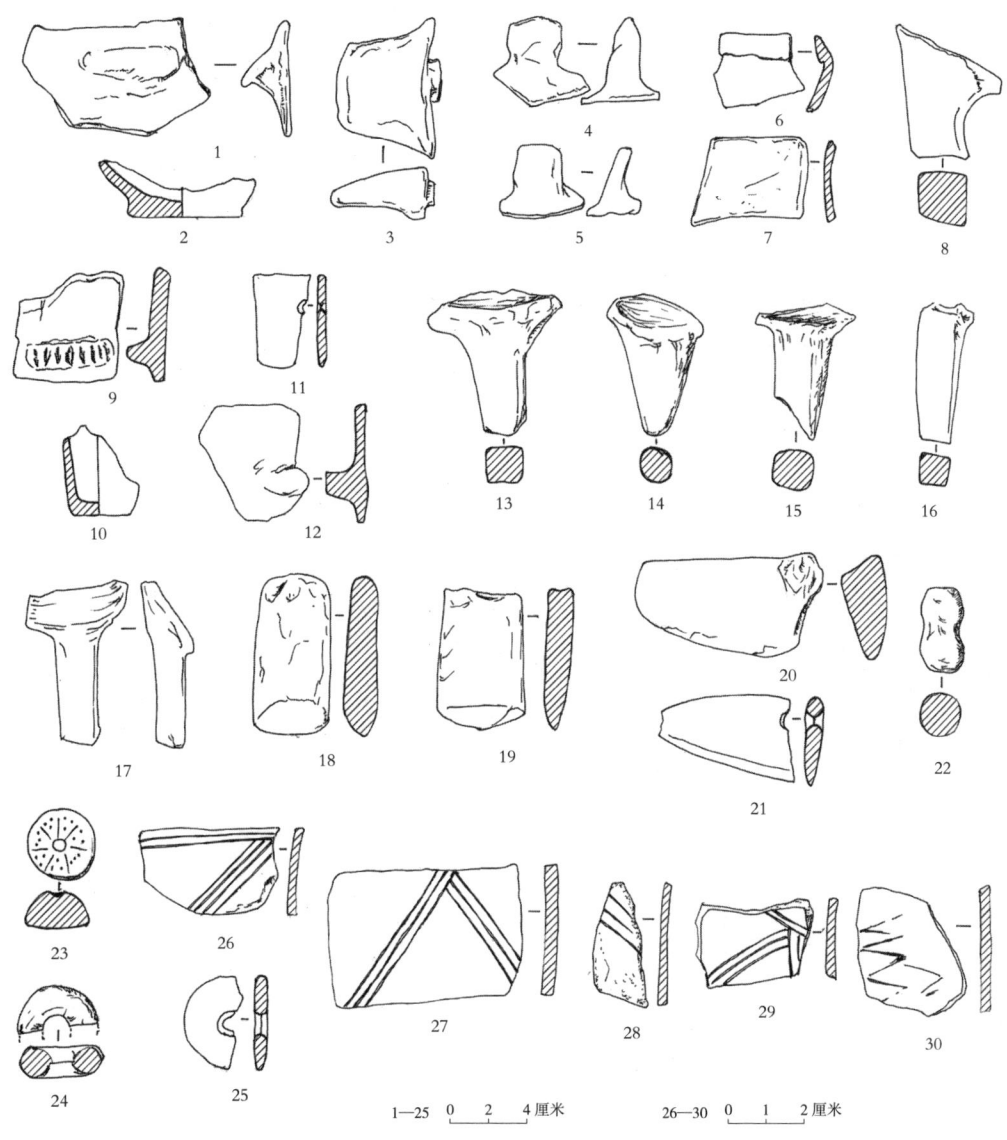

图 4-1 点将台山城采集标本

1—25.红褐陶；26—30.灰褐陶

第二节　大明镇

在大明镇发现的遗址以大泡山最为典型，这里发现的陶片标本全部为夹砂红褐陶，值得注意的是这里的高柄豆非常发达，这种现象在辽北只在东部山地才会出现，在这里的发现让人想到是团山文化业已发展到这里，还是从这里起步又向辽北东部发展的问题。小青堆子遗址标本则与大泡山标本明显不同，小青堆子遗址不见豆，而只有三足器鼎，与邻近的点将台山城标本有很多相似，具有新乐上层文化的特点，窑路沟遗址是这一区域青铜时期遗存的典型代表，其主要文化面貌是：夹砂红褐陶，火候较高，胎质坚硬，有发达的鼎和壶，鼎为方锥状足，腹与足间没有明显分界，鼎沿下一般有较小的方錾耳；罐则是高领微侈，颈肩间有一周附加堆纹。

1. 小青堆子遗址

位于调兵山市大明镇小青村东北约500米处一小山冈上，山丘独兀矗立，四周一片平野，地表遗物丰富，采集有器耳、鼎足等标本（图4-2）。均为夹砂红褐陶。鼎足3件，方锥、多棱锥、圆锥各1件；桥耳1件；舌形錾耳1件。还有钮状耳1件。另有2件标本是鼎足与鼎身结合部位，做工颇精。

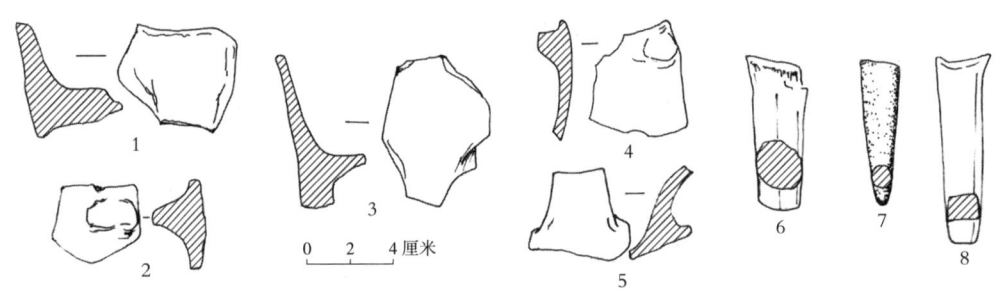

图 4-2 小青堆子遗址采集标本

1—5.器耳；6—8.鼎足

2. 大明大泡山遗址

位于调兵山市大明镇北约2公里处的一冈地南坡上。在遗址中采集有豆柄、鼎足、环耳等标本（图4-3）。

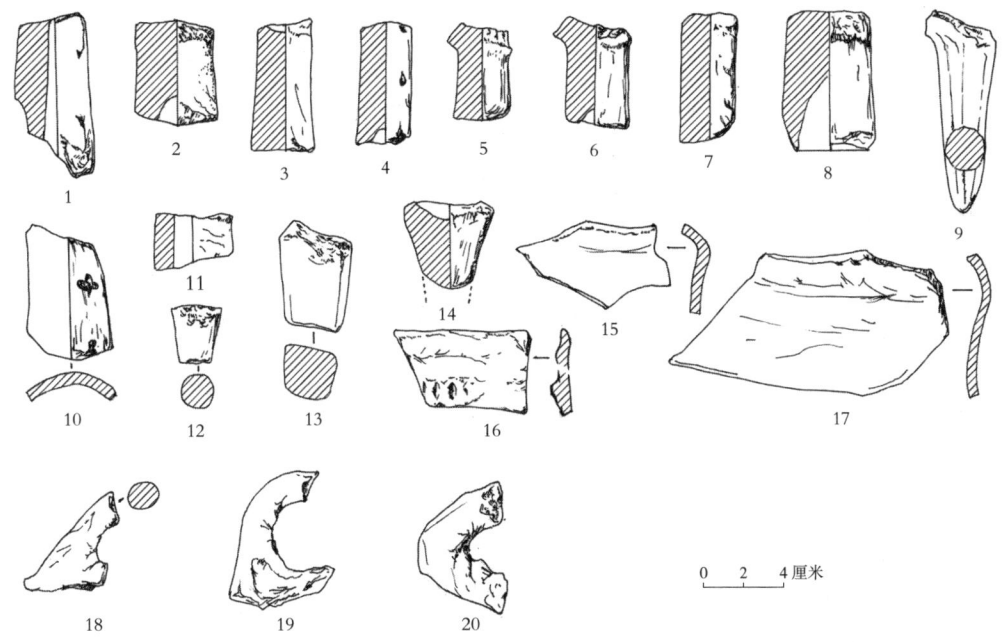

图 4-3 大明大泡山遗址采集标本

1—8、10、11.豆柄；9、12、13.鼎足；14.高足；15、17.器物颈部；16.附加堆纹；18—20.环耳

全部为夹砂红褐陶。有发达的豆，豆标本采集10件，均为柱形，有实心和空心两种，个别器身饰戳点纹或"十"字纹。鼎足3件，方锥、圆锥和多棱锥形各1件。环耳采集3件，制作草率。附加堆纹标本1件，为一尖唇稍外侈器物口沿下的装饰。有2件器物颈部标本，可能是罐之类的器物。

3. 泡子沿窑路沟遗址

位于调兵山市大明镇北泡子沿西侧的一名作"窑路沟"的小山坡上，遗址区陶片密布，村民因以"窑"名之。1986年经铁岭市文物管理办公室小面积试掘，获得一批重要标本材料，见有鼎、鬲、壶等（图4-4）。

标本均为夹砂红褐陶，胎质细腻，做工较精。鼎多为直腹，有舌形鋬耳，或竖桥耳，方锥足。壶为喇叭形大口，颈施一周附加堆纹；采集的桥耳标本上部有一排划刻纹，应该是早先此处附加堆纹的孑遗。也见盲耳，从器壁看应为钵。鬲足只见一鬲裆。窑路沟遗存内涵独特，与周边文化联系与区别之处甚多。

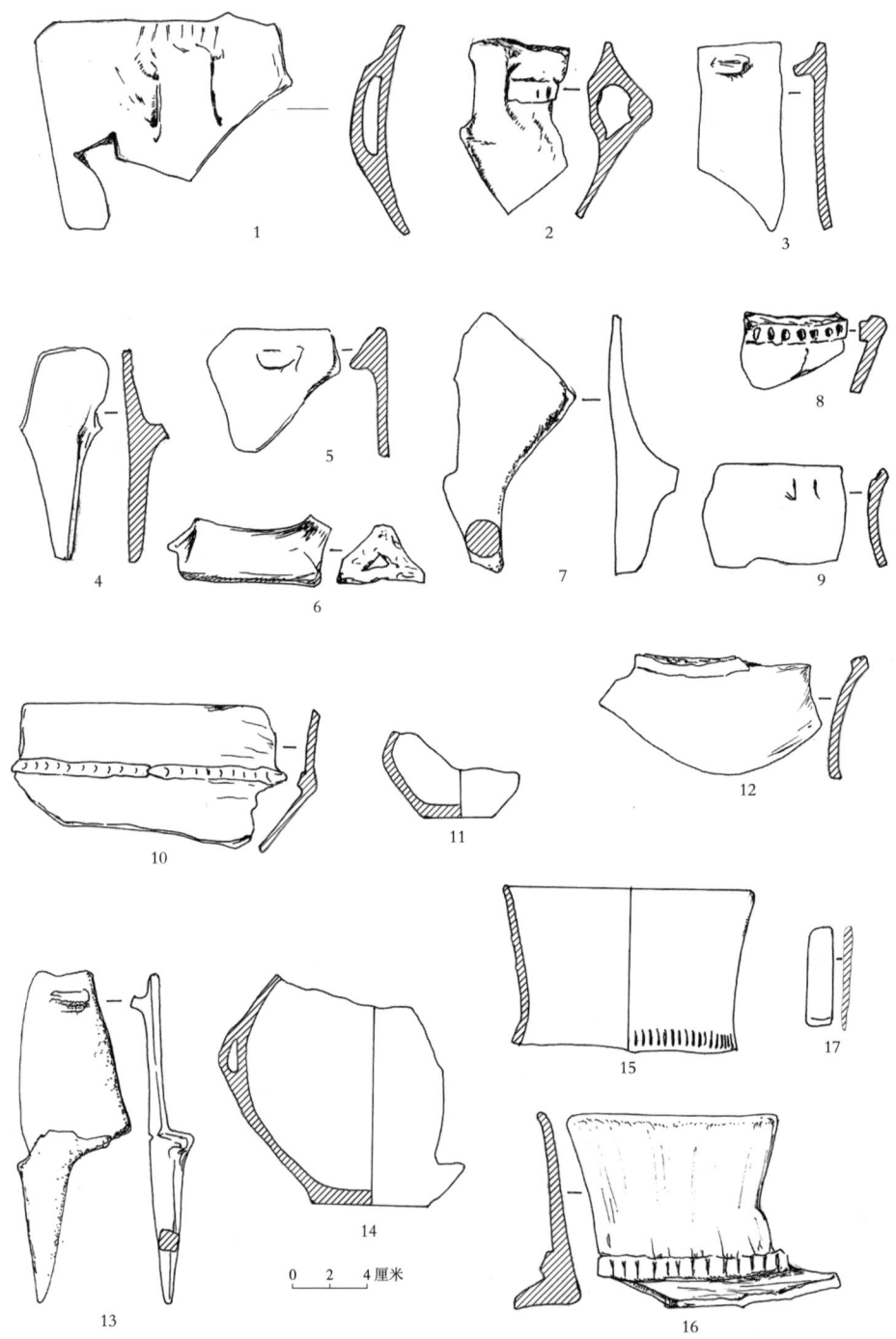

图 4-4 泡子沿窑路沟遗址采集标本

1—5、7、9.器耳；6.高裆；8.附加堆纹陶片；9.口沿；11、12、14.器物残壁；13.鼎足；10、15、16.陶壶颈；17.石斧

第三节 晓南镇

晓南镇与铁岭县西部接壤,也是铁岭辽河干流区域的一个组成部分,因此,这里的青铜文化遗存较多地具有与铁岭县西部辽河干流区相同或相似的一些特点。这里的青铜文化遗址分布比较稀疏,标本采集得也不多,虽然如此,通过少量具有标型意义的标本形态,也可大致估断出这里青铜文化所处的大致时间,或可对其文化性质作出一定程度的分析。在泉眼沟南城子山城中采集到高柄豆标本,南城子是在调兵山地区发现的 4 座青铜时期小型山城之一,在其他 3 座城址中,均采集到了青铜时期的陶片标本,除北城子和酒槽山两座山城采集陶片过于残碎外,在点将台山城所见标本则反映出鲜明的新乐上层文化和夏家店上层文化交叉影响的痕迹,北城子山下的高丽沟花生地遗址,标本中也见有高柄豆,这对说明调兵山小型山城群的年代,是一个重要材料。

1. 泉眼沟花生地遗址

位于调兵山市晓南镇泉眼沟村委会西约 1000 米处,是一块坐西朝东的山坡地。地表遗物丰富,采集有器耳、器底、鼎足、豆座等标本(图 4-5)。均为夹砂红褐陶,桥耳、鼎足、豆座、器底各 1 件。鼎足为圆锥状。

2. 前峪北山遗址

位于调兵山市晓南镇泉眼沟村前峪屯北约 500 米处北山南坡上,地表采集有陶片、鼎足、器耳等标本。在遗址东南坡断崖处发现一房址,文化层厚约 1 米,其中夹杂大量红烧土块和陶罐残片等(图 4-6)。

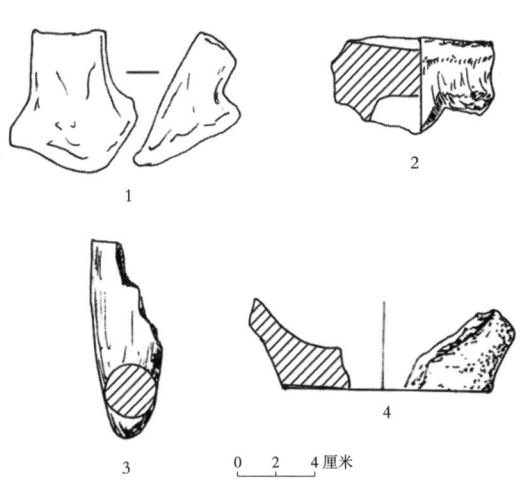

图 4-5 泉眼沟花生地遗址采集标本
1.桥耳; 2.豆柄与豆盘结合处; 3.鼎足; 4.器底

均为夹砂红褐陶。桥耳 1 件,制作较规整;錾耳 1 件,方形;鼎足 1 件,圆锥状。

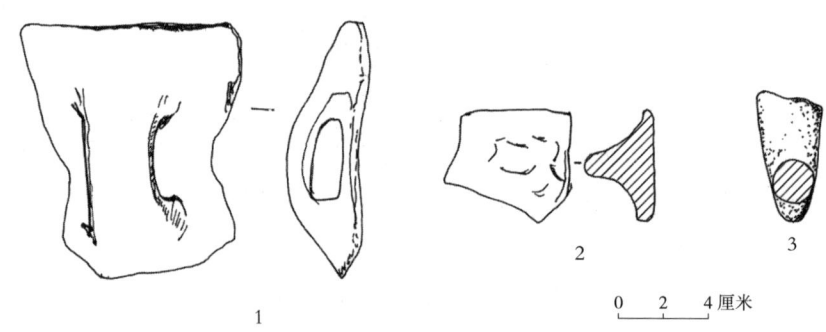

图 4-6　前峪北山遗址采集标本
1.桥耳；2.鋬耳；3.鼎足

3. 前峪南城子山山城

位于调兵山市晓南镇前峪村村西南约 2.5 公里处南城山顶上，山城为土石混筑，城顶平台下筑一周环城通路，异常平坦，道与城顶高差约 2 米，城址远望如"凸"字形。东墙有一豁口，疑为城门。城中采集标本有器耳、豆柄、鼎足等（图 4-7）。均为夹砂红褐陶。鋬耳 2 件，圆柱形；鼎足 1 件，圆锥形；鬲足 1 件，高实足根，残断；豆柄，实心柱形，器表有戳点纹装饰。

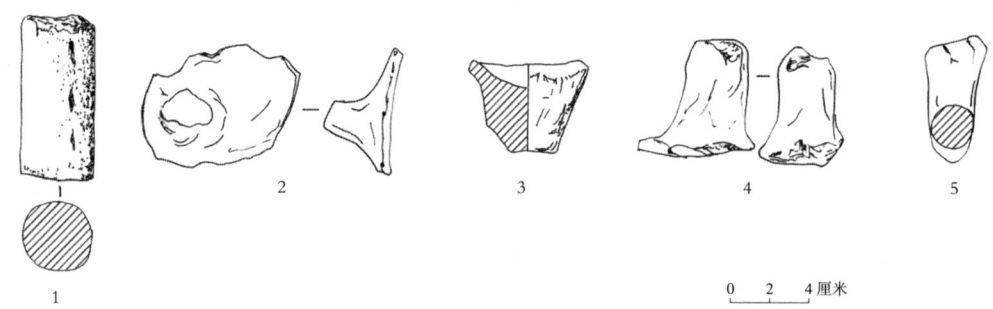

图 4-7　前峪南城子山山城采集标本
1.豆柄；2、4.鋬耳；3.鬲足；5.鼎足

4. 李家窝堡金家地遗址

位于调兵山市晓南镇前峪村李家窝棚北约 300 米一缓平台地上，采集标本有鬲足、鼎足、纺轮、器底等（图 4-8）。均为夹砂红褐陶。纺轮 1 件，圆柱形，中有透孔；鬲足 2 件，高实足根；鼎足 1 件，圆锥形；器底 1 件，有假圈足。

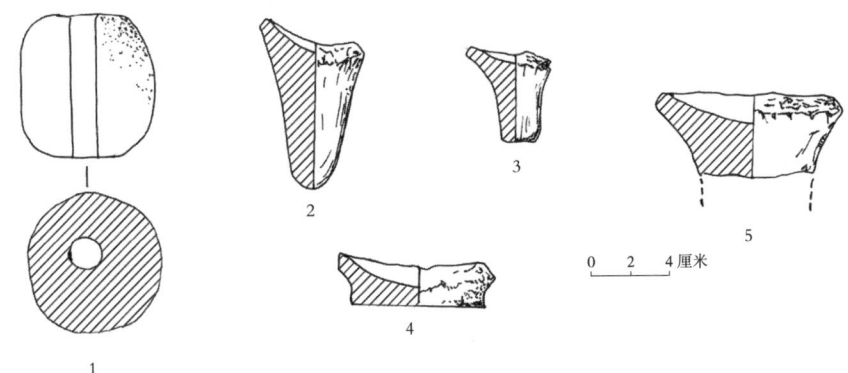

图 4-8　李家窝堡金家地遗址采集标本
1.纺轮；2.鼎足；3、5.高足；4.器底

5. 城子房后地遗址

位于调兵山市晓南镇高力沟村城子屯西北一小山丘的南坡上，地表遗物甚少，仅采集到少量的夹砂红褐陶残片、鼎足等标本（图 4-9）。均为夹砂红褐陶，鼎足剖面为半圆形，很少见。遗址中发现大量烧土块。

图 4-9　城子房后地遗址采集标本
1.夹砂红褐陶残片；2.鼎足

6. 前峪北城子山城

位于调兵山市前峪村西南约 2 公里处一名为北城子山的山顶上，山城用山皮土加碎石夯筑而成，呈圆形，遗迹异常清晰。东墙长 72 米、北墙长 82 米、南墙长 89 米、

西墙长63米，现存墙体残宽2-2.5米，残高约1米。与南城子相类似，山城平台下亦筑一周环城通道，路宽2米许。在城内采集有器耳、鬲足、鼎足等标本（图4-10）。

北城子山城和南城子山城遥相对望，距离不到5公里。鬲足4件，其中1件为含滑石的夹砂红陶，因滑石含量很高，整个标本呈亮白色，很少见到，鬲足均为高实足根。鼎足2件，夹砂红褐陶，圆锥形。附加堆纹残片1件，夹砂红褐陶，泥带上捺压指窝纹；鋬耳1件，亦为红陶，舌形。

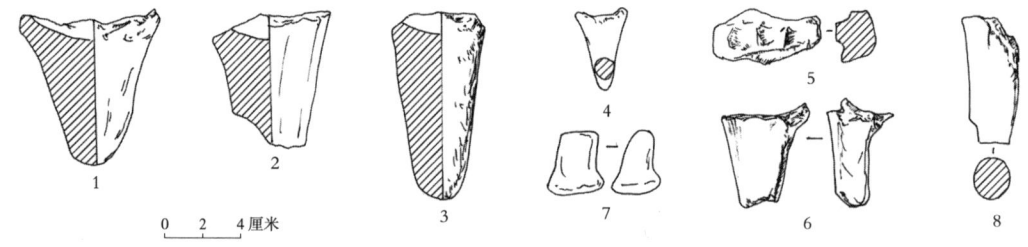

图4-10　前峪北城子山城采集标本

1—3、8.鬲足；4、6.鼎足；5.附加堆纹残片；7.鋬耳

第五章　西丰县

西丰县位于铁岭市东北,也是辽宁省最靠东北的县份,介于东经123°40′–124°27′,北纬42°29′–42°51′之间。东与吉林省东辽、东丰两县相连,西及西南与开原市接壤,南与抚顺清原县为邻,北靠吉林省梨树县。全县总面积为2686平方公里,境内山峦起伏,森林蓊郁,山泉溪水遍于谷间林地,主要河流有艾清河、寇河、碾盘河等,均为清河支流。西丰县青铜时期考古起步较晚,20世纪80年代初进行的全国第二次文物普查期间发现的大量青铜时期的遗址,使人们看到了西丰县青铜时期文化的基本面貌,其内涵及与周边同期文化的关系也随之引起学界注意。

西丰县青铜时期遗址主要分布在艾清河、寇河和碾盘河三条境内主要河流两岸,多位于向阳坡地上,通过对标本的比较,可以辨析出时代略有区别的两种文化遗存。早期遗存多分布于西丰西北部的艾清河流域,集中于明德、钓鱼、德兴、柏榆等4个乡镇,别地几乎不见。采集的标本均为夹砂红陶或红褐陶,器类方面最显著的特点是鬲足多见,分两种:一种无实足根,另一种有实足根,和两种鬲足同时发现的,还有少量的附加堆纹陶片和部分陶鼎的方锥足标本。石器种类见双孔石刀、扁身石斧等。在西丰,只有艾清河流域范围内存在这种遗存,别地几乎不见,标本中三足器多见,体现出的器型较大;标本中发现部分带有附加堆纹的陶片,可能是罐、钵一类盛贮器具上的装饰。西丰县艾清河流域以三足器为主要内涵的遗存在铁岭市境内只有开原清河上游李家台乡的部分遗址中有其相类者,其间关联有待研究。与艾清河相似的这类遗存,在与艾清河邻近的吉林叶赫影视城[1]、辽源炮台山[2]、抚顺施家东山[3]等遗址中也有相同发现,估测年代在商初至商周之际,是西丰县及辽北地区时代较早的青铜时期文化遗存。这种早期青铜时期遗存分布于铁岭市境内的东部山地,是探讨辽北早期青铜文化源流的重要线索。

晚期遗存分布在寇河和碾盘河两岸,采集的标本都是夹粗砂的红褐陶或灰褐陶,以灰褐陶居多,主要有高柄豆、喇叭口壶、侈口罐等,大部分为素面,纹饰只有简单的戳点纹,施纹位置多在小型器类如钵、杯、罐的器表上。器耳种类繁多,有柱耳、鋬耳、桥耳、环耳、盲耳等，鋬耳或有条沟纹和戳点纹，而且在耳端压出波状起伏，形成鸡冠耳，与开原市清河流域的团山文化面貌性质相同。寇河上游的振兴镇沙河南冈遗址虽然早年被改成梯田，破坏严重，但在该遗址中仍采集到大量的石器，尤以棒状器身的石锤和石斧最为多见，有些梯田埂就是用棒状石斧垒砌的，可见其数量之多。在沙河南冈遗址中，还采集到多件滑石范，范模有斧、曲刃剑、簪等器型，显然，这里应当也是一处冶炼青铜的所在。由此引发出对遗址大量发现的石锤用途的思考：出于冶炼的需要，石锤是否为砸碎矿石所需？地质资料也表明，附近的安民镇即有铜矿矿藏，看来在沙河南冈出现冶炼青铜的用具应当不是偶然的。沙河南冈遗址采集的夹粗砂陶器，器类有罐、鼎、钵、豆等，和寇河及碾盘河、清河等流域发现的遗存相同，如果沙河南冈遗址作为青铜冶炼工场的推测能够成立，周边同类遗存应当都在这个青铜冶炼工场制品的辐射范围之内，这对分析与之类似遗存的发展规模和程度是极为重要的材料。成平会英遗址采集标本有鬲，从残存的袋足来看，器型较大，遗址所在位置是东部山区与西部平原的过渡地带，这类遗存的年代与西丰艾清河流域当地早期青铜文化遗存多有相近之处，从宏观的范围而言，西丰县的大部分青铜时期遗存反映的多半是东辽河区域晚期青铜文化的一些特点，但就在这些遗存分布的西端边线上，却分布有早于东辽河晚期青铜文化的一批遗存，这是非常值得人们思索的重要现象。

西丰县青铜时期墓葬材料比较典型的有诚信石棺墓、消防队院内石棺墓和平冈金山石棺墓[4]，就弦纹壶形制、石棺墓结构及其与青铜短剑之间的关系等诸多问题，学界以此为例证有过较多讨论。诚信石棺墓地除1992年夏季对1号墓的清理之外，2006年秋又清理出两座石棺墓，均带副棺[5]，这与在清河和碾盘河流域见到的单箱石棺墓存在形制上的区别。结合诚信1号墓随葬青铜矛的情况，在分析此类文化遗存源流时有人将其与吉林西团山文化相联系，这并非没有道理。在艾清河流域的钓鱼乡小育英屯和德兴乡双榆村大沟屯两地石棺墓中，就曾出土过在西团山文化中广为流行的敛口罐，说明当地与西团山文化的关系比较密切。如果考虑到学界有人提出的西团山文化之源并有马城子文化很多因素的观点[6]，结合西丰所在的位置，似乎也有理由认为西丰地区可能在当时充当了马城子文化与西团山文化两大考古学文化先后演变的桥梁作用。

西丰县成规模的考古工作是2009年为配合开原至辽源高速公路建设而展开的，当时对西丰镇东沟和安民镇永淳两处墓地进行了发掘[7]。东沟墓群开口在一处青铜时期遗址下，遗址出土的陶器均为夹砂陶，以红褐陶为主，灰褐陶次之。器型基本与邻区所见同类标本相同，墓葬共发掘18座，有石板立砌、石条垒砌和石板石条混砌三种。

墓中多随葬 1-2 件陶器，另有少量石斧、石刀或石镞。壶有饰弦纹和素面两种，壶身通常有对称的一组横桥耳和一组半月形盲耳或乳丁耳。东沟墓地年代依据出土弦纹壶形制与邻区比较，认为基本在两周之际或稍晚，下限不晚于战国初；其上层的遗址年代则应在战国至汉初。永淳墓地发现石板墓 3 座、土坑竖穴墓 8 座，石板墓或见用碎陶片铺垫墓底的做法。M1、M2 和 M8 是石板墓，其中 M1 为多人火葬墓，M2 为二次葬墓，M8 为多人二次合葬墓；M3—M7、M9—M11 都是土坑竖穴墓。石板墓中出土的螺旋式铜耳环、单竖耳陶壶等带有鲜明的草原民族文化特色，这对分析辽北东部山区在青铜文化晚期当地貊人与邻近草原民族的关系是一个很好的材料。土坑墓中或设专门放置器物的二层台，墓中引人注目处是也出单竖耳陶壶。西丰永淳墓地出草原文化意味浓烈的单耳壶是第一次，这种形制的陶壶，在吉林九台市的关马山墓地曾有所见[8]，虽然具体族属还不能确指，但就其遗存面貌而言，其北方草原的文化风格还是不难品味的，这批材料对理解在此后不久西丰西岔沟墓群出现的缘由，无疑提供了一个联系思索的平台。永淳也是遗址与墓葬共存，根据发表的材料分析，永淳墓群的年代当在战国晚至汉初之际，而遗址年代大致与之同时或略早。

西丰县青铜时期遗址材料多数限于地表采集，在认识深度上必然受其局限，在期待今后对相关遗存做进一步工作的同时，依据邻区的工作成果和比较研究，初步理清其发展脉络，进而确定西丰县青铜时期遗存在整个东北南部地区考古学文化序列中的位置与作用，仍不失为一项有意义的工作。

第一节　艾清河流域区

艾清河位于西丰县的北部，从流域面积而言，其流经范围并不大，它起源于德兴乡西南的隆化村南沟新立屯附近的山谷中，向东北流经至房身村后水势渐大，房身水库因而得建。艾清河至此转而向南，纵贯整个德兴乡，又经钓鱼、明德两乡的东部山地，在西丰镇德林村西汇入寇河，流域全长 40 余公里，所以，实际上艾清河只是寇河的一条较大的支流而已。之所以将这样一条支流单列出一个流域区，是因为这一区域的青铜时期文化遗存具有明显区别于周边其他河流流域的一些特点，其最主要的特点概括有二：一是时间早。从采集标本看，这一区域标本主要以夹砂红陶的三足器为大宗，而鬲在其中占有很大的比例；二是密度大，与西丰境内如寇河、碾盘河等河流流域发现的遗址数量相比，艾清河这一较小的支流性河流流域内所发现的遗址数量，几乎可以与之总和匹敌，仅在钓鱼乡一个乡范围内，就发现有 16 处遗址，超过现今行政村的数量，显示出此间在青铜时代较之其他流域更加繁盛的文化景观。这一区域青铜文化的主要面貌特征是，以三足器为主，多见鬲足、鼎足，而且器型较大；鬲足形制可以依其实足根的高矮不同区别出至少两种式别，鼎足则多为方锥形，也见有扁凿形的鼎足标本；采集的器物口沿标本形式多样，附加堆纹虽不普遍，但在个别遗址中的发现，似乎也可以作为时代早晚的一个判断标志分析出整体文化遗存所处的相对时间情况。当然，这一流域的遗址中也有一部分是带有高柄豆等晚期遗存标本，表明这一流域也曾受到团山文化的影响，这对分析辽北东部地区早晚青铜文化的关系是一个很好的提示材料。这里的器耳标本中几乎不见在寇河或碾盘河流域遗存中常见的那种环耳，而多是制作较为规整的桥耳。发现的錾耳标本中，也没有在耳面上装饰戳点纹或条沟纹的现象，而且一般体量都较小，类似盲耳，这些都应是时代较早的表现。类似遗存在吉林南部地区有很大的分布面，吉林同行有将其归纳为"炮台山一期"[9]，时代在商周之际，可作参考。比较重要的遗址有德兴玉兴屯孙大坡地、钓鱼新昌普德屯、钓鱼小育英屯黄土坑、明德东屏玉殊袁家坟、东屏狐仙堂地等。站在整个辽北区的视野角度分析艾清河流域遗存的内涵则不难看到，这里不但是辽北东部山地中时代较早的青铜文化分布区域，而且其内涵成分也比较复杂，遗存既有"炮台山一期"文化因素，也有高台山文化波及的影响；从鬲足的实足根较矮情况来看，甚至与介于新石器时代与青铜时代之间的"平安堡二期"遗存也存在某些相似之处，表明这一区域文化内涵的丰富性和复杂性，其更深入的工作，尚待今后科学的发掘资料来加以充实和验证。

一、德兴乡

1. 德兴中学后山遗址

位于西丰县德兴乡德兴中学东北约300米处的后山南坡上，山下有一条季节性小河由东向西流。采集有鬲、环耳等标本（图5-1）。均为红陶，鬲袋足很深，实足根很短。红陶环耳略上翘。

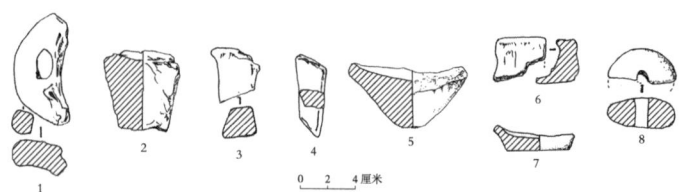

图5-1　德兴中学后山遗址采集标本
1.环耳；2、5.鬲足；3、4.鼎足；6.方唇口沿；7.器底；8.纺轮

2. 德兴机关西山遗址

位于西丰县德兴乡政府西北约50米的馒头山山顶，东约1公里为由北向南流的艾清河。地表采集有豆柄及器耳等。采集标本有夹砂红褐陶方形錾耳、豆柄残片、器底和夹砂灰褐陶桥耳等（图5-2）。

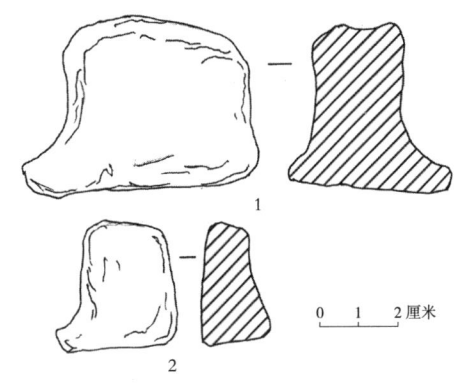

图 5-2　德兴机关西山遗址采集的器耳标本

3. 营台屯后山遗址

位于西丰县德兴乡隆化村营台屯后山东坡上，艾清河上源的一条小支流在遗址的南侧流过。遗址所在地势略显起伏。地表采集标本有器壁残片、鬲裆、鼎足、口沿、桥耳、錾耳等（图5-3）。豆仅见喇叭座式的一种，桥耳、方锥鼎足、鬲裆皆为红陶，灰陶有圆唇口沿、桥耳、柱状錾耳。

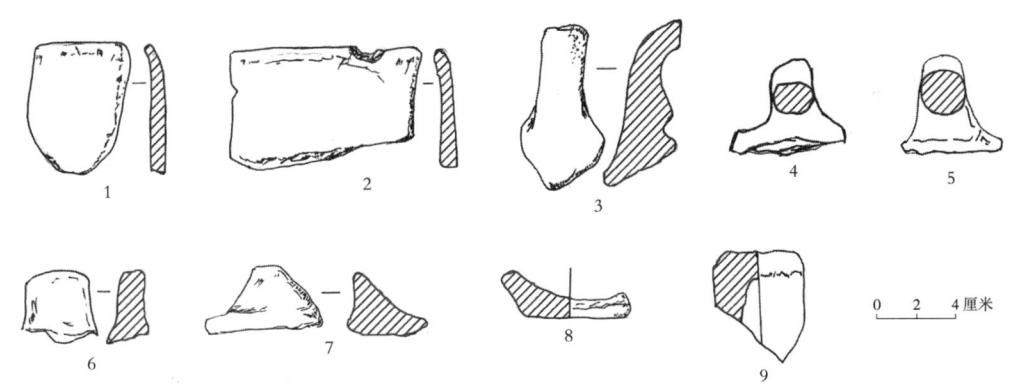

图 5-3　营台屯后山遗址采集标本
1、2. 口沿；3. 桥耳；4、5. 柱耳；6、7. 錾耳；8. 器底；9. 豆柄

4. 玉兴屯孙大坡遗址

位于西丰县德兴乡德兴村玉兴屯西约300米处孙大坡山半山腰上东南坡处，山下有山泉形成的小溪流过。地表采集有鼎足、鬲足、豆、錾耳等标本（图5-4）。

均为夹砂红陶，方锥、扁凿两式鼎足存在的同时，又见鬲足和高柄豆的标本。方锥鼎足也有大小之别，小錾耳在遗址中发现3例，这类陶质均异常细腻，制作精细，相应也采集有一些陶质陶色与之类似的器壁残片。

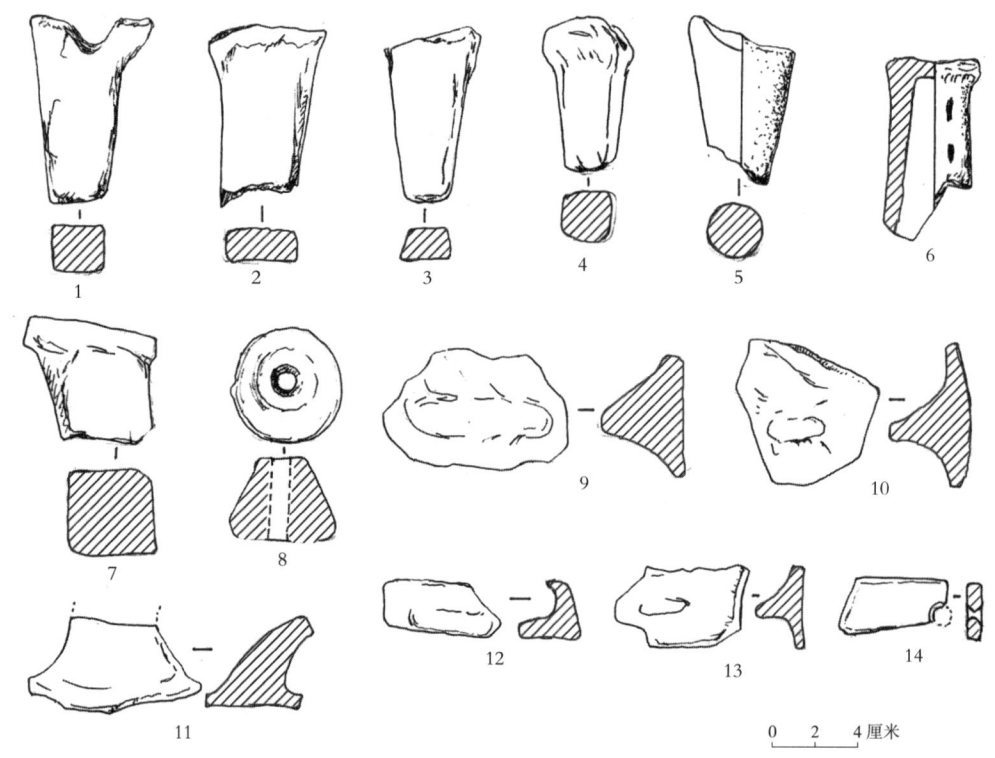

图5-4　玉兴屯孙大坡遗址采集标本

1—4、7.鼎足；5.鬲足；6.豆柄；8.纺轮；9、10、12、13.錾耳；11.桥耳；14.石刀残段

5. 房身屯阎豆山遗址

位于西丰县德兴乡房身村房身屯东北约110米的后山南坡上。地表早年在整修梯田过程中遭到破坏。采集有器底、錾耳、石器等标本（图5-5）。采集的陶器标本多残碎，两件器底均为夹砂红褐陶，其中一件带假圈足。两件石器均系打制，形似石刀和石斧，为有待进一步加工的毛坯。

6. 施德村后山果园遗址

位于德兴乡施德村北约500米的后山东坡地上，此处大部分为村民果园，少部分为耕地，西侧坡下有山溪水汇入艾清河。遗址为东北－西南向。地表遗物稀少，采集

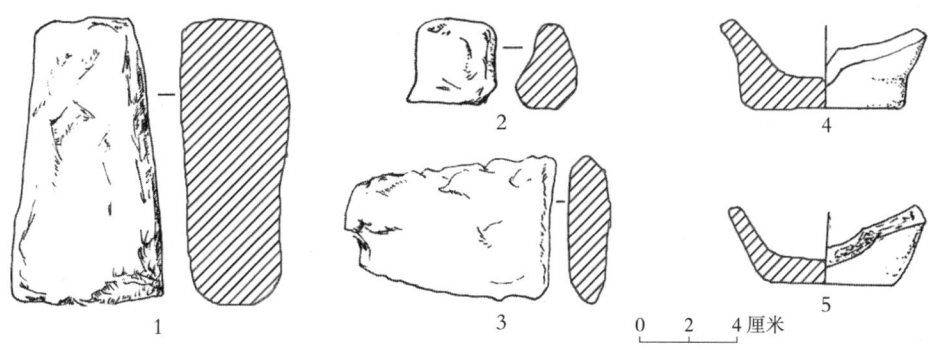

图 5-5　房身屯阎豆山遗址采集标本
1.石斧坯料；2.鋬耳；3.石刀坯料；4、5.器底

陶器标本多为器物残壁，石器仅见石磨棒残段（图 5-6）。上为方角形，残断，磨面不甚平整，其边缘有打制痕。

7. 赵家街后山遗址

位于西丰县德兴乡普济村赵家街屯东北约300米的后山山梁上。采集标本有桥耳、器底、鋬耳等（图5-7）。标本均为夹砂红褐陶，可辨器型只有桥耳、鋬耳和器底，其中器底为假圈足。

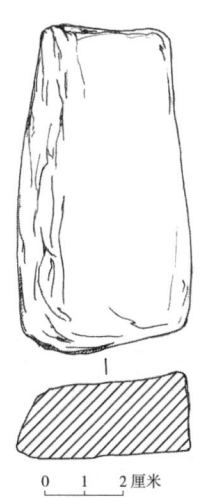

图 5-6　施德村后山果园遗址采集的石磨棒残段标本

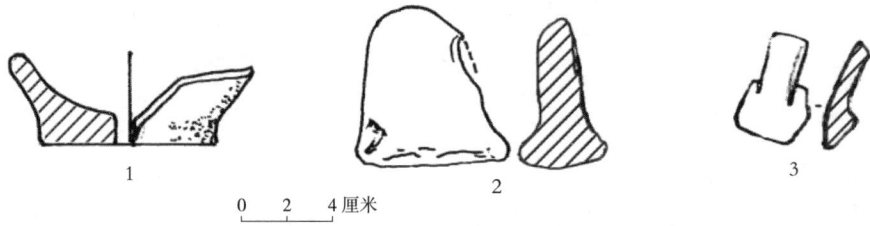

图 5-7　赵家街后山遗址采集标本
1.器底；2、3.器耳

8. 德兴中学西山遗址

位于西丰县德兴乡德兴村德兴中学西山东坡上,艾清河在遗址东约300米处由北向南流。采集有鋬耳、器底、鼎足等标本(图5-8)。标本很少,均为夹细砂红陶,鼎足为方锥状,桥耳残断,器底为圈足。

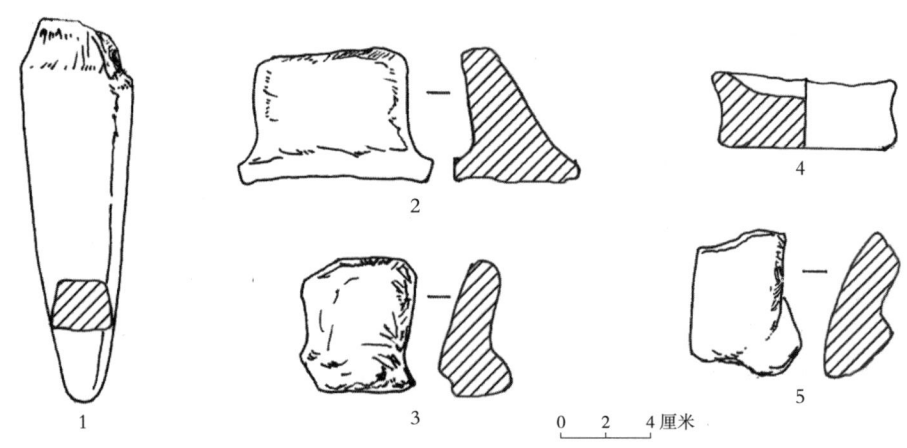

图5-8 德兴中学西山遗址采集标本

1.鼎足;2、3、5.器耳;4.器底

9. 大坎子西山遗址

位于西丰县德兴乡隆化村营台屯东北约300米处一名"大坎子"的西山坡地之上,南约50米有一山溪东西向流入艾清河。采集有鼎、鬲、器耳等(图5-9)。

标本皆为夹砂红褐陶,有鼎有鬲,桥耳制作规整,这些标本组合,也代表了艾清河流域早期青铜文化的特色。

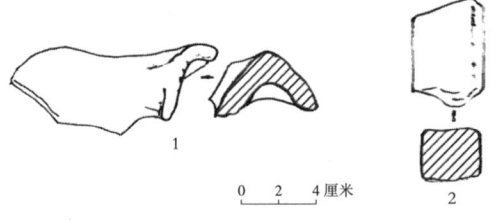

图5-9 大坎子西山遗址采集标本

1.鬲裆残片;2.鼎足

10. 大坎子东山遗址

位于西丰县德兴乡隆化村营台屯东北约300米的一处名叫"大坎子"的山坡地上,遗物分布密集区大体呈长方形,地表采集有器耳和陶器残片等标本。可辨器型的只有1件桥耳标本,残断,夹砂红褐陶(图5-10)。

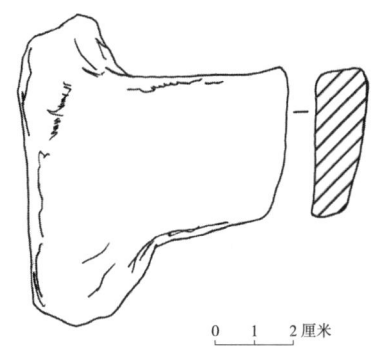

图 5-10　大坎子东山遗址采集的桥耳标本

11. 老阎小山东坡遗址

位于西丰县德兴中学一名"老阎小山"的东坡上，西距乡政府约 1 公里，山下有山溪流经东沟狐狸洞遗址入艾清河。采集有器耳、器底等。环耳 1 件，耳身残失，仅见环耳与器壁连接处的残迹。器底为平底，均为夹砂红褐陶（图 5-11）。

二、明德乡

1. 柳河屯杜家大坡遗址

位于西丰县明德乡尚文村柳河屯东北约 800 米的北侧缓坡地上，当地人称"杜家大坡"。遗

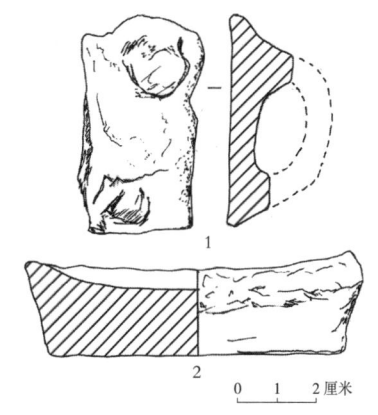

图 5-11　老阎小山东坡遗址采集标本
1. 环耳；2. 器底

物沿山梁南端向南分布，地表遗物丰富，采集标本有器耳、鼎足、鬲足等（图 5-12）。

标本皆为夹砂红褐陶，鼎足 4 件，均为方锥状；鬲足采集 1 件，有较长的实足根。和鼎足与鬲足相呼应的是桥耳和制作精巧的舌形小錾耳，这种舌形小錾耳非常有可能就是鼎或鬲上的錾耳。

2. 玉峰杨家坟遗址

位于西丰县明德乡作新村玉峰屯西约 200 米处杨家坟地南坡地上，北高南低，地表采集有夹砂红褐陶片、泥质灰陶片、口沿等标本（图 5-13）。夹砂红褐陶，鼎足 2 件，均作方锥状；桥耳 1 件，从桥耳在器壁的角度分析，当为横置。

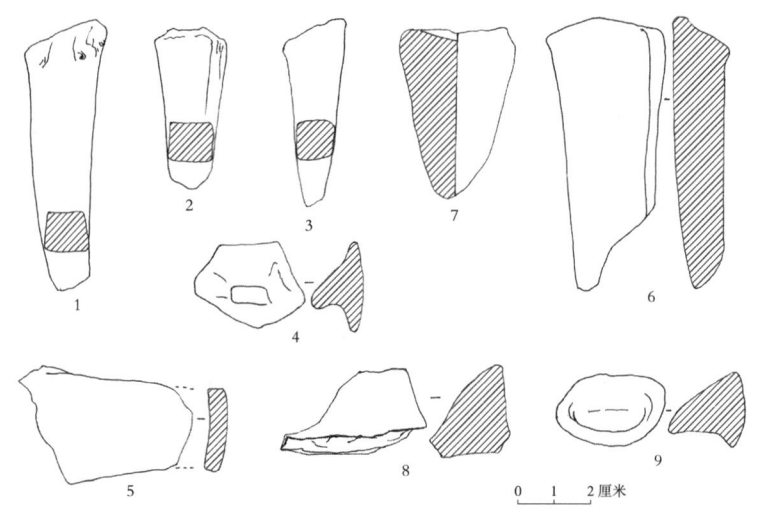

图 5-12　柳河屯杜家大坡遗址采集标本

1—3、5.鼎足；4.鬲足；6—9.器耳

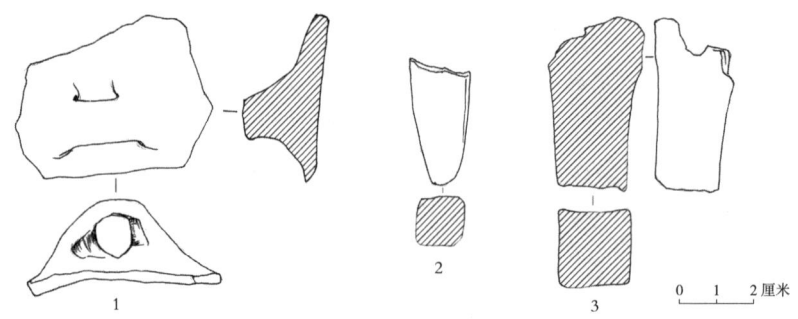

图 5-13　玉峰杨家坟遗址采集标本

1.桥耳；2、3.鼎足

3. 居贤遗址

位于西丰县明德乡居贤村居贤屯东约100米的山坡上。地势北高南低，土质为红沙土。地表遗物大致呈东西向带状分布，采集有鬲裆、鬲足、器耳、口沿、豆柄等标本（图5-14）。

陶质有红、灰两系：环耳为灰陶，余为红陶。豆柄4件，2件器表有戳点纹装饰，为夹砂陶；1件豆座残断后又经底部磨平继续使用，另1件豆柄是一截泥质灰陶的陶胎。鬲足实足根不高。口沿为叠唇；方形錾耳1件，桥耳1件，制作规整，陶质坚硬。

第五章　西丰县

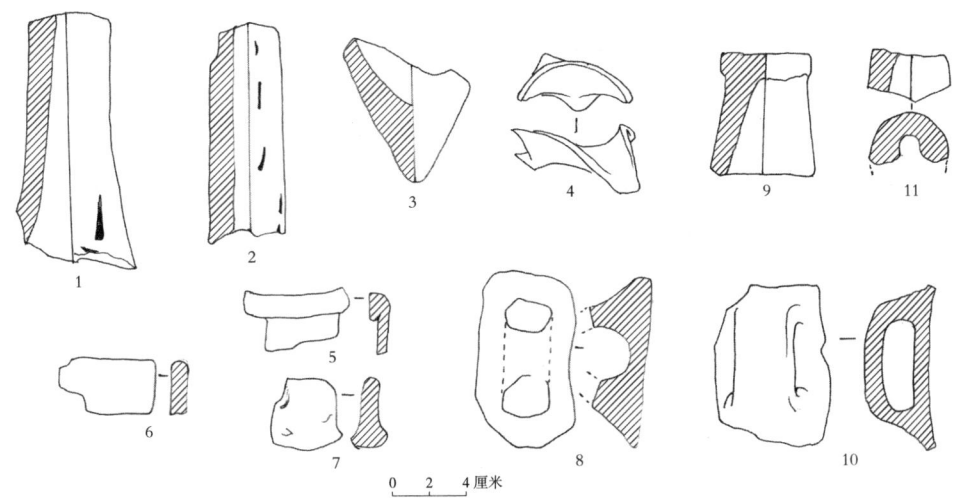

图 5-14　居贤遗址采集标本

1、2、9、11.豆柄；3.高足；4.鬲裆；5、6.口沿；7.鋬耳；8.环耳；10.桥耳

4.保利遗址

位于西丰县明德乡东屏村保利屯（原名半截沟）西北 50 米平冈南坡地上。地势北高南低，大体呈长方形分布。地表采集标本有鼎足和鬲裆等（图5-15）。均为夹砂红褐陶，鼎足有圆锥、扁方两种；鬲只见鬲裆。

5.东屏村西墓地遗址

位于西丰县明德乡东屏村东屏屯西 200 米处西山脚下西大坡地上，遗址南约 400 米为寇河，东侧约 50 米处为一处现代坟地。采集标本有夹砂陶残片、鋬耳等（图5-16），均为夹砂红陶。

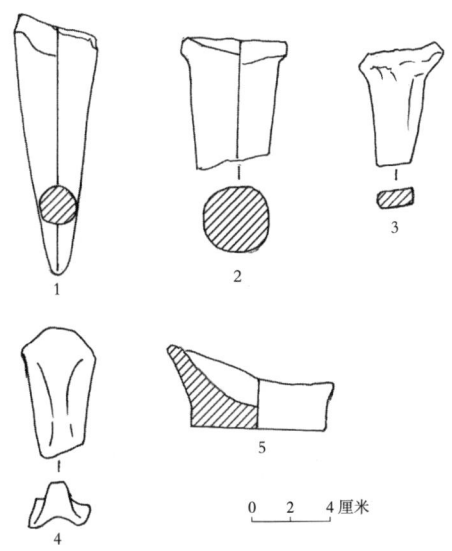

图 5-15　保利遗址采集标本

1—3.鼎足；4.鬲裆；5.器底

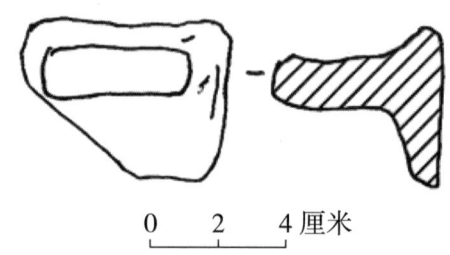

图 5-16 东屏村西墓地遗址采集的鋬耳标本

6. 马道岭东台地遗址

位于西丰县明德乡巨英村下绥河屯东南约 500 米的公路东侧，是一处隆起的台地，东侧坡下与公路平行，有一条山溪自西北向东南流。地表采集有鬲足、器耳等标本（图 5-17）。鬲足实足根较高，已残断；桥耳也已残断，陶色为夹砂灰陶。在这个遗址中，耳面宽大的桥耳多见，采集品中也有很多残断桥耳的标本。

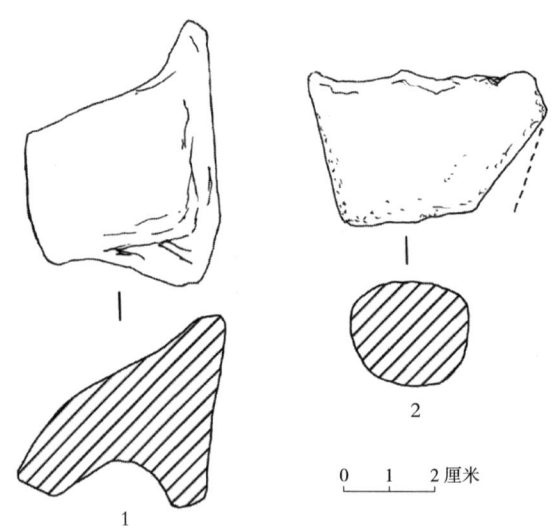

图 5-17 马道岭东台地遗址采集标本

1. 桥耳；2. 鬲足

7. 周家后沟沟门遗址

位于西丰县明德乡居贤村周家屯后沟沟口西侧的山坡上，遗址南距周家屯民宅约 400 米，坡下有山溪由东向西流。采集遗物有鬲、鼎等标本（图 5-18）。

这个遗址标本最突出的一个特点是器物口沿的外叠唇,这种情况在整个艾清河流域的众多遗址中仅此一处。采集有鬲足、鼎足、桥耳,陶土中可见大粒石英,显得陶胎很粗。

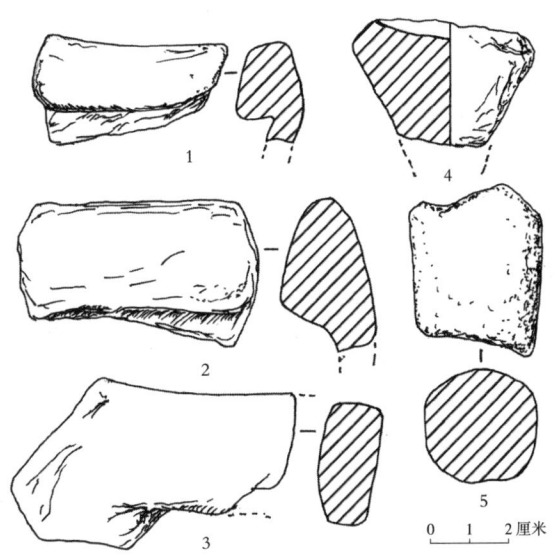

图 5-18 周家后沟沟门遗址采集标本

1、2.口沿; 3.桥耳; 4.鬲足; 5.鼎足

8. 周家屯遗址

位于西丰县明德乡居贤村周家屯北约 30 米的屯后山坡上。采集遗物有豆柄、器耳、器底、鬲足、口沿等标本(图 5-19)。

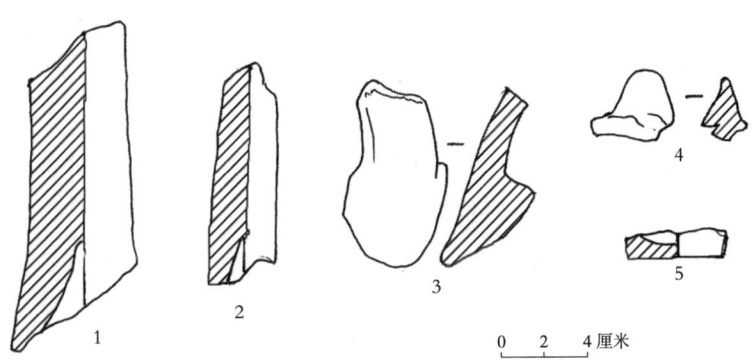

图 5-19 周家屯遗址采集标本

1、2.豆柄; 3.桥耳; 4.口沿; 5.器底

夹砂红褐陶有高柄豆、叠唇口沿和器底,高柄豆2件,其中1件表面磨光并有红陶衣。器底1件。该遗址采集的叠唇口沿引人注目,这些口沿规格不同,火候很高。夹砂灰褐陶,桥耳和錾耳各1件。周家屯遗址是距西岔沟墓地最近的一处青铜时期遗址,而且附近也发现城墙遗迹,其与墓地的关系应该引起注意。

9. 作新果园遗址

位于西丰县明德乡作新村西北约400米的沟里,附近未见水源。地表采集遗物有夹砂红褐陶片、鬲足、桥耳、口沿、石刀等(图5-20)。

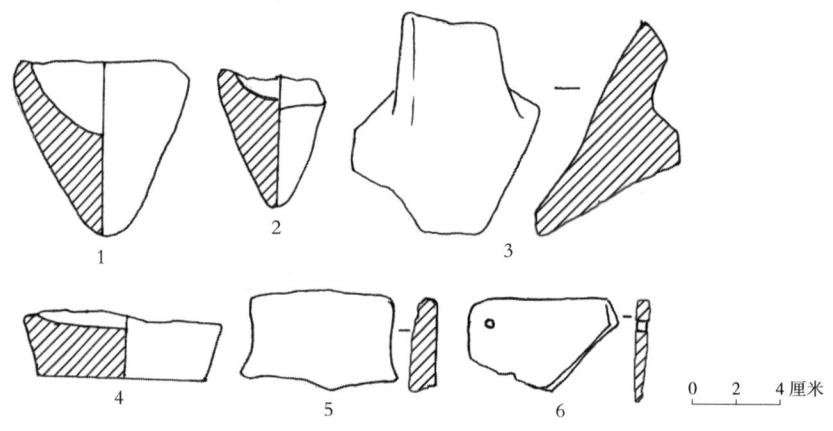

图5-20 作新果园遗址采集标本
1、2.鬲足;3.桥耳;4.器底;5.口沿;6.石刀残段

夹砂红褐陶标本有鬲足2件,实足根长短各一;桥耳1件,残断。口沿为圆唇直口,器底带有小台底。石刀磨制锋利。

10. 临河屯东遗址

位于西丰县明德乡居贤村临河屯东后山东南大平台上,坡地南约300米处为东西向的寇河。地表采集遗物有夹砂红褐陶豆柄和器物残片等(图5-21)。

豆柄为夹砂红褐陶,空心柱状,胎质很细,器表经压光,制作颇精。

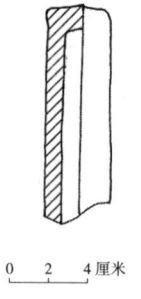

图5-21 临河屯东遗址采集的豆柄标本

11. 巨英程家沟门遗址

位于西丰县明德乡巨英村巨英屯西约50米的程家沟东侧山坡上，西北距下绥河屯约1.2公里。地表遗物较少，采集有夹砂红褐陶口沿、鋬耳、器底、豆柄等标本（图5-22）。均为夹砂红褐陶，豆柄标本只是盘与柱之间的结合部分。口沿有尖唇。

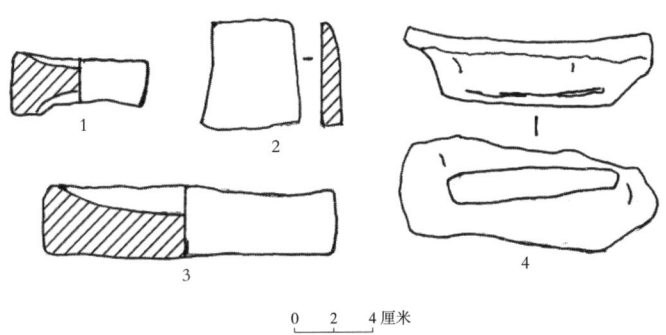

图5-22 巨英程家沟门遗址采集标本
1.豆柄；2.口沿；3.器底；4.鋬耳

12. 东屏狐仙堂地遗址

位于西丰县明德乡东屏村东屏屯东1000米狐仙堂地上。地表采集遗物有夹砂灰陶、红褐陶残片、环耳、戳点纹鋬耳等标本（图5-23）。

陶色驳杂，有黑陶、灰陶、红褐陶等。红褐陶的器类有：鬲足2件；豆座1件；鋬耳5件，其中红褐陶3件；豆柱3件，均为空心柱状。黑陶2件，豆座和桥耳各1件。夹砂灰褐陶器类有：鋬耳2件，其中1件有戳点纹；桥耳1件；戳点纹陶片1件；环耳1件。

13. 玉书袁家坟遗址

位于西丰县明德乡东屏村玉书屯东南约800米处袁家坟地上，东南距东屏屯约250米，遗址南侧坡下为一条东西向的乡间土路，南300米为寇河，是河岸的向阳背风之地。地表采集遗物有夹砂红褐陶残片、桥耳、鬲足、石刀等标本（图5-24）。

陶质为夹砂红褐陶和灰褐陶两种。红褐陶器类有柱耳、带戳点纹的鋬耳和环耳，鬲足2件，有较高的实足根；桥耳1件，手制规整。两件石刀残段标本刀身孔均未钻透，或孔位已定，只做记号。夹砂灰褐陶有2件标本，其中口沿1件，圆唇直口；另件为鋬耳，长方形。

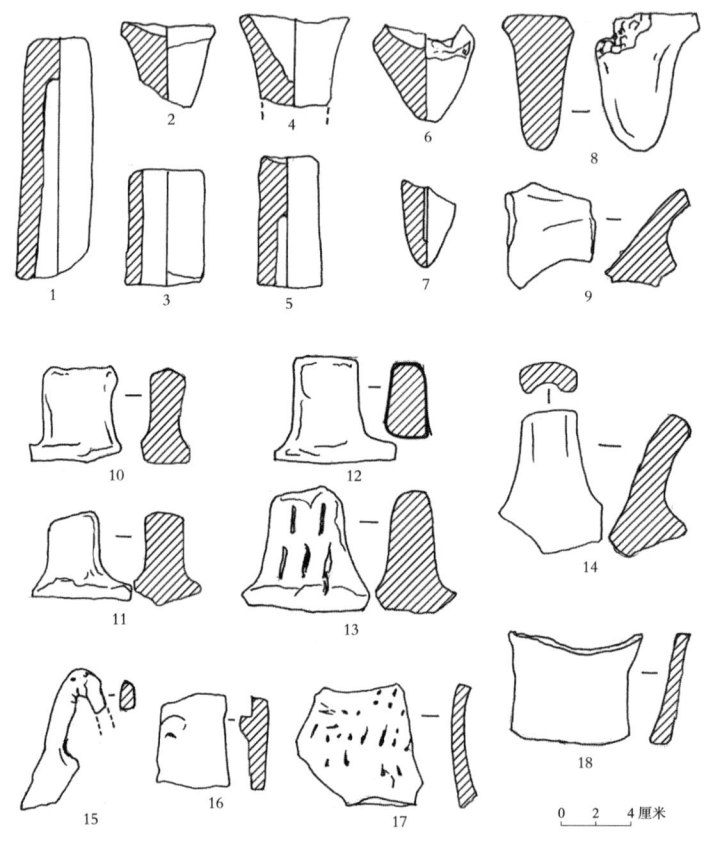

图 5-23 东屏狐仙堂地遗址采集标本

1、3—5.豆柄；2、6、7.鬲足；8、10—13.錾耳；9、14.桥耳；15.环耳；16、18.陶片；17.戳点纹陶片

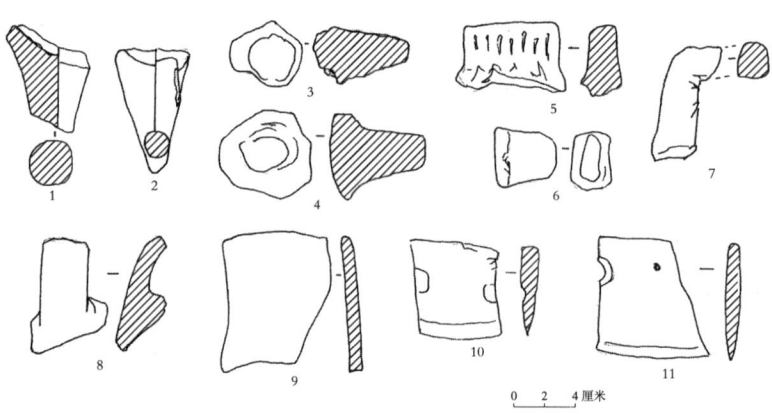

图 5-24 玉书袁家坟遗址采集标本

1、2.鬲足；3、4.柱耳；5、6.錾耳；7.环耳；8.桥耳；9.口沿；10、11.石刀

14. 明德遗址

位于西丰县明德乡明德村乡政府东南约 100 米处的原邮局后山上，背风向阳。地表遗物较少，采集的标本有鬲足、器耳及器壁残片等（图 5-25）。

均为夹砂红褐陶，器类只见鬲和桥耳。鬲足采集 5 件，有实足根和无实足根两种，无实足根鬲足标本只 1 件。桥耳标本残断。

图 5-25 明德遗址采集标本

1—5. 鬲足；6、7. 桥耳残段

15. 质文后梁遗址

位于西丰县明德乡横街村质文屯北后山山梁上，是一处向阳坡地。地表采集有夹砂红褐陶残片、鼎足、器耳、口沿等标本。均为夹砂红褐陶，鼎足为方锥状，有一小段附加堆纹标本，桥耳残断（图 5-26）。

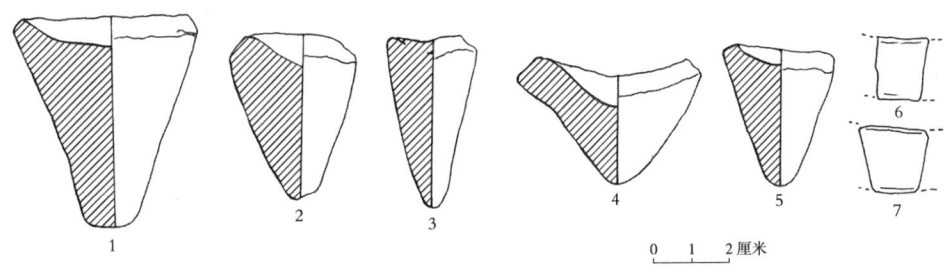

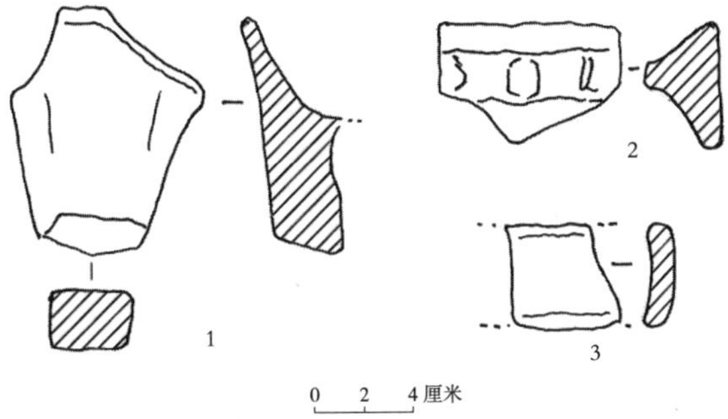

图 5-26 质文后梁遗址采集标本

1. 鼎足；2. 口沿残片；3. 桥状耳残片

16. 玉书二道沟遗址

位于西丰县明德乡东屏村玉书屯西南约 600 米处的二道沟门西坡地上，南距寇河约 800 米。地势西高东低，地表采集标本有鬲足、桥耳、器壁残片等（图 5-27）。

均为夹砂红褐陶，器类有：鬲足 4 件，其中无实足根 1 件，有实足根的 3 件，有实足根的鬲足中，还有 1 件小鬲足。乳突状器耳 2 件；桥耳 1 件；器底 1 件。引人注意的是在此遗址中汉式灰陶片的发现，其间关系令人瞩目。

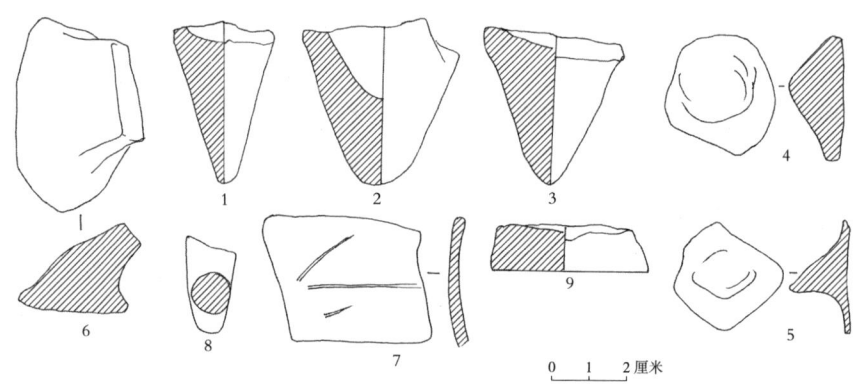

图 5-27　玉书二道沟遗址采集标本
1—3、8.鬲足；4、5.乳突状器耳；6.桥耳；7.器壁残片；9.器底

17. 翠文屯北大沟沟门遗址

位于西丰县明德乡横街村翠文屯东北约100米的大沟东侧台地上。台地南北走向，遗址处于台地的东南坡，地表遗物较多，采集标本有鼎足、鬲足、鋬耳等（图5-28）。

均为夹砂红褐陶，鬲足2件，无实足根与有实足根各1件，无实足根的鬲足袋至足底；鼎足为方锥形。鋬耳2件，为乳突状。

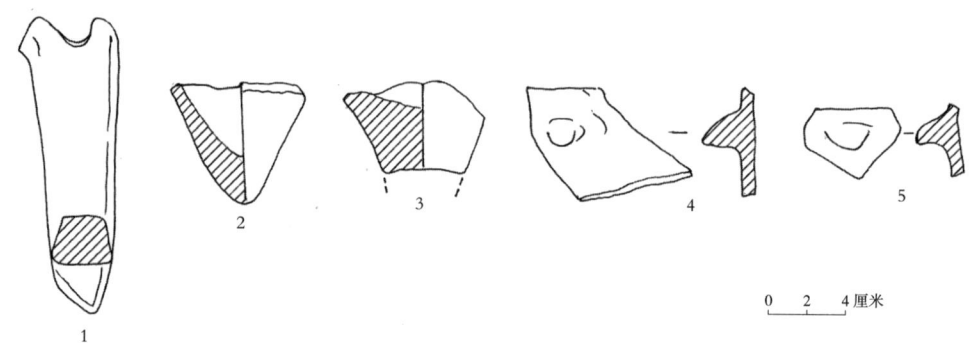

图 5-28　翠文屯北大沟沟门遗址采集标本
1.鼎足；2、3.鬲足；4、5.鋬耳

18. 马道岭下西台地遗址

位于西丰县明德乡巨英村下绥河屯东南约300米的公路西侧台地下缘。采集有器壁残片、鬲足和器耳等标本。均为夹砂红褐陶，有鬲足、桥耳、乳突耳等，并见大块

陶器残壁，不辨器型（图5-29）。

19. 质文后沟遗址

位于西丰县明德乡横街村质文屯西北后山沟西侧郭振平家果园内。地表遗物不多，采集标本有鼎足、器耳、器底、器壁残片等（图5-30）。皆为夹砂红陶，器类有鼎足1件、錾耳2件、桥耳2件，还发现了1件盲耳标本；器底1件，径殊小，似为陶杯。

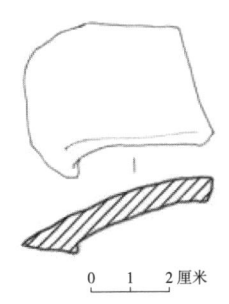

图 5-29　马道岭下西台地遗址采集的桥耳标本

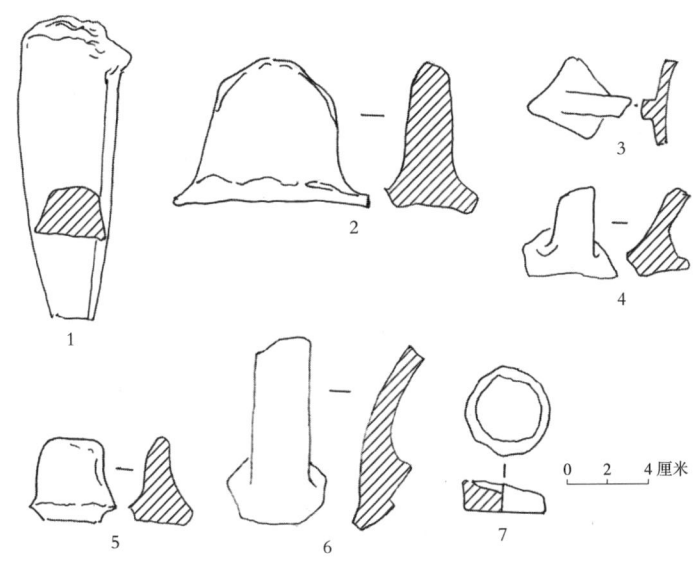

图 5-30　质文后沟遗址采集标本
1.鼎足；2、5.錾耳；3.盲耳；4、6.桥耳；7.器底

20. 玉书三道沟遗址

位于西丰县明德乡东屏村玉书屯（原名榆树屯）西南约200米一处名叫"三道沟"的沟口北坡上。遗址地势北高南低，地表采集标本有鬲足、錾耳、器壁残片等（图5-31）。均为夹砂红褐陶，鬲足2件，为实心足，鬲裆1件，胎质细腻；夹砂灰陶仅桥耳1件，陶质较粗糙。

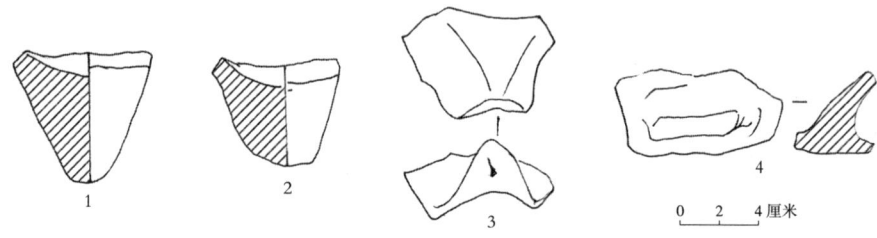

图 5-31　玉书三道沟遗址采集标本

1、2.鬲足；3.高裆；4.桥耳

21. 临河后山遗址

位于西丰县明德乡居贤村临河屯北后山向阳山坡上。地表遗物较丰富，采集标本有器物残壁、口沿、豆柄、鋬耳等（图5-32）。

皆作夹砂红褐陶，口沿有圆唇和叠唇两种，内壁为灰褐色；器耳为扁长条形鋬耳，采集2件。豆柄残断，为空心柱状。

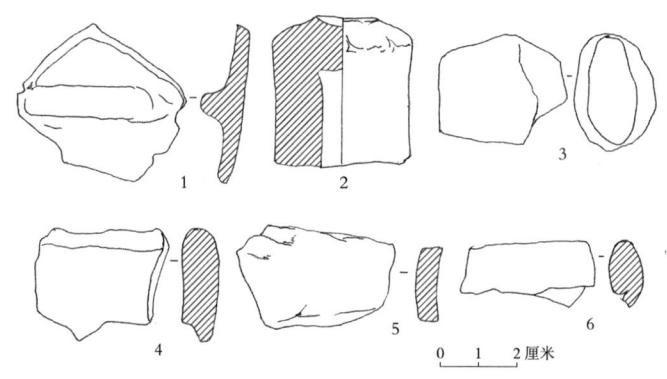

图 5-32　临河后山遗址采集标本

1、6.器耳；2.豆柄；3、4.口沿；5.器物残壁

22. 明德前山遗址

位于西丰县明德乡明德村前山南坡上，遗址北距明德屯约200米。采集标本有器壁残片、器耳、鬲足等（图5-33）。均为夹砂红褐陶，鬲足采集4件，其中1件无实足根；桥耳1件，残断。

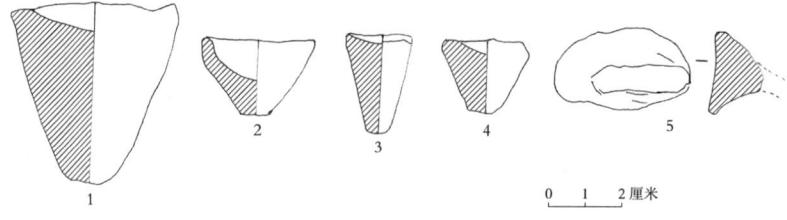

图 5-33　明德前山遗址采集标本

1—4.鬲足；5.桥耳

三、钓鱼乡

1. 谦益大平台遗址

位于西丰县钓鱼乡景华村谦益屯东北一名为"王八盖"的山坡上，坡顶较平，或称作"大平台"。采集标本有鬲足、鼎足、口沿等（图5-34）。

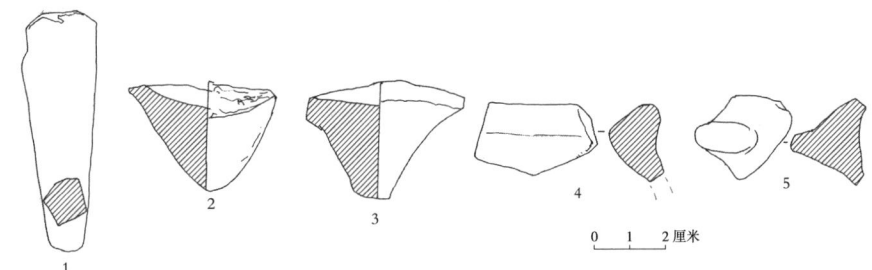

图 5-34 谦益大平台遗址采集标本
1.鼎足；2、3.鬲足；4.口沿；5.鋬耳

标本俱为夹砂红褐陶。鼎、鬲俱存，均为器足，鼎足为方锥形，鬲足的实足根较矮。鋬耳1件，为舌形；一件厚唇口沿为首次发现，形制较特殊。

2. 六号山地遗址

位于西丰县钓鱼乡新昌村新昌屯东约100米的六号山东坡上。地表遗物暴露不多，采集标本有鼎、器耳等（图5-35）。陶质均为夹砂红褐陶，采集标本可识器类有桥耳，从其在残存器壁上的角度判断，此耳应为横置。鼎足3件，均为方锥状，均残断。

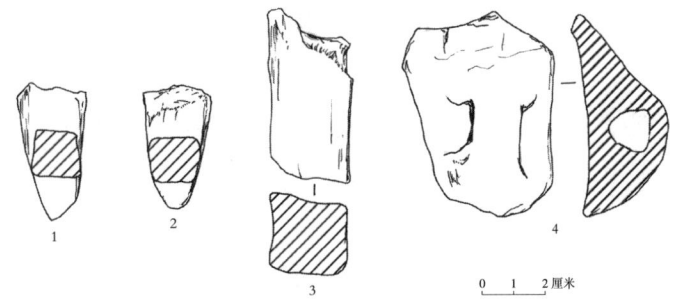

图 5-35 六号山地遗址采集标本
1—3.鼎足；4.桥耳

3. 景华王家沟遗址

位于西丰县钓鱼乡景华村东约300米处的王家沟西侧山坡上。采集有夹砂红褐陶器壁残片、鬲足等标本（图5-36）。该遗址标本均为夹砂红褐陶。除残碎的器壁残片外，看出器型的仅这3件鬲足，鬲足普遍趋于矮小，乳袋下的实足根较高。

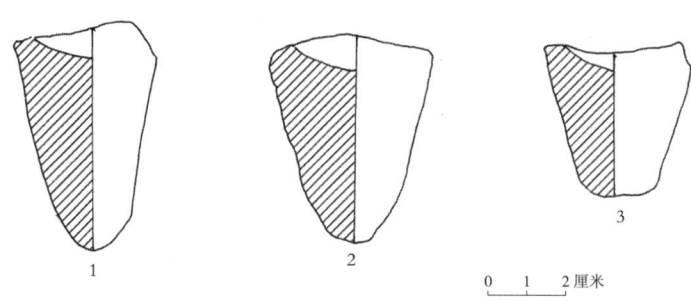

图5-36　景华王家沟遗址采集鬲足标本

4. 钓鱼东大坡遗址

位于西丰县钓鱼乡政府南约200米处东大坡地上，东距艾清沟河约200米，西临钓鱼至德兴公路。采集标本有器耳、口沿、鬲足、附加堆纹器壁残片、石刀等（图5-37）。标本陶质：桥耳2件为夹细砂的红陶，鬲足和附加堆纹陶片均为夹砂黄褐陶。一件折领口沿为首见，夹砂红褐陶。石刀1件，残断，仅余刃部。

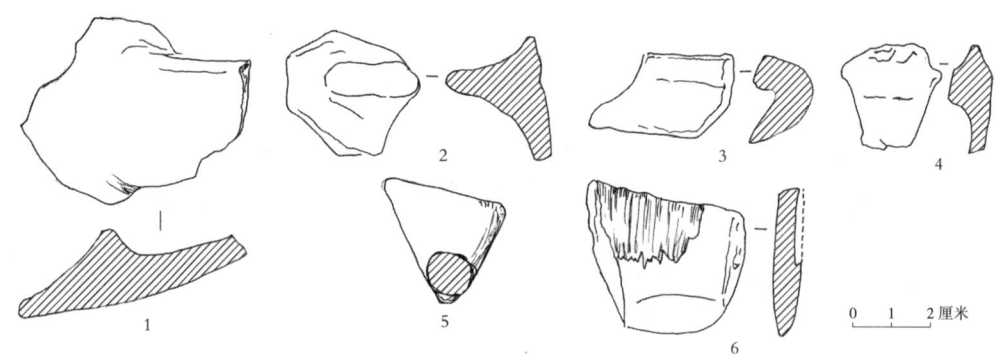

图5-37　钓鱼东大坡遗址采集标本
1、2.桥耳；3.折领口沿；4.附加纹陶片；5.鬲足；6.石刀

5. 景华西山遗址

位于西丰县钓鱼乡景华村景华屯西山顶坡地上，东侧坡下有一由北向南流的山溪，距遗址约200米。地表遗物较丰富，采集有器耳、鼎足、口沿、网坠等标本（图5-38）。

均为夹砂红褐陶，桥耳2件，均残断；鼎足1件，为方锥形；景华西山遗址中采集了2件值得注意的标本：一是泥条的附加堆纹，截面呈三角形。以往所见器壁上的附加堆纹，多与器壁连贴一体，而在这里发现的附加堆纹标本却是单独捏塑的一个长条，与器壁的连接只是贴附其上，故很容易脱落；但这也可能是一件器物的口沿，因器壁菲薄不存而仅余口沿。另1件标本是陶网坠，是利用一块废弃的陶片略加修整，然后在其上钻透两孔充当，这在此地标本采集品中还是首次发现。

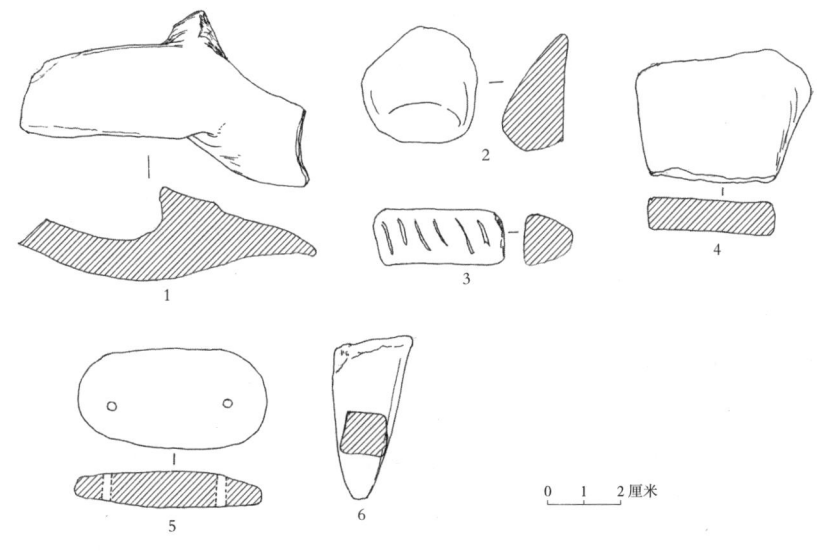

图5-38　景华西山遗址采集标本

1、4.桥耳；2.泥条附加堆纹；3.附加堆纹；5.网坠；6.鼎足

6. 普德屯遗址

位于西丰县钓鱼乡新昌村普德屯西南约300米的前山顶上，西距艾清沟河约600米，坡西有普德屯至新昌屯南北向的乡间小路。采集有口沿、鬲足、附加堆纹陶片、鼎足、豆柄、石刀等标本（图5-39）。

有夹砂红褐陶和灰褐陶两种，灰褐陶标本仅1件，为鸡冠形錾耳，余皆为夹砂红褐陶。口沿可分4种样式：平折、抹斜、类唇和圆唇。发现附加堆纹标本。三足器中鼎、鬲并见。

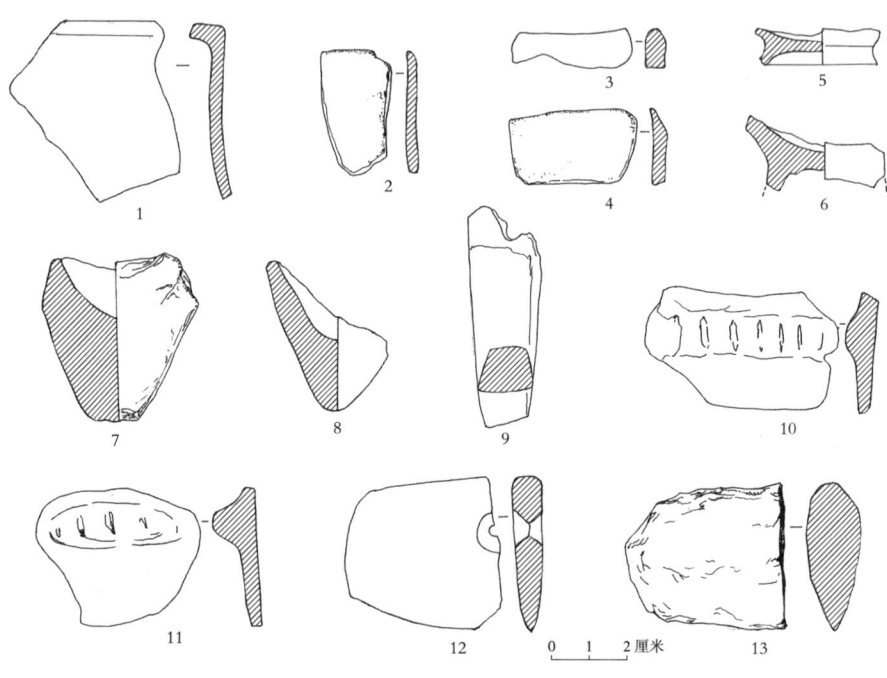

图 5-39 普德屯遗址采集标本
1—4、10、11. 口沿；5. 器底；6. 豆盘与豆座的结合部；7、8. 鬲足；9. 鼎足；12、13. 石刀

鼎足为方锥形，鬲足2件，实足根不明显。器底1件，为圈足。豆类标本是豆盘与豆座的结合部，采集1件。石刀有对钻孔，从残段看，应作弧背弧刃的菱形。石刀的半成品1件，残半，全身琢制，石刀的基本形制已经粗具，只待进一步加工，类似的标本在开原市李家台乡潘家窝棚高丽墓子积石墓群遗址中采集了一个完整器，二者可作参照。

7. 六号山西山遗址

位于西丰县钓鱼乡新昌村新昌屯东北约50米的六号山西山东南坡上。采集有鼎足、器耳、鬲裆等标本（图5-40）。

陶质均为夹砂红褐陶，比较单一。鼎足均作方锥状，未见他式。与鼎身的安装方式是先在鼎足上端预设一凹沟，将鼎身的陶坯插入其中并拍实抹平，所以这里采集的鼎足标本上端几乎件件都有一道凹沟。鋬耳也较多见，据以鼎足发现，可推测这些鋬耳绝大部分应为鼎身上的。器耳制作较规整，其他标本见有鬲裆、桥耳残段和器物残壁等。

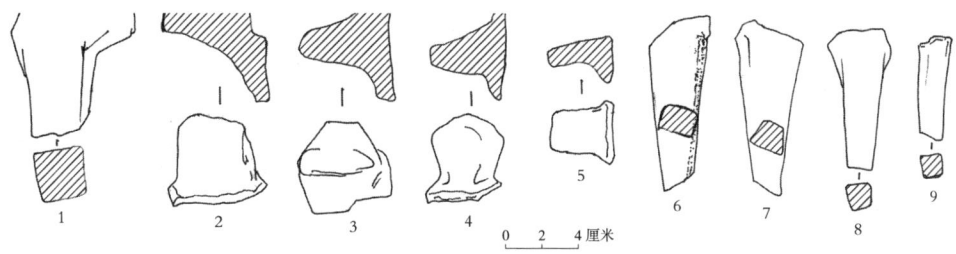

图 5-40　六号山西山遗址采集标本

1、6—9.鼎足；2—5.器耳

8. 景华西山东岭遗址

位于西丰县钓鱼乡景华村景华屯西山东岭西端向阳坡地上。遗址地表遗物不多，采集有夹砂红褐陶器壁残片、桥耳等标本（图5-41）。

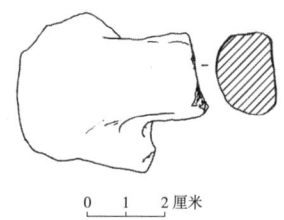

图 5-41　景华西山东岭遗址采集的器耳标本

该遗址标本均为夹砂红褐陶，除陶器残片外，能看出器类的仅此1件器耳，耳身形制介于桥耳和环耳之间，应属其过渡形态。

9. 普德屯坟茔沟遗址

位于西丰县钓鱼乡新昌村普德屯东坟茔沟地。地势西北高，东南低，西侧已被村民建房占用，仅在东侧采集到夹砂红褐陶片、鬲足等标本（图5-42）。标本均为夹砂红褐陶，多为器壁残片，可辨器型者仅一鬲足，陶土中夹杂石英颗粒较大。

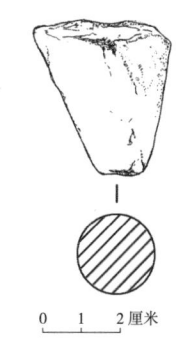

图 5-42　普德屯坟茔沟遗址采集的鬲足标本

10. 环山屯东沟遗址

位于西丰县钓鱼乡兴仁村环山屯东北约300米处的东山长条子地上。采集标本有桥耳、錾耳和器底等（图5-43）。

均为夹砂红褐陶。标本显示的器型较硕大，陶质疏松，陶片断面可见砂粒均匀，制作也较规整。虽未采集到三足器标本，但与其周邻遗址比较，器耳形制及烧制工艺都很接近，应属同期同类遗存。盛行桥耳和舌状錾耳，平底器物或有假圈足。

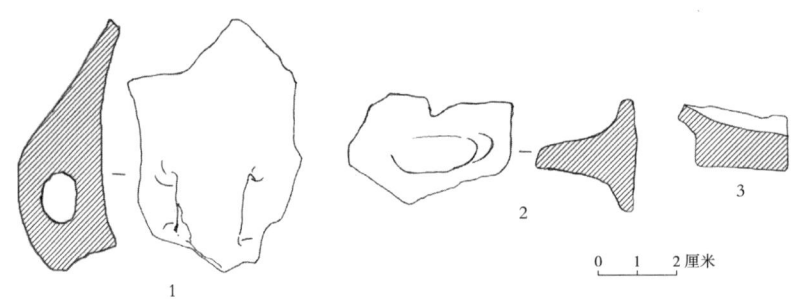

图 5-43　环山屯东沟遗址采集标本

1.桥耳；2.鋬耳；3.器底

11. 小育英黄土坑遗址

位于西丰县钓鱼乡钓鱼村小育英屯东南约300米一名作"黄土坑"的北侧冈地上。采集标本有鬲足、鬲裆、口沿、器耳、附加堆纹陶片和器壁残片等（图5-44）。

标本均为夹砂红褐陶，鬲足多见，采集5件，并见附加堆纹陶片2件，估计应为陶鬲器身上的附加纹饰。鬲足的实足根多较矮，其中一件为无实足根，乳袋直至足根。鬲裆采集1件。口沿为圆唇，直口。桥耳残断，制作较规整。鋬耳1件，为长方形。

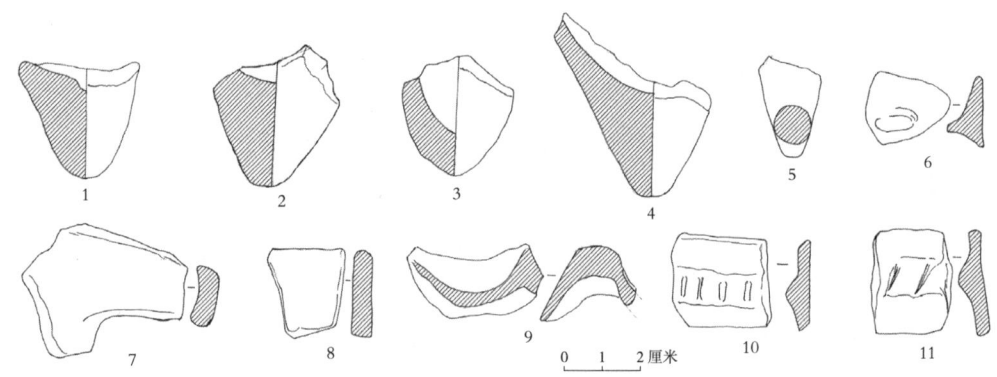

图 5-44　小育英黄土坑遗址采集标本

1—5.鬲足；6.鋬耳；7.桥耳；8.口沿；9.鬲裆；10、11.附加堆纹陶片

12. 景华西山西岭遗址

位于西丰县钓鱼乡景华村景华屯西山西岭南端的向阳坡地上。遗物较多，采集有口沿、鼎足、器耳等标本（图5-45）。

该遗址陶器标本的陶质和陶色都很统一，均为夹细砂的红褐陶，标本中黑褐陶只1

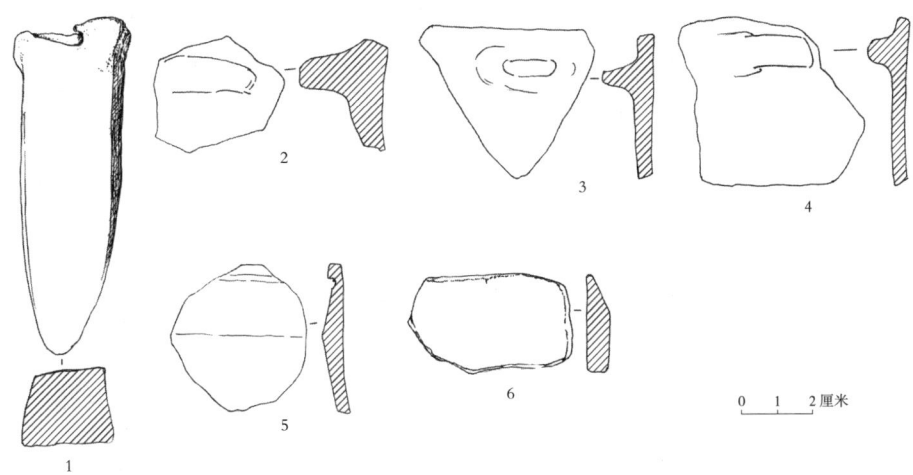

图 5-45 景华西山西岭遗址采集标本
1.鼎足；2—4.鋬耳；5.口沿；6.鼓腹

件，为尖唇口沿，余皆为红褐陶。方锥鼎足1件、沿下置横鋬耳的标本3件，1件方唇鼓腹的标本很少见到。

13. 丰乐屯南大坡遗址

位于西丰县钓鱼乡文兴村丰乐屯南约300米处南大坡上。采集标本有器耳、器底、鬲足、鼎足、石斧等（图5-46）。

陶器标本均为夹砂红褐陶，陶土经筛洗，陶质细腻，鼎、鬲均有，鬲足3件，其中2件为实足根矮小者，1件为较高实足根。桥耳2件，形制较大，均残断。口沿下饰凸棱的标本在本区属第一次看到，也见高足钵的器底。采集的2件石斧形制不一，一为扁方体，一为窄条形，刃部都很锋利，唯斧身崩缺较甚。

14. 景华东遗址

位于西丰县钓鱼乡景华村东约200米的树皮狍子沟东山西南坡上。地势东高西低，采集标本有鬲、鼎足、器底及附加堆纹陶片等（图5-47）。

陶器均为夹砂红褐陶，鬲足采集3件，带实足根的2件，实足根不太明显的1件。除鬲足外，还发现了小罐之类的平底器，有假圈足。桥耳1件，残断。还发现一件沿下饰一道凸棱的口沿，可能是附加堆纹，但具体样式已模糊不清。

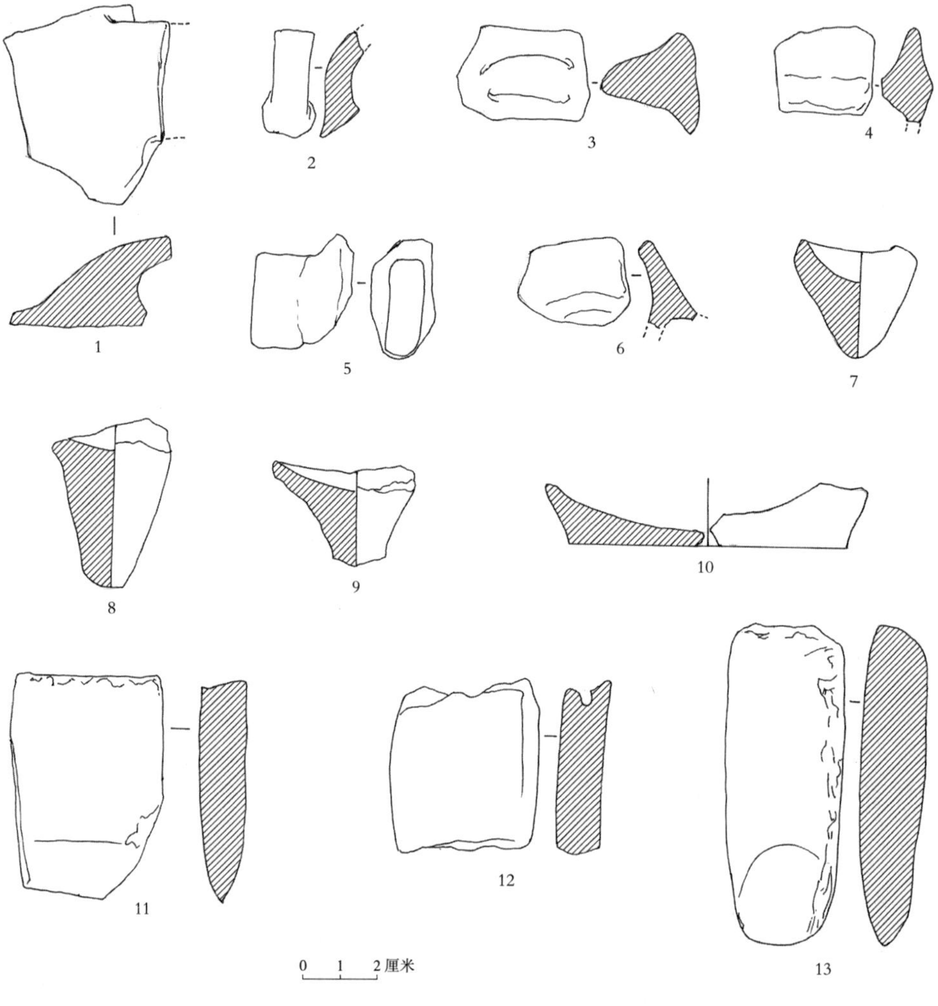

图 5-46 丰乐屯南大坡遗址采集标本

1—6. 器耳；7—9. 高足；10. 器底；11、13. 石斧；12. 鼎足

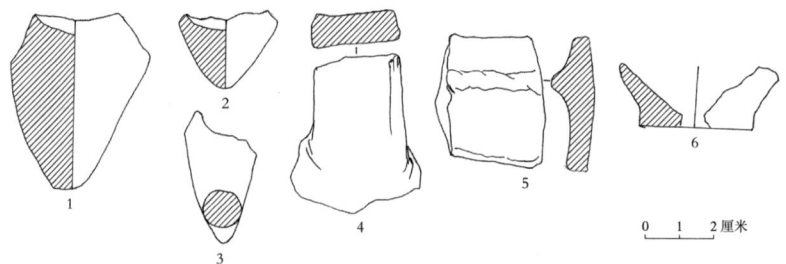

图 5-47 景华东遗址采集标本

1—3. 高足；4. 桥耳；5. 口沿；6. 器底

15. 钓鱼沟门北台地遗址

位于西丰县钓鱼乡政府西北50米后山漫坡耕地上，东距艾清沟河约1公里。采集标本有夹砂红褐陶鋬耳残部、桥耳、鬲裆、器壁残片等（图5-48）。

除桥耳为泥质灰陶外，其余陶器均为夹砂红褐陶，鬲型较大。桥耳1件，鋬耳2件。残断的石刀仅余一孔，刃部磨制锋利。

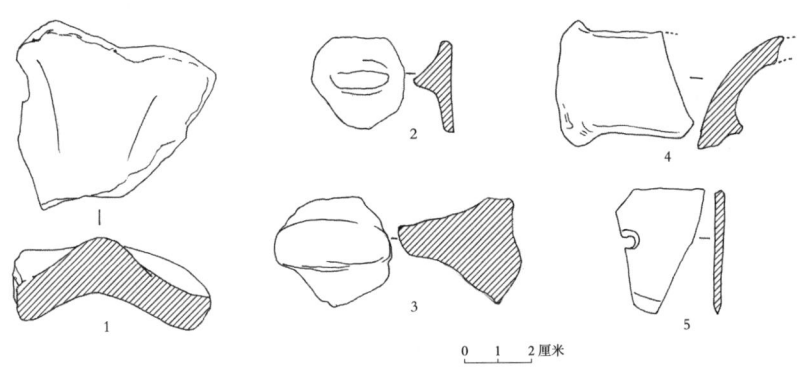

图5-48　钓鱼沟门北台地遗址采集标本
1.鬲裆；2—4.器耳；5.石刀

16. 谦益鹿场后山遗址

位于西丰县钓鱼乡景华村谦益屯鹿场后山顶台地上，采集标本有夹砂红褐陶残片、鬲足、器底及鋬耳等（图5-49）。

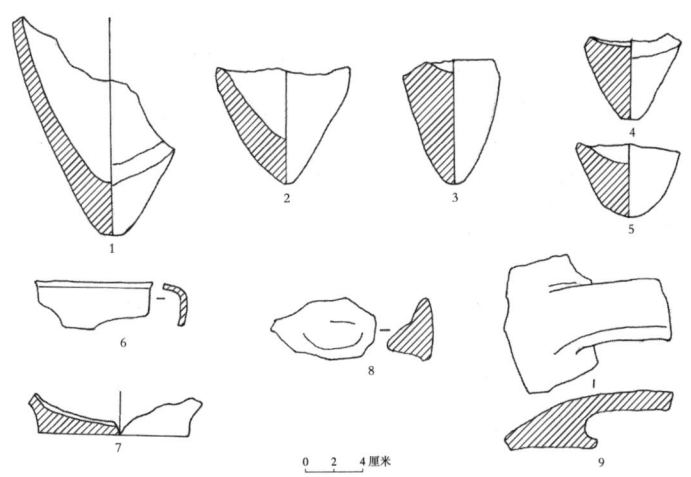

图5-49　谦益鹿场后山遗址采集标本
1—5.鬲足；6.残片；7.器底；8.鋬耳；9.桥耳

该遗址采集鬲足标本5件，从鬲足标本上看，这里鬲的乳袋较深或直达器足尖端，只有1件存有很高的实足根。

第二节　东辽河流域区

西丰县东北的东辽河干流是辽吉两省的界河，西丰境内属东辽河流域的有三个乡镇：平冈镇、天德镇和柏榆乡。与对岸的平原沃野相对，这三个乡镇除平冈镇地势稍平坦外，天德与柏榆都是丘陵地带，文化遗存反映出与吉南地区很多相似之处。高柄豆、发达的鋬耳、遗存中少量的三足器等特点与吉林辽源城子山水源地、工农建新老龙头山、黎明南山等遗址所采标本完全相同[10]。这一区域发现的遗存与其南北两大区域发现的遗存完全一致的情况，说明这一区域也同属团山文化分布区范畴，其中直领口沿上饰两周附加堆纹而与调兵山窑路沟遗址所见的情形略似之处，可能是东辽河区域在团山文化到来之前曾有早期文化存在器物直领上或领颈间加施附加堆纹的做法，在马城子文化中即有所见，是否与之有关，需要探讨这一区域比较重要的遗址，有天德金古村果园南山、天德天来马家沟、柏榆峻业西山南岭、平冈吉祥缸窑后山等。

一、柏榆乡

1. 峻业西山遗址

位于西丰县柏榆乡峻业村西山山顶台地上。采集标本有夹砂灰褐陶泥条饰、石斧等（图5-50）。

该遗址采集标本非常零碎，只选出这两件画图。石斧为棒状斧身，背面斧身及斧刃处有压削痕迹，其加工方法有似新石器时代细石器中石核加工方法，泥条饰应是附贴器身上的盲耳。

2. 立言老孙家坟茔后地遗址

位于西丰县柏榆乡启鸣村立言屯西北向东坡地上，距一名为"老孙家坟"的地块约50米，地势西高东低，采集有鋬耳、鼎足、器底等标本（图5-51）。

均为夹砂红褐陶，器类有泥条贴耳、小鋬耳、

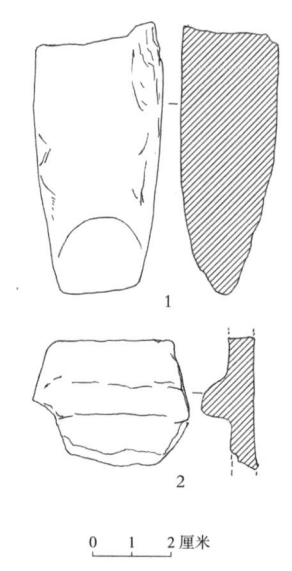

图5-50　峻业西山遗址采集标本
1.石斧；2.泥条饰

第五章 西丰县

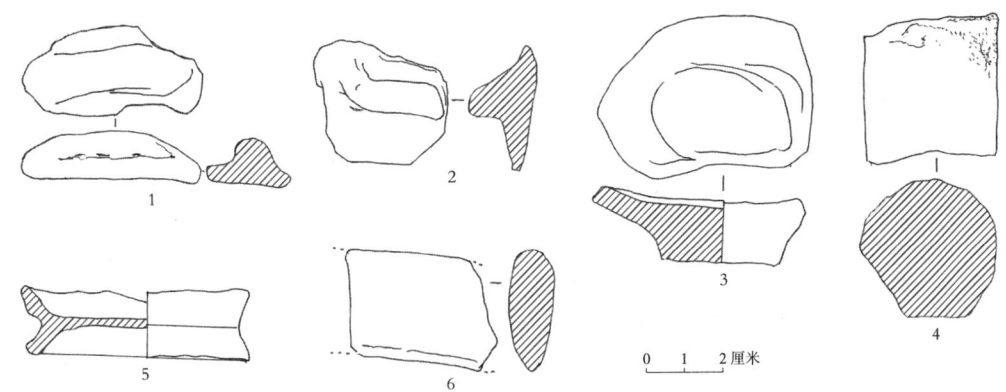

图 5-51 立言老孙家坟茔后地遗址采集标本
1、2.器耳；3.碗底；4.鼎足根；5.器底；6.口沿

碗底、鼎足根、鼎足、桥耳残段等。

3. 峻业西山南岭遗址

位于西丰县柏榆乡峻业村西山南岭的山梁上。采集有鬲裆、器耳、器底等标本。均为夹砂红褐陶。鬲裆1件，鋬耳2件，桥耳1件，器底1件（图5-52）。

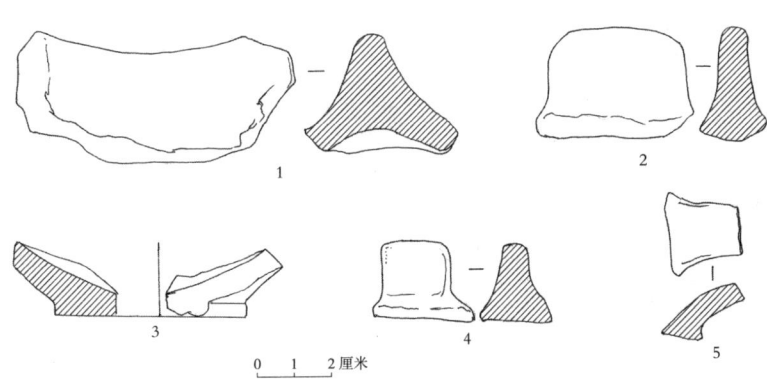

图 5-52 峻业西山南岭遗址采集标本
1.鬲裆；2、4.鋬耳；3.器底；5.桥耳

4. 立言屯果园遗址

位于西丰县柏榆乡鹿鸣村立言屯西北沟大柞树山的东坡上，遗址发现时此地为果园。采集有夹砂红褐陶器壁残片、鋬耳、桥耳、方鼎足等标本。均为夹砂红褐陶。鋬

耳1件，长方形，较大；鼎足1件，为方锥状；桥耳2件，均残断；石球1件，残半，琢制而成（图5-53）。

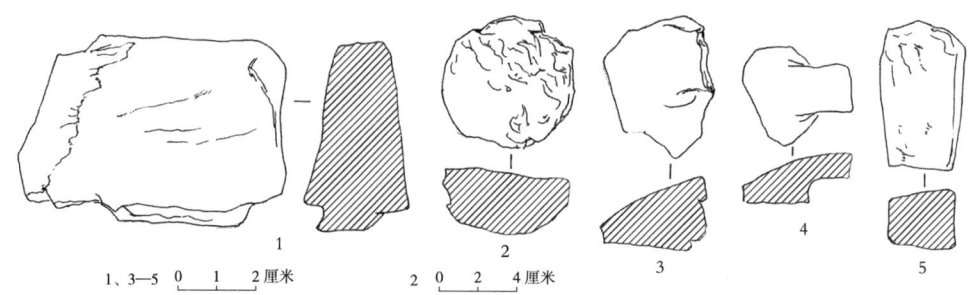

图5-53　立言屯果园遗址采集标本
1.錾耳；2.石球；3、4.桥耳；5.鼎足

5. 立言屯后山遗址

位于西丰县柏榆乡鹿鸣村立言屯北后山顶上。采集有夹砂红褐陶残片、口沿、器耳、器底等标本。均为夹砂红褐陶。口沿1件，为圆唇；錾耳1件，圆柱状；器底1件。标本相当残碎，只选出3件画图（图5-54）。

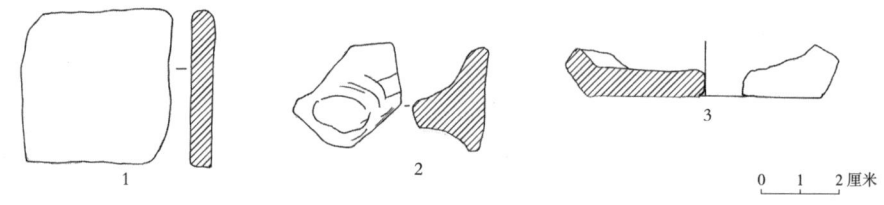

图5-54　立言屯后山遗址采集标本
1.口沿；2.錾耳；3.器底

二、平冈镇

1. 缸窑后山遗址

位于西丰县平冈镇吉祥村缸窑屯西北约200米处的山坡上，遗址西侧山坡下即为东辽河的支流猪嘴河，由西向东流。遗物集中于遗址上半部亦即偏西部分。采集有口沿、器耳、器底、鼎足、豆柱、石斧等标本（图5-55）。

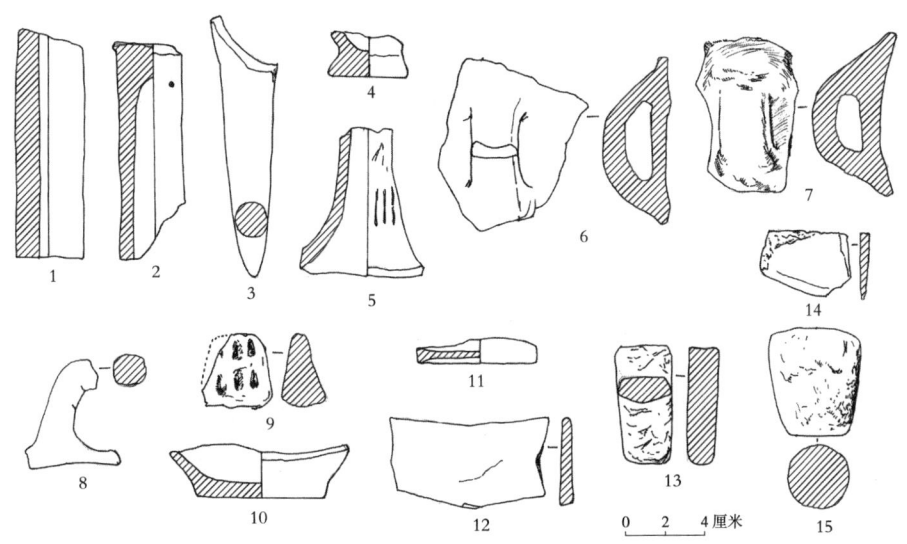

图 5-55　缸窑后山遗址采集标本
1、2、5.豆柄；3.鼎足；4、10、11.器底；6、7.桥耳；8.环耳；9.鋬耳；12.口沿；13、14.石刀；15.石斧

口沿为夹砂红褐陶，圆唇直口；豆采集3件，有2件空心柱状，1件喇叭形座，均为夹砂红褐陶，其中喇叭座豆身上饰"川"字形划纹装饰，1件空心柱状豆身上有点状戳点纹。器底2件，其中1件带假圈足。环耳、方形鋬耳和桥耳共采集4件，其中方形鋬耳为夹砂灰陶，一面有戳点纹；桥耳2件，均为夹砂红褐陶；环耳1件，为夹砂灰陶。遗址中采集1件较完整的圆锥状鼎足，为夹砂红褐陶。2件器底，假圈足和圈足各1件，均为夹砂红褐陶。石器有石刀残段和棒状石斧残段。

2. 玉田前山遗址

位于西丰县平岗镇吉祥村玉田屯西南约500米的山梁上，东北距新丰屯400米，梁下一条东辽河的支流自南向北流。遗址坐北朝南，采集有桥耳、豆盘、口沿、石锤、石斧等标本（图5-56）。

口沿为厚唇沿，夹砂灰陶。豆盘为与豆座的结合部分，形制为大喇叭状，夹砂红陶。棒状石斧是这一区域常见的石制工具。

3. 光荣老杨大坡子遗址

位于西丰县平岗镇宝来村光荣屯西约1500米的跑马岭沟内北侧山洼里，避风向阳，当地俗称"老杨大坡子"。西距云林屯约500米，坡下有一乡路东抵宝来村。遗址坐

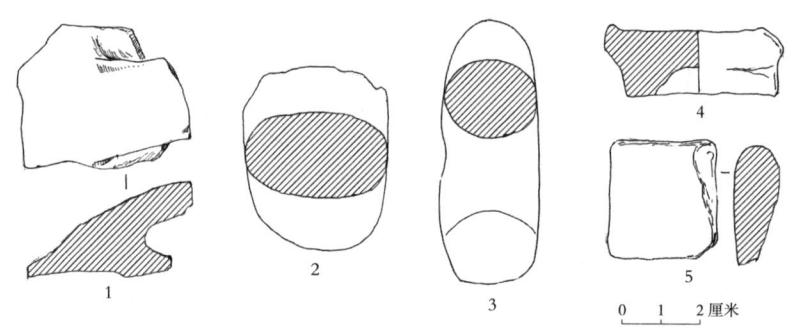

图 5-56 玉田前山遗址采集标本
1.桥耳；2、3.石斧；4.豆盘；5.口沿

北朝南，采集有豆柄、器底、器耳等标本（图 5-57）。

豆柄为空心柱形，采集3件，均为夹砂红褐陶，其中1件器身饰"⌐"形戳点纹。1件附加堆纹标本，也为夹砂红褐陶。鏊耳为方形，夹砂灰褐陶，饰两排戳点纹。器底1件，夹砂红褐陶。1件环耳，近三角形，夹砂灰褐陶。

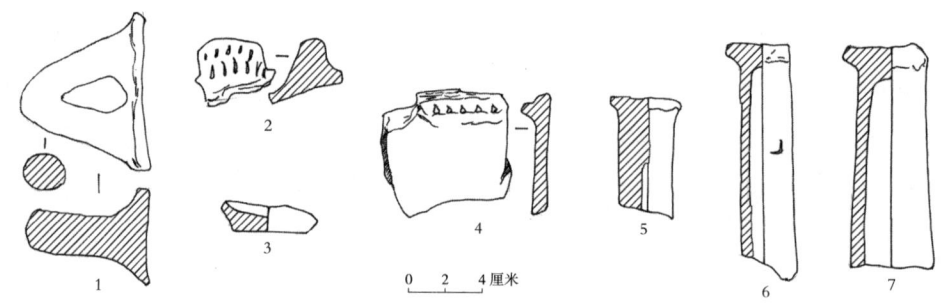

图 5-57 光荣老杨大坡子遗址采集标本
1.环耳；2.鏊耳；3.器底；4.附加堆纹；5—7.豆柄

三、天德镇

1. 长虹大西沟遗址

位于西丰县天德镇长虹村西南约1000米的西山台地之上，东南距小龙山屯0.5公里。地势西高东低，地表标本分布面积较大，采集有豆柄、桥耳、鬲足、口沿等标本（图5-58）。

有夹细砂黄褐陶和夹砂红褐陶两种陶色。夹细砂黄褐陶有豆座和豆柄各1件。豆

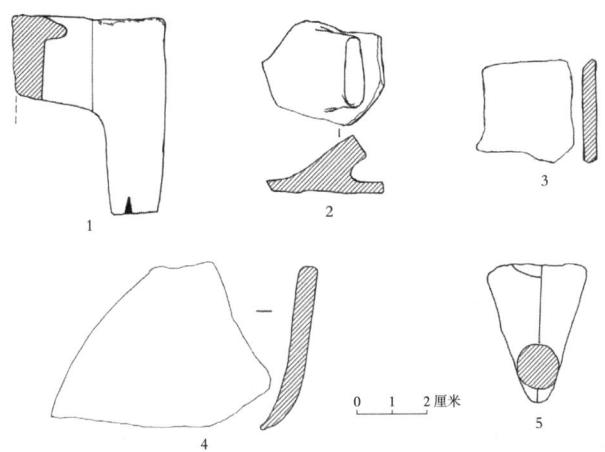

图 5-58　长虹大西沟遗址采集标本
1.豆柄；2.桥耳；3.口沿；4.豆座；5.鬲足

柄残断，为空心柱状，器表残存有戳点纹。豆座亦为残段，喇叭状。夹砂红褐陶标本有桥耳、鬲足各1件。其中桥耳残断，鬲足为高实足根。口沿1件，夹砂红褐陶，尖唇直口内抹斜。

2. 桦木南城子遗址

位于西丰县天德镇桦木村安庆屯东南约500米处一隆起的台地上，正当东辽河一个转弯处，所以遗址东、南被东辽河环绕。采集有鋬耳、豆盘、器底、口沿、鬲裆等标本（图5-59）。

陶色有夹砂黑陶和夹砂红褐陶两种。黑陶标本3件均系口沿，为圆唇直口，其中2件外壁饰戳点纹。夹砂红褐陶标本有鋬耳、豆盘与豆座的结合部、器底、桥耳、鬲裆等。其中豆盘与豆座的结合处有一周戳点纹，经仔细观察，系在制作豆座时为加强豆座与豆盘的粘连度而预先在陶坯上戳出的一周坑点，标本为豆座外表脱落后的情况，并非是豆座外表的戳点纹。方形鋬耳4件，桥耳1件，鬲裆和器底各1件。

3. 鹤鸣庙岭遗址

位于西丰县天德镇鹤鸣村西南约400米处的庙岭岭上，地表遗物较多，采集有夹砂红褐陶片、鋬耳、桥耳等标本（图5-60）。

有三种陶色：细泥黄褐陶，为小鼎足，在陶土的筛洗、做工的精细程度上，都显

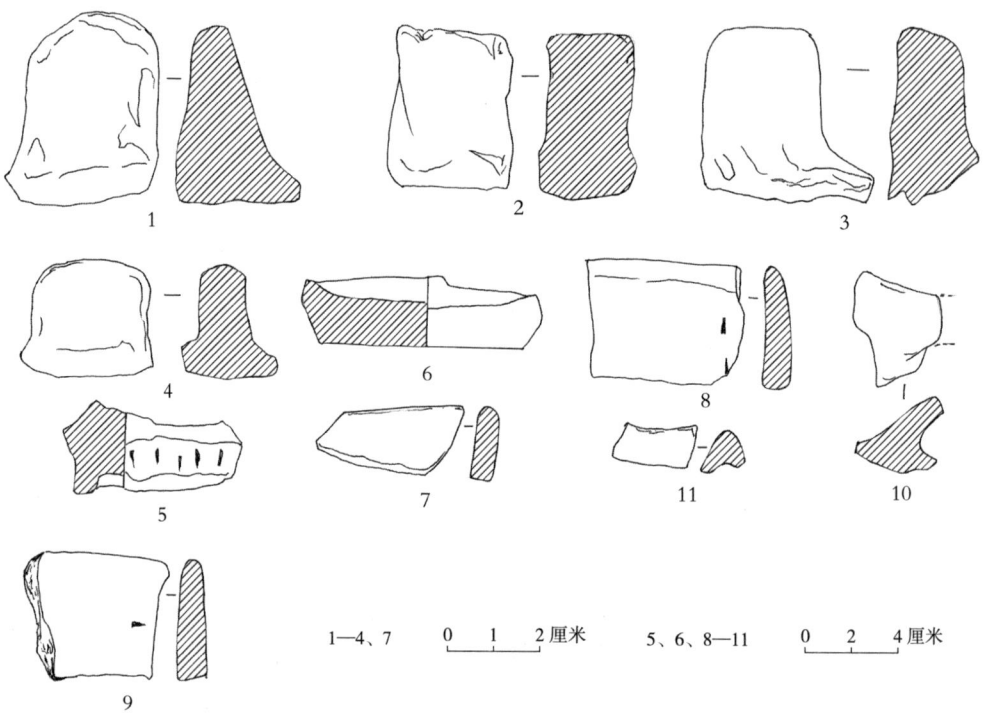

图 5-59 桦木南城子遗址采集标本

1—4.鋬耳；5.豆座；6.器底；7—9.口沿；10.桥耳；11.高档

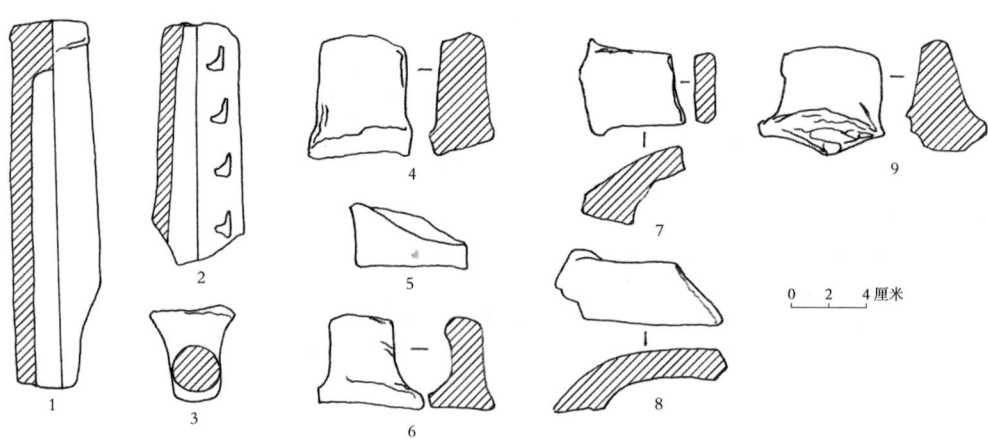

图 5-60 鹤鸣庙岭遗址采集标本

1、2.豆柄；3.鼎足；4、6—9.器耳；5.器底

出此器非同一般日用器。一件方形鋬耳为夹砂灰褐陶。夹砂红褐陶标本有豆柄2件，其中1件沿圆柄周身均匀施3组"L"形纹。桥耳2件，均残断。

4. 安庆屯西山遗址

位于西丰县天德镇桦木村安庆屯西山一南北走向的山梁上，东北距安庆屯约600米，东南距东辽河约600米。地表遗物较丰富，采集有附加堆纹陶片、豆柄、器耳、石斧等标本（图5-61）。

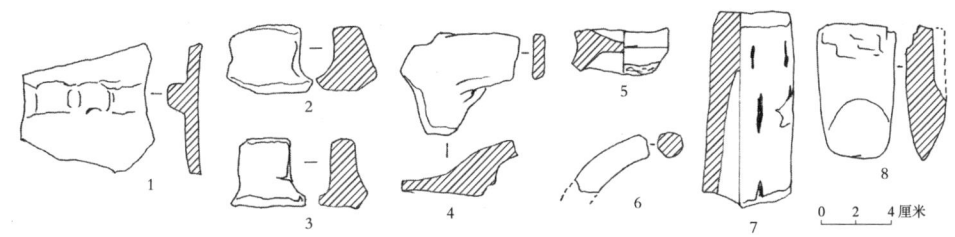

图5-61 安庆屯西山遗址采集标本
1.口沿；2、3.鋬耳；4.桥耳；5.豆座；6.环耳；7.豆柄；8.石斧

有两种陶色：夹砂黑陶和夹砂红褐陶。夹砂黑陶标本有附加堆纹陶片，纹饰是在一较粗的泥条上按压指窝；桥耳1件，残断，火候甚高，陶质坚硬。夹砂红褐陶标本有器耳，器耳形制有方形鋬耳、桥耳和环耳三种。发现一件石斧，残断，器身磨制光滑。

5. 金古东山郎头遗址

位于西丰县天德镇金古村东约500米处的东山东坡上，东南坡下有一季节性小河由南向北流入二龙山水库。地表遗物较少，采集标本有器壁残片、口沿、器耳、豆柄等（图5-62）。

这是一处东辽河西岸的遗址。夹砂红褐陶有高柄豆，豆座内壁可见以泥条盘筑的痕迹；一件壶领标本为夹砂黄褐陶，喇叭状。豆座残段上可见戳点纹。鋬耳1件，为夹砂红褐陶，耳面上有不甚清晰的戳点纹。采集环耳1件，也为夹砂红褐陶。

6. 鹤鸣遗址

位于西丰县天德镇鹤鸣村西山南坡上，采集有鼎足、器底等标本（图5-63）。鼎足、器底各1件，均为夹砂红褐陶。

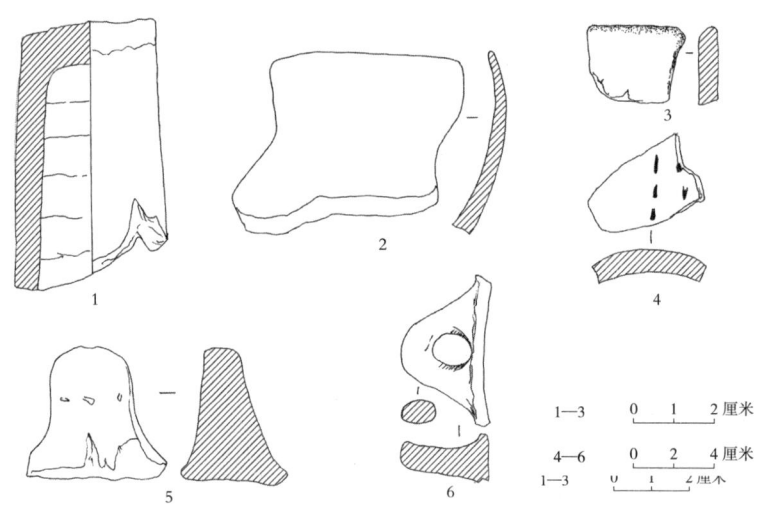

图 5-62　金古东山郎头遗址采集标本
1. 高柄豆；2、3. 口沿；4. 豆座；5. 壶领；6. 环耳

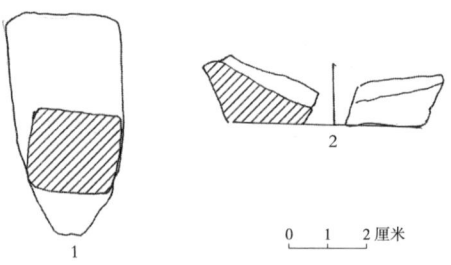

图 5-63　鹤鸣遗址采集标本
1. 鼎足；2. 器底

7. 天来马家沟遗址

位于西丰县天德镇天来村西约1500米的马家沟山顶台地上，南距金厂屯约500米，西距泉眼沟约250米。依山梁走向的向阳坡遗物较集中，采集标本有口沿、器耳、豆柄、纺轮、石斧等（图5-64）。

夹砂红褐陶居多，器耳有长条形和方形两种錾耳和桥耳，其中长方形錾耳有一种是耳面饰戳点纹的，宽泥片叠唇是新见的形制。豆柄2件，其中1件柄上有戳点纹。石斧3件，其中2件都是待加工的半成品，可以窥见当时石器的制作过程。豆有圆柱状和喇叭形两种，均为手制，捏塑草率。

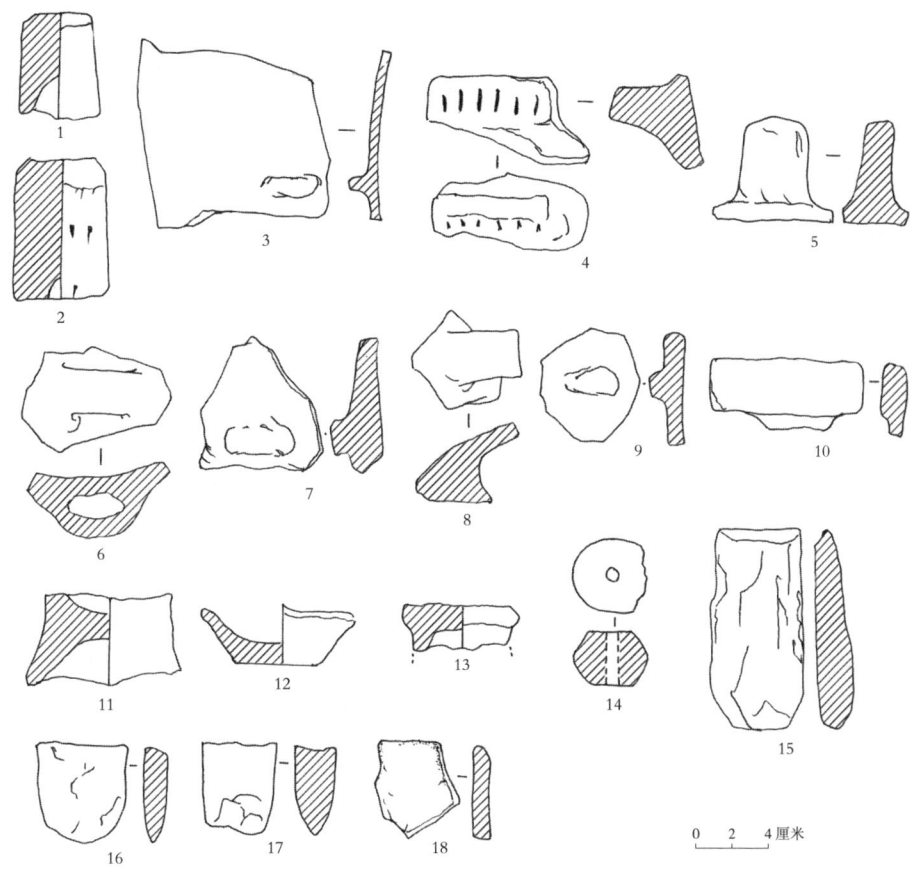

图 5-64　天来马家沟遗址采集标本

1、2.豆柄；3、10、18.口沿；4—9.器耳；11—13.豆座；14.纺轮；15—17.石斧

8. 金古果园南山遗址

位于西丰县天德镇金古村福元屯南约300米处南山南坡上，西侧有一南北向的山路。地表采集有器壁残片、鼎足、鋬耳、横耳、盲耳等标本（图5-65）。

这是一处遗物丰富的遗址，方锥鼎足即采集有10件，鬲足2件，皆为夹砂红陶；方形鋬耳7件，红陶4件，夹陶3件；桥耳3件，其中1件黑陶，另2件为红陶。高柄豆采1件，空心柱状，夹砂灰陶，器表饰戳点纹。尤为引人注意的是一件带双重附加堆纹的立领口沿，夹砂红陶，在这一区域少见其在颈上施附加堆纹的作风，与在调兵山窑路沟遗址采集标本相似。

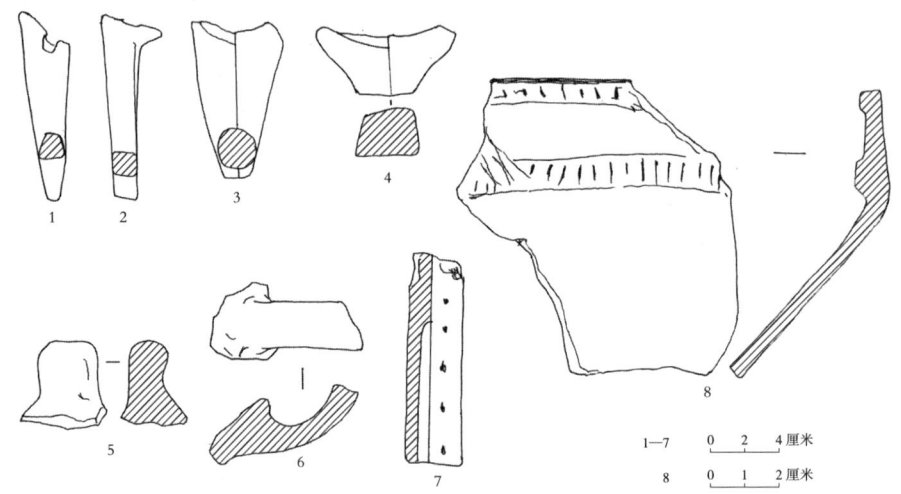

图 5-65　金古果园南山遗址采集标本

1、2.鼎足；3、4.高足；5.鋬耳；6.桥耳；7.高柄豆；8.口沿

9. 玉山大顶子山遗址

位于西丰县天德镇长虹村玉山屯东南约900米的大顶子山东南山坡上，南距振德屯约400米，东南依一条东西向的乡间小路，坡下为一条无名小河，流向东辽河。采集标本有豆柄、器耳、口沿等（图5-66）。

长虹屯地处东辽河流域，与吉林省四平市毗邻，标本带有东辽河流域与铁岭东部山地青铜文化的一些特点。高柄豆为空心柱状。口沿形制多样，采集3件即有3种样式，其中内沿抹斜作风则可能受到其南境沈阳新乐上层文化的影响。鋬耳2件，方形，手制痕迹明显。陶质均为夹砂红褐陶。

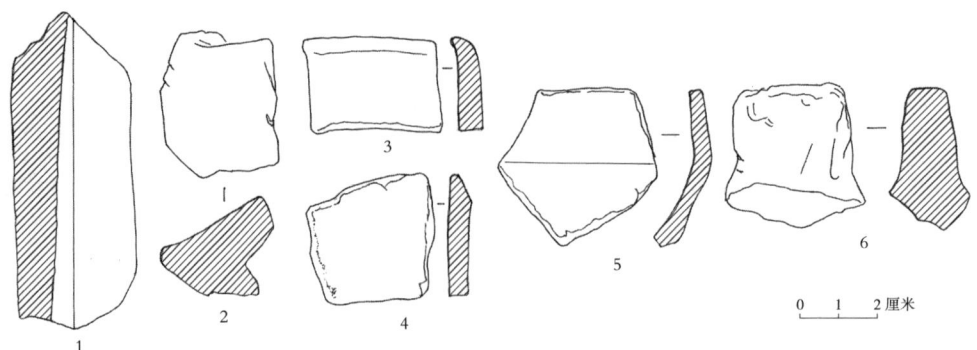

图 5-66　玉山大顶子山遗址采集标本

1.高柄豆；2、6.鋬耳；3—5.口沿

第五章 西丰县

10. 玉振南山遗址

位于西丰县如意村玉振屯南约1公里的南山半山坡地上，北坡下为一条山溪自西向东汇入东辽河，遗址东约1.5公里即为东辽河。地表采集标本有器耳、鼎足、口沿等（图5-67）。

标本全部为夹砂红褐陶，平底器1件，为圈足；桥耳3件；方形錾耳2件；盲耳1件；鼎足2件，为方锥形；口沿1件，圆唇直口，制作均较规整。遗址南约50米是一处辽金时期山城址，在城中也采有夹砂红褐陶片。

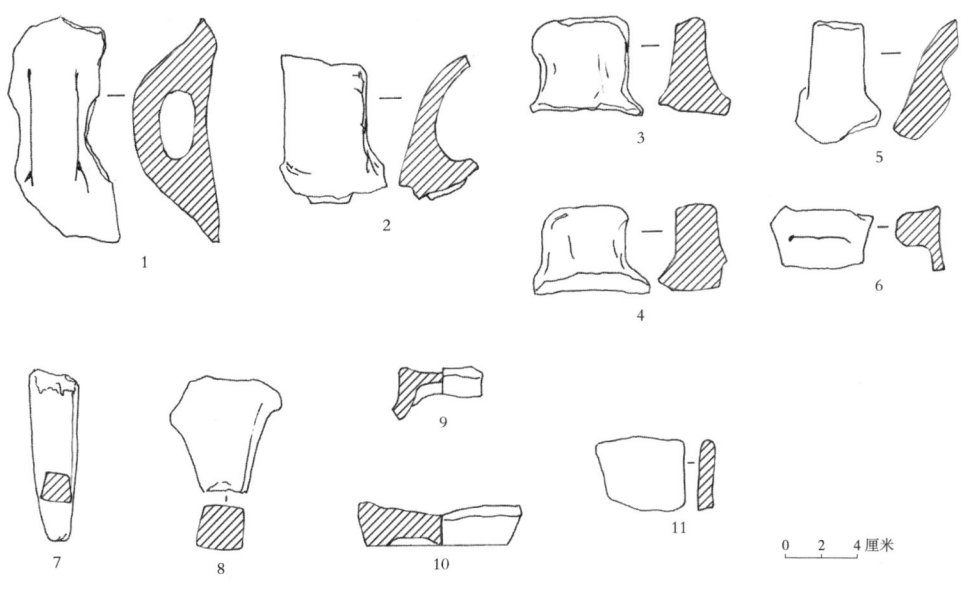

图 5-67　玉振南山遗址采集标本
1、2、5. 桥耳；3、4. 錾耳；6. 盲耳；7、8. 鼎足；9. 豆座；10. 器底；11. 口沿

第三节　碾盘河流域区

碾盘河发源于西丰县和隆乡万和屯西南山区，全长57.4公里，流域面积554.91平方公里，在开原八棵树镇貂皮屯村汇入清河，实际是清河的一个支流。碾盘河两岸山岭陡峭，是吉林哈达岭的延伸部分。山地林木蔽日，自然植被较好，适宜人类生存。凉泉镇的几个遗址，不但采集的标本多，而且种类也很齐全，特点突出。也正因此，在20世纪80年代初期被发现后，辽宁省考古学家孙守道先生曾名之为"凉泉类型"，

曾在学界产生深远影响。

陶质均夹砂，有的石英粒大，但也有胎土精细者。

器耳发达，有桥耳、鋬耳、环耳等，环耳多见，部分鋬耳上有戳点纹或条沟纹，并见有叠唇口沿，主要器类是高柄豆、钵、罐、壶等。流行戳点纹，一般装饰在高柄豆和小型盛容器如钵的器壁上。石器见有棒状石斧、双孔石刀等，在山门馇子大有屯，还采集了部分打制石器，也是这一时期的生产工具，这类打制石器在吉林集安荒崴子遗址中也曾有类似发现[11]，可证这一文化中的打制石器在当时应是磨制石器的一个补充。在"凉泉类型"得以命名的凉泉头道背遗址中，还见有鼎足标本，表明这里的三足器也曾与高柄豆共存。个别遗址中与高柄豆、环耳标本一起采集的还有泥质灰陶片和铁镬残片，应该是含高柄豆类遗存的下限业已迈入铁器时代的证明。碾盘河流域比较重要的遗址有和隆大有屯山门馇子、和隆成福西砬山、凉泉头道背、凉泉德明姜塘沟、房木普安达德南山、房木万福茧场沟石家后山、房木河边崔家坟西冈梁等。遗存的文化性质仍是团山文化。由于碾盘河流域与团山文化中心区域的清河中游地区毗邻，中间又没有高山大河等自然障碍阻挡，所以，碾盘河流域遗存应该理解为团山文化的重要覆盖区。目前的研究普遍认为其年代较晚，可至战国、汉之际，但实际情形可能并不这么简单。比如在房木德隆村八路坟东冈梁遗址中采集的扁凿形鼎足标本，就极有可能是这一地区较之团山文化更早的遗存，即使是在同属团山文化的诸遗址中，如果仔细分辨，其间仍可就标本形制做以更细密的分析，深入研究的空间还是很大的。

一、营厂满族乡

1. 盘道沟遗址

位于西丰县营厂乡桦树村李家街屯南约400米的盘道沟沟口南山坡上，东南距龙家街约300米。地表采集有口沿、豆柄、器耳、器底、石刀残段、石凿等标本（图5-68）。

盘道沟遗址的陶器呈现出灰陶居多的趋势，除1件豆柄为夹砂红陶外，余皆灰陶。豆柄陶质异常坚硬，以泥条盘筑法制成，内壁可见清晰的盘筑痕迹，而且个别陶质已近汉陶气象。遗址的部分陶片已为泥质烧制，如壶的口沿等，制作精良，与汉陶几无差异，应该是中原汉文明进入辽北东部山地的证明。发现的石矛为稀有之物，用米灰色泥浆岩精磨而成，矛尖稍有残缺。

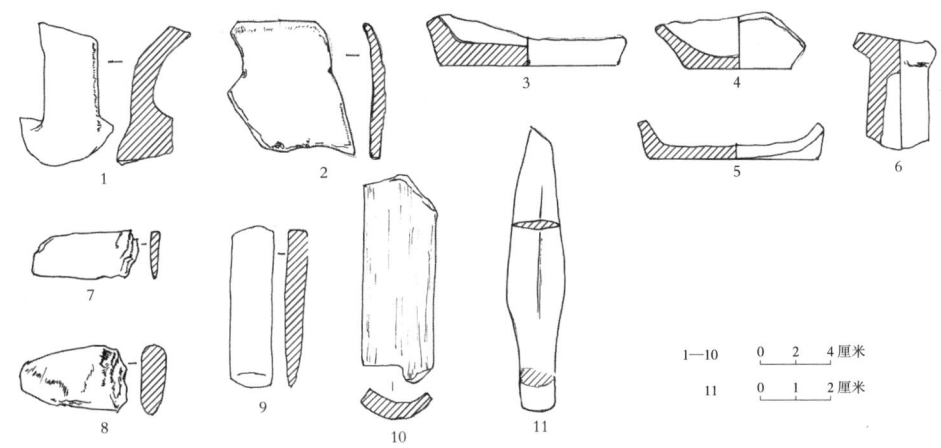

图 5-68　盘道沟遗址采集标本

1.桥耳；2.壶领；3—5.器底；6、10.豆柄；7、8.石刀；9.石斧；11.石矛

2. 述贤赵家坟沟遗址

位于西丰县营厂乡增庆村述贤屯西北约 300 米的赵家坟沟正北山梁的东南坡地上。遗址西约 500 米是清河的一个支流，由南而北汇入清河。采集标本有鬲足、口沿、器底、器耳等（图 5-69）。

陶器均为夹砂红褐陶，口沿为圆唇直口，桥耳制作规整，器底 2 件，其中 1 件有假圈足。鬲足的实足根很高。发现的 1 件鋬耳为窄泥条形，附贴于器壁，其上按压一排戳点纹。

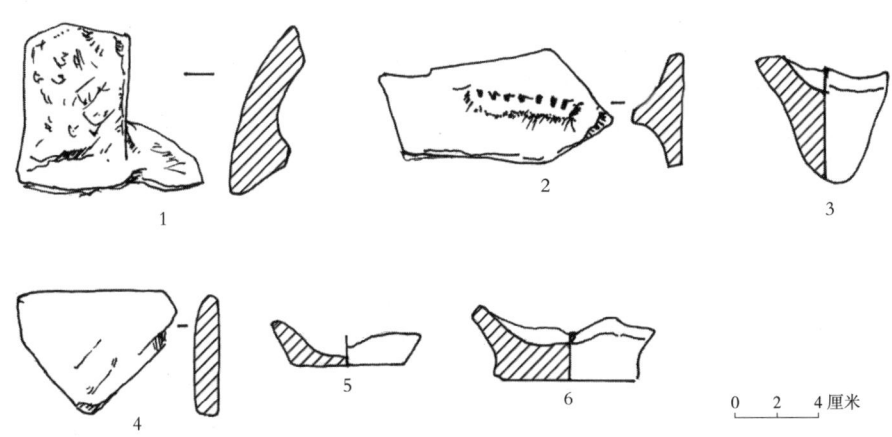

图 5-69　述贤赵家坟沟遗址采集标本

1.桥耳；2.鋬耳；3.鬲足；4.口沿；5、6.器底

二、和隆满族乡

1. 肇兴高丽沟遗址

位于西丰县和隆乡肇兴村敬老院西100米处的向阳坡地上，遗址北约1.5公里为由东而西流的碾盘河，正处碾盘河北岸二级台地上。采集标本有高足钵、鸡冠耳、环耳、口沿、器底等（图5-70）。

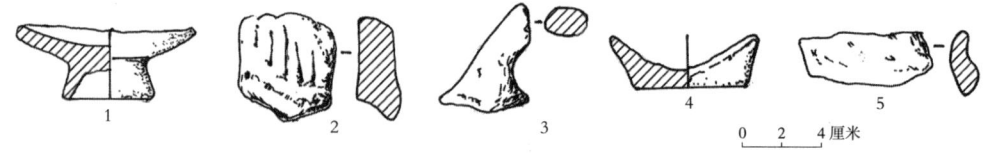

图5-70　肇兴高丽沟遗址采集标本
1.高足钵；2.鸡冠耳；3.环耳；4.器底；5.口沿

高足钵为夹细砂黑陶质，火候很高，胎质坚硬，造型也很规范。鸡冠耳、环耳及器底为夹砂红褐陶，制作粗糙。口沿为夹砂黄褐陶，圆唇略外侈。

2. 成福北山遗址

位于西丰县和隆乡成福村北约150米处的山坡地上，当地称北山。遗址坐北朝南，西侧坡下有山溪水由北向南汇入碾盘河。采集有鼎足、器耳等标本。桥耳残段（图5-71），耳身较厚；另见鼎足，残碎，方锥形，均为夹砂红褐陶。

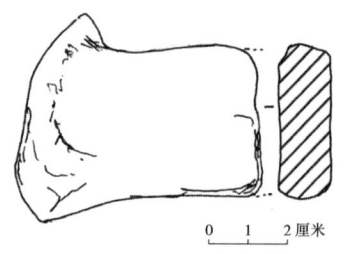

图5-71　成福北山遗址采集的桥耳标本

3. 忠厚北山遗址

位于西丰县和隆乡忠厚村北约400米的山坡上，坡下即为由东向西流淌的碾盘河上源水流。采集有器耳、豆柄、鼎足、石刀等标本（图5-72）。

桥耳2件，豆4件，方形錾耳2件，圈足器底1件，戳点纹陶片1件，小鼎足1件，石刀残段1件。桥耳为横置，采集的1件喇叭状豆柄上饰"十"字形戳点纹。陶器均为夹砂红褐陶，未见灰陶。发现1件圆锥状鼎足，虽非常短小，也说明三足器是这里遗存组合的一个重要器类。

第五章 西丰县

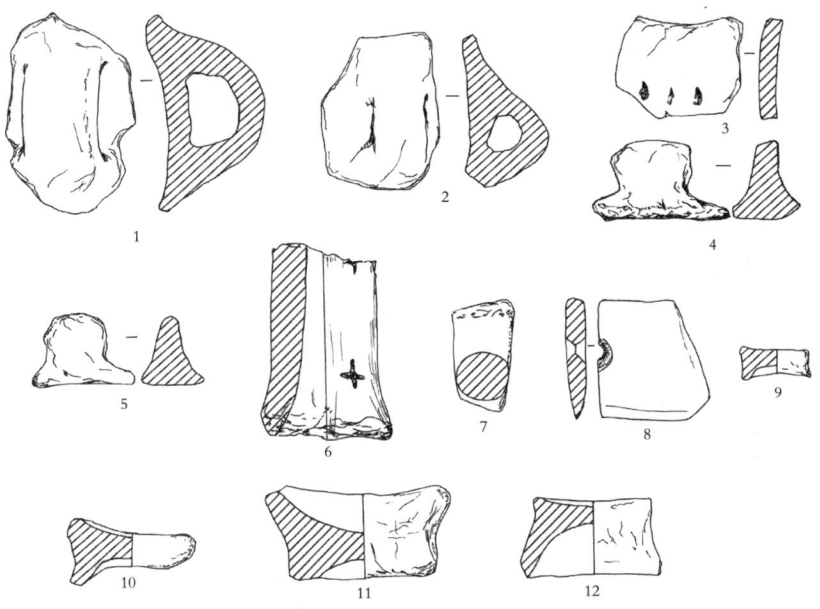

图 5-72 忠厚北山遗址采集标本

1、2.桥耳；3.戳点纹陶片；4、5.鋬耳；6.豆柄；7.鼎足；8.石刀；9—12.豆

4. 阜丰南山鹅头地遗址

位于西丰县和隆乡阜丰村西南约 1 公里处一名作 "南山鹅头地" 东面的缓坡上，遗址西约 50 米有一南北向的乡间公路由此而过。地表遗物残存不多，采集有器物残片、高圈足、划纹口沿等标本，在遗址附近还发现早年被盗掘的石棺墓。高圈足器为夹砂红褐陶（图 5-73），是一件由残断的喇叭座豆改制而成的，圈足底缘经磨平修整；另件口沿为夹砂灰褐陶，外壁残存 3 道划线纹。

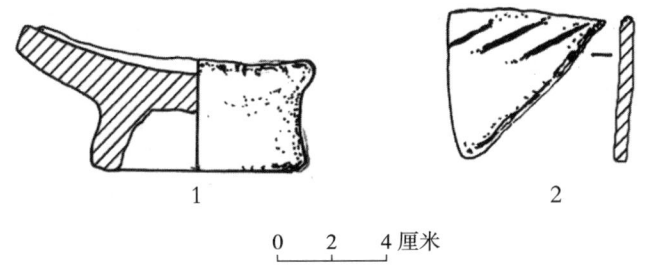

图 5-73 阜丰南山鹅头地遗址采集标本

1.高圈足；2.口沿

175

5. 肇兴北山遗址

位于西丰县和隆乡肇兴村北约600米处的山坡地上,距碾盘河约300米。地表采集标本多已残碎,不辨器形,可辨器形仅为2件桥耳(图5-74)。2件桥耳均为夹砂黄褐陶,其他器壁残片标本为夹砂红褐陶。

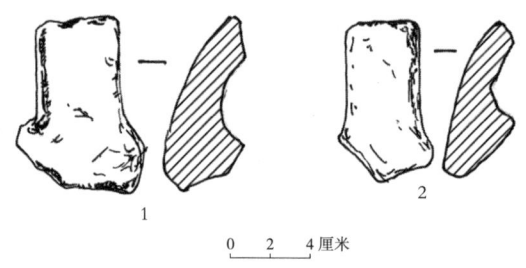

图5-74 肇兴北山遗址采集的器耳标本

6. 成福屯西砬山遗址

位于西丰县和隆乡成福村西北约300米西砬山南坡脚下,遗址南约700米处即为碾盘河,是碾盘河之阳的一处二级台地。遗址沿西砬山南面陡坡至山脚横向分布,在遗址中采集有豆、器耳、器底、鼎足、口沿、石刀、尖状石器等标本(图5-75)。

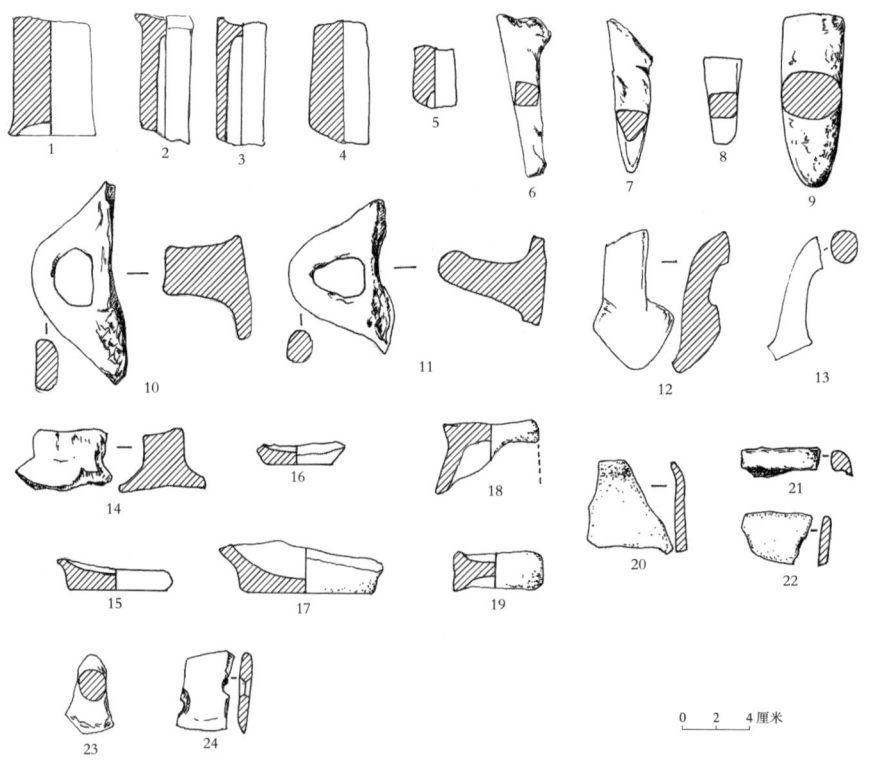

图5-75 成福屯西砬山遗址采集标本
1—5.豆柄;6—9.鼎足;10—14.器耳;15—17.器底;18、19.豆柱;20—22.口沿;23.尖状器;24.石刀

该遗址采集的豆均为夹砂红褐陶,有空心喇叭状、空心柱状和实心柱状3种形制;器耳有环耳、桥耳和方形、圆柱形錾耳,除方形和圆柱形錾耳为夹砂红褐陶外,桥耳和环耳均为夹砂黑灰陶;口沿有叠唇和侈口圆唇2种,叠唇口沿为灰陶,侈口圆唇沿为夹砂红褐陶;器底有有台底和不见台底的2种,也是夹砂红褐陶。鼎足为夹砂红褐陶,除方锥足外,还采集有三棱形的,甚为少见。石器采集有尖状器和石刀残段,其中尖状器似为长矛的矛尖,器身浑圆,尖部也已钝圆。石刀残段标本可见刀身有2个钻孔,其中一孔偏下近刃。

7. 万和东山遗址

位于西丰县和隆乡万和村东山南坡上,遗址东约200米处为碾盘河的一条支流。遗址所在山坡顶部有一天然石洞名"狐仙洞"。采集有豆柱、口沿、錾耳等遗物。标本中除2口沿为灰黑陶外,余皆红陶,其中1件实心豆柱上有一圆戳点纹(图5-76)。

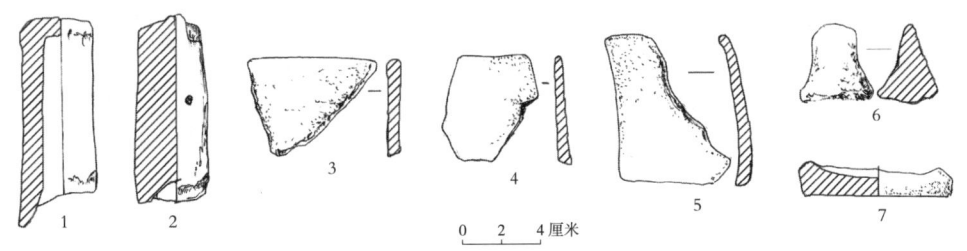

图5-76 万和东山遗址采集标本
1、2.豆柄;3—5.口沿;6.錾耳;7.器底

8. 大有山门岔子遗址

位于西丰县和隆乡福巨村大有屯东南约300米的一个名叫"山门岔子"的地块上。遗址坐西朝东,略有坡度,高敞向阳。西侧遗址尽头坡下有一山泉水,自南向北流入碾盘河。西侧200米处为福巨屯通往和隆的乡路,碾盘河东距遗址约800米。

山门岔子是辽北东部山区晚期青铜文化遗存中非常重要的一个遗址,在碾盘河流域中颇具代表性。遗址中采集的标本主要有豆、环耳、桥耳、鸡冠状錾耳、方形錾耳、舌形錾耳、乳突耳、泥条堆纹耳、叠唇口沿、器底、打制石器、磨光石斧等(图5-77)。豆有空心喇叭状座、空心柱状、实心柱状等几种,除1件为夹砂灰陶外,余皆夹砂红褐陶,喇叭状豆座内壁可见清晰的泥条盘筑痕;豆身多饰竖排连续戳点纹,也见"⊥""∵"

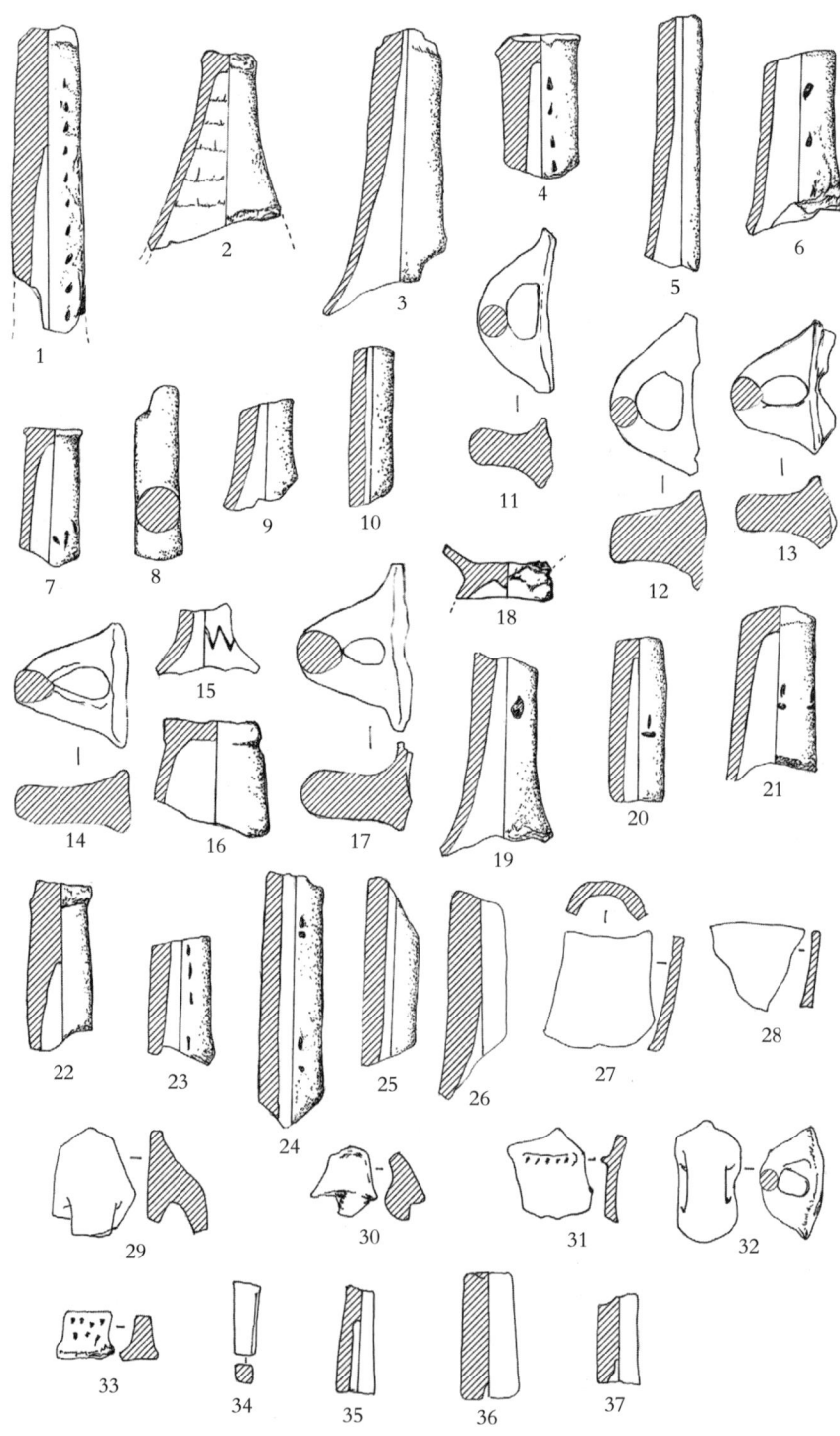

图 5-77 大有山门饳子遗址采集标本（1-37）

第五章　西丰县

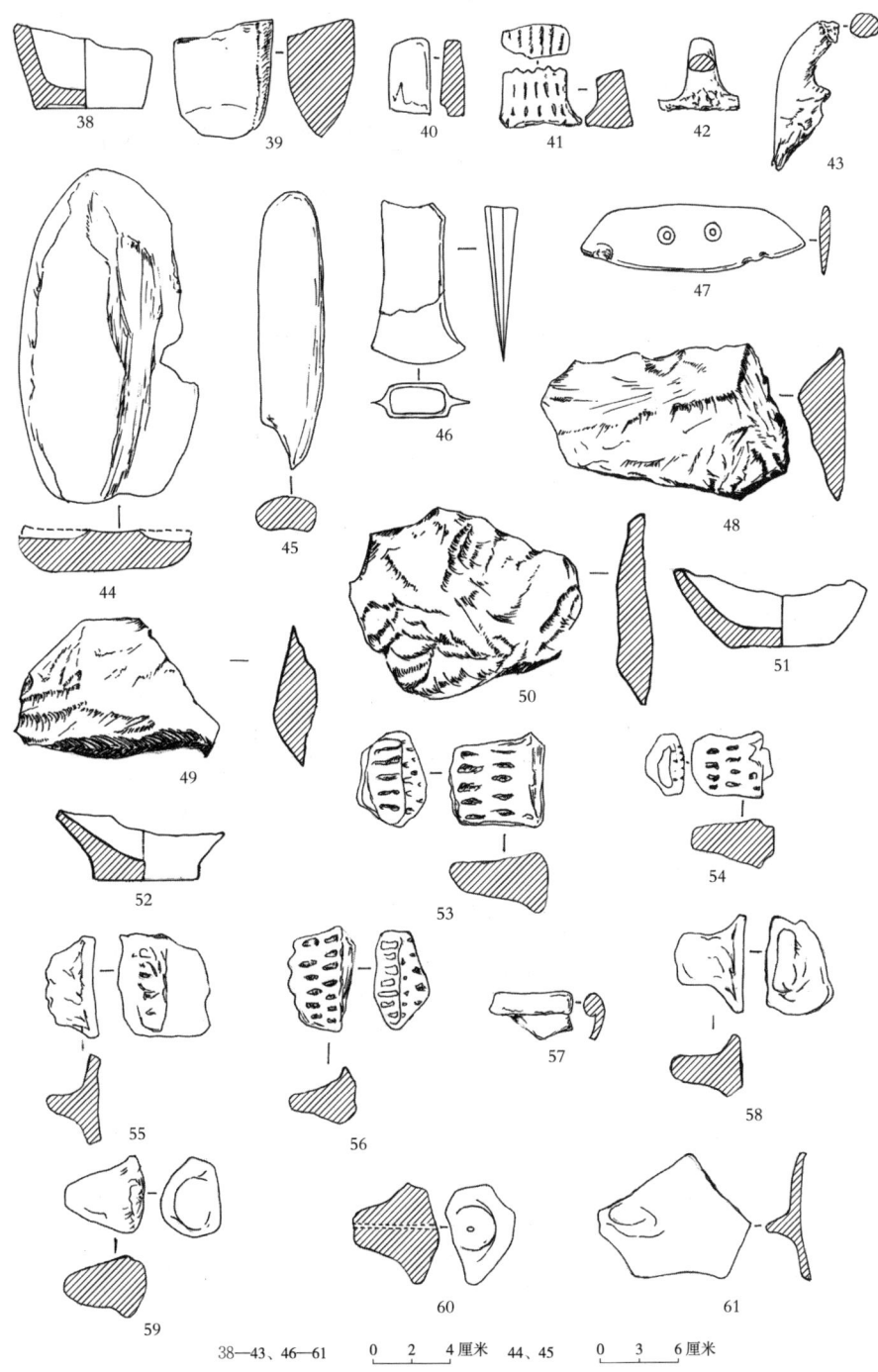

图 5-77　大有山门戗子遗址采集标本（38-61）

1—10、19—26、34—37.豆柄；11—14、17、29、30、32、33、41—43、53—61.器耳；15、16、18.豆柱；27、28、31.口沿；38、51、52.器底；39、40、44—46.石斧；47.双孔石刀；48—50.砍砸器

形戳点纹，一件喇叭状豆座上划刻有波曲纹。鸡冠状錾耳一般在耳身一面戳两排麦粒形戳点，耳端压出4-5个凹沟，形成鸡冠状，也有耳端不饰凹沟的。有红褐和灰褐两种陶色，采集的6件此式标本中，红陶2件，灰陶4件；方形錾耳、舌形錾耳和乳突耳均为夹砂红褐陶，其中1件乳突耳有透孔，用途不详。桥耳和环耳均为灰陶，从残壁角度观察，耳为横置，不见上翘痕迹。所谓泥条堆纹耳，就是在器壁上敷贴一短泥条，上饰一排戳点。采集的1件棒状石斧残段，器身浑圆，磨制精细。石器中另见3件打制砍砸器，剥离面异常清晰。叠唇口沿仅见1件，为夹砂红褐陶。

9. 云岭老赵家大坡遗址

位于西丰县和隆乡阜丰村云岭屯南约300米老赵家大坡山上，遗址北面是一条无名小河，为碾盘河上游的一个支流，距遗址约200米。遗址坐西朝东，呈扇形分布在老赵家大坡的东南缓坡上。地表遗物较丰富，采集有口沿、器耳、器底、豆柱等标本（图5-78）。

采集的豆有喇叭座和柱状柄2种，其中1件喇叭形豆座上有"⊥"形戳点纹，均为夹砂红陶；口沿宽泥带叠唇、圆唇直口和圆唇微侈各1件，也为夹砂红陶。器耳有环耳、桥耳和錾耳3种，只环耳为灰陶，余皆红陶。并见1件残半的石纺轮。

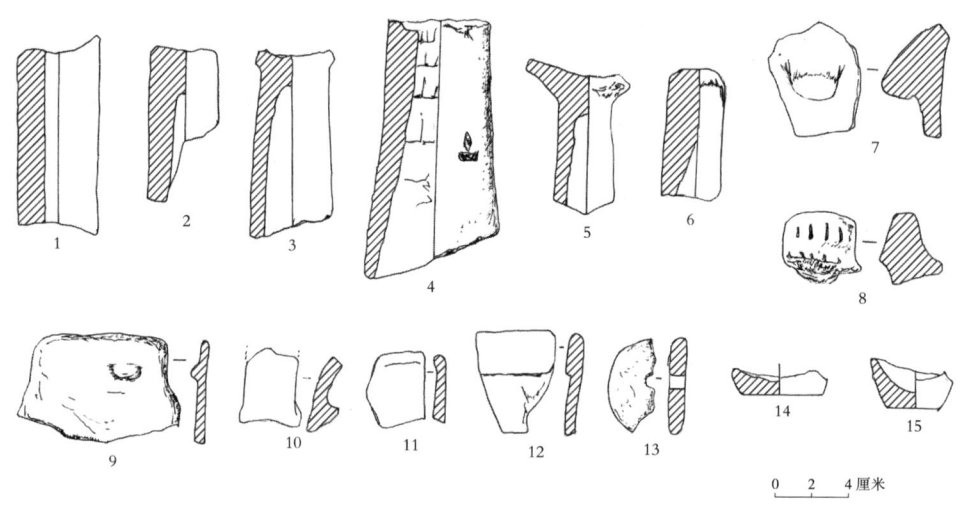

图5-78 云岭老赵家大坡遗址采集标本
1—6.豆柄；7、8、10.器耳；9、11、12.口沿；13.纺轮；14、15.器底

10. 延庆屯东山冈遗址

位于西丰县和隆乡九如村延庆屯东约 300 米处一山坡地上，北高南低，高敞向阳，坡下有一季节性小河。地表采集标本有器耳、口沿、豆柄、砺石、石斧等（图 5-79）。

豆为夹砂红陶，有喇叭状和柱状两种，柱状分空心和实心两种，其中 1 件实心柱状豆柄上饰戳点纹。环耳为夹砂灰陶，榫卯法与器壁相接。叠唇口沿采集 2 件，为黄褐陶，其中 1 件沿下有戳点纹，砂细如泥。并采方格划纹和戳点纹器壁残片，为夹砂红褐陶，甚为少见。石斧采集 3 件，2 件完整，1 件残断，斧身浑圆，刃宽于斧身。采集的 1 件砺石，上部有系钩可拴挂，应该是随身携带之物。

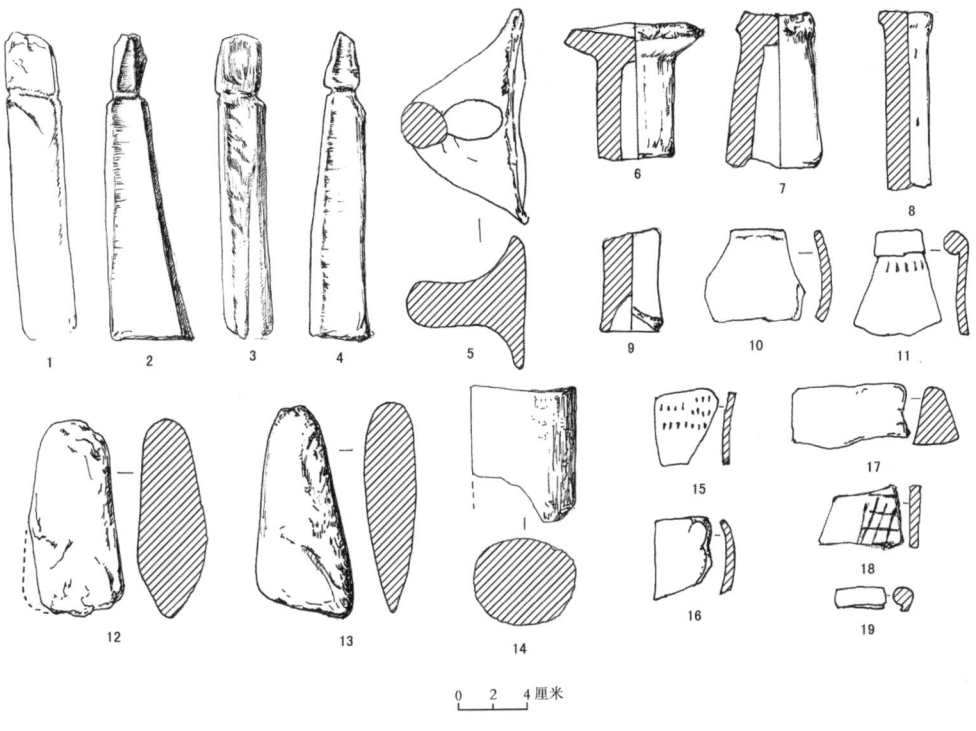

图 5-79　延庆屯东山冈遗址采集标本

1—4.砺石；5.环耳；6—9.豆柄；10、11、16、19.口沿；12—14.石斧；15、18.器壁残片、17.鋬耳

11. 成福楸子沟遗址

位于西丰县和隆乡成福村村南约 700 米的碾盘河南岸一名作"楸子沟"的沟口处，沟口东西两侧的缓坡台地上全为遗址分布范围。东部为条状台地，西侧为东西向的扇

形坡地，在遗址中采集有器耳、鋬耳、豆、器底、石斧等标本（图5-80）。

除少有的几件豆柄和1件扁凿形鼎足为红陶外，其余标本陶色一律为灰色。在这个遗址中，还曾发现泥质灰陶和汉代铁镢残片。

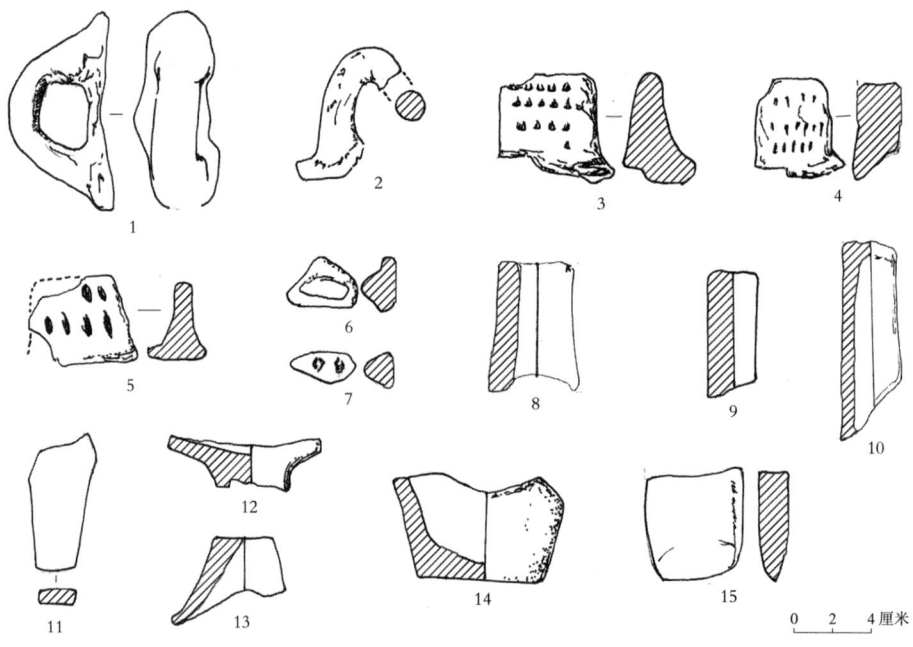

图5-80　成福楸子沟遗址采集标本

1—7.器耳；8—10.豆柄；11.铁镢残片；12、13.豆座；14.器底；15.石斧

三、凉泉镇

1. 德胜杨家坟岗梁遗址

位于西丰县凉泉镇德胜村村口北侧约300米的二级台地上，碾盘河的一条支流从遗址东约50米处由南向北流。遗址坐西朝东，地表遗物较丰富，采集有器底、桥耳、鬲足、鼎足等标本（图5-81）。标本均为夹砂红褐陶，鼎足为方锥式，鬲足残断，从残部观察，实足根较高。

2. 保安果园遗址

位于西丰县凉泉镇保安村东约500米处的向阳坡地上，北约400米有东西向碾盘河由此流过。采集有豆柄、鼎足、环耳、石斧等标本（图5-82）。

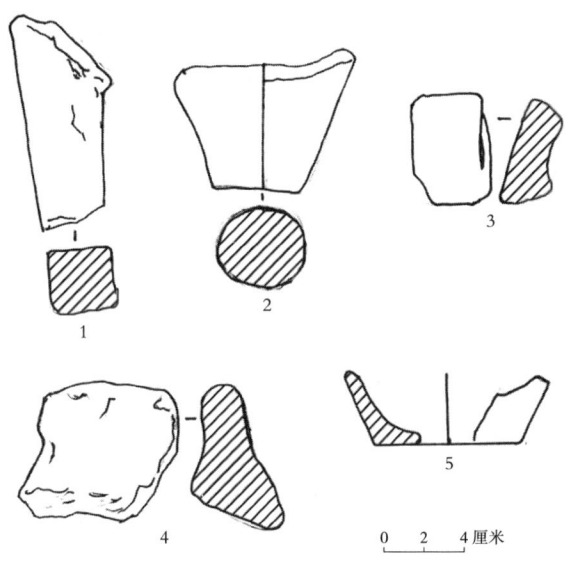

图 5-81 德胜杨家坟岗梁遗址采集标本
1. 鼎足；2. 鬲足；3、4. 器耳；5. 器底

图 5-82 保安果园遗址采集标本
1—7. 器耳；8. 石斧；9. 豆柄；10. 器底；11. 豆座残片；12. 鼎足

标本中有1件夹砂红褐陶附加堆纹标本,在这类遗址中非常罕见。饰戳点纹的壶领和方锥状鼎足为红陶。灰陶在标本中占很大比例,采集的5件方形錾耳只有1件是红陶,其余4件方形錾耳和2件环耳均为夹砂灰陶。

3. 泉北房后地遗址

位于西丰县凉泉镇泉北村北约20米的山坡上,遗址坐北朝南,遗物集中分布区域多在遗址区的隆起之处,碾盘河水在遗址南侧山坡下约400米处由东向西流。在遗址中采集有器耳、豆等标本。采集标本多为器耳,有方形錾耳和瘤状耳两种。这个遗址所见的方形錾耳均较小,采集标本中只见1件环耳为夹砂灰褐陶,余皆红褐陶(图5-83)。

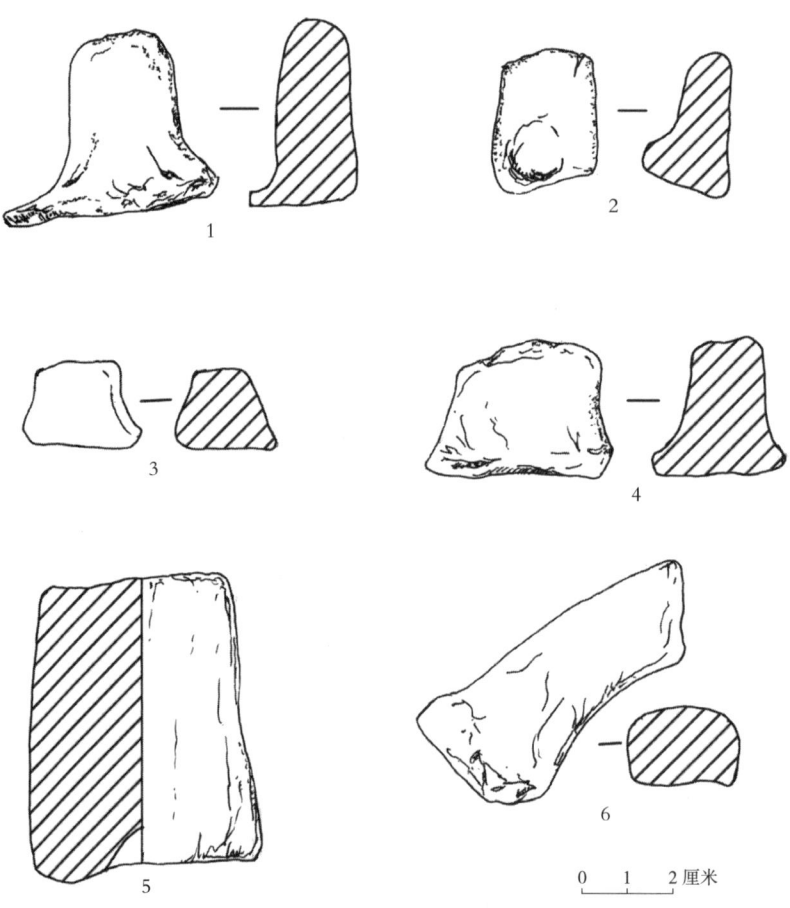

图 5-83 泉北房后地遗址采集标本

1—4、6.器耳;5.豆

4. 泉北头道背遗址

位于西丰县凉泉镇泉北村东约300米的山坡上，所在山坡为镇小学后山，遗址正处小学后山北坡上，在遗址中采集有方锥形鼎足、各种器耳、形式多样的口沿、豆柄，石器采集有棒身石斧等标本（图5-84）。

豆采集10件，全部为夹砂红陶，而且形式统一，均为空心柱状，有的在器表饰戳点纹。方锥状鼎足采集2件，扁方鼎足1件，都是红陶。见有1件灰陶鬲足，足身呈正三角形，很矮。叠唇口沿采集4件，均夹砂灰陶，有3种不同样式：就剖面而言，一种为圆形，一种为三角形，一种为近似长方形，其中剖面为近似长方形的叠唇口沿唇沿饰戳点纹，1件圆形叠唇口沿有一指抹痕；也见内沿抹斜或平唇的口沿。器耳形式有桥耳、錾耳、环耳，全部为灰陶，其中錾耳有1件为鸡冠耳。采集2件满饰戳点纹的陶片，应为罐或钵一类的容器残片。石器见棒状斧，刃为舌形，窄于斧身。纺轮有亚腰圆柱形和算珠形2种。

5. 涌泉北台地遗址

位于西丰县凉泉镇涌泉村西北约600米的西大洼子地南坡。遗址坐北朝南，采集有鬲足、鼎足、口沿、錾耳等标本（图5-85）。

该遗址采集标本皆为夹砂红褐陶，鬲足2件，鼎足2件，鼎足为圆柱状，在附近遗存中甚为少见；鬲足的实足根较高。

6. 德明姜塘沟遗址

位于西丰县凉泉镇德贤村德明屯西约400米处的坡地上，地表采集标本有环耳、豆柄、器底等（图5-86）。

从陶色方面观察，采集标本中除1件带戳点纹的残豆柱和同样带戳点纹的豆座残片以及豆盘为夹砂红陶外，其余采集标本全部是灰陶。叠唇口沿发现了1件，非常细小；方形錾耳带戳点纹；打制的石刀锥形似乎可以从中看到石器加工的程序；硕大的灰陶环耳，耳身已然呈上翘样态。

7. 泉北头道沟沟门地遗址

位于西丰县凉泉镇泉北村东南约500米名为"头道沟"的沟口，这里是一个开口向西的沟谷，沟谷中间有山溪自东向西流淌，遗址正在这条沟谷的向阳坡地上。在遗

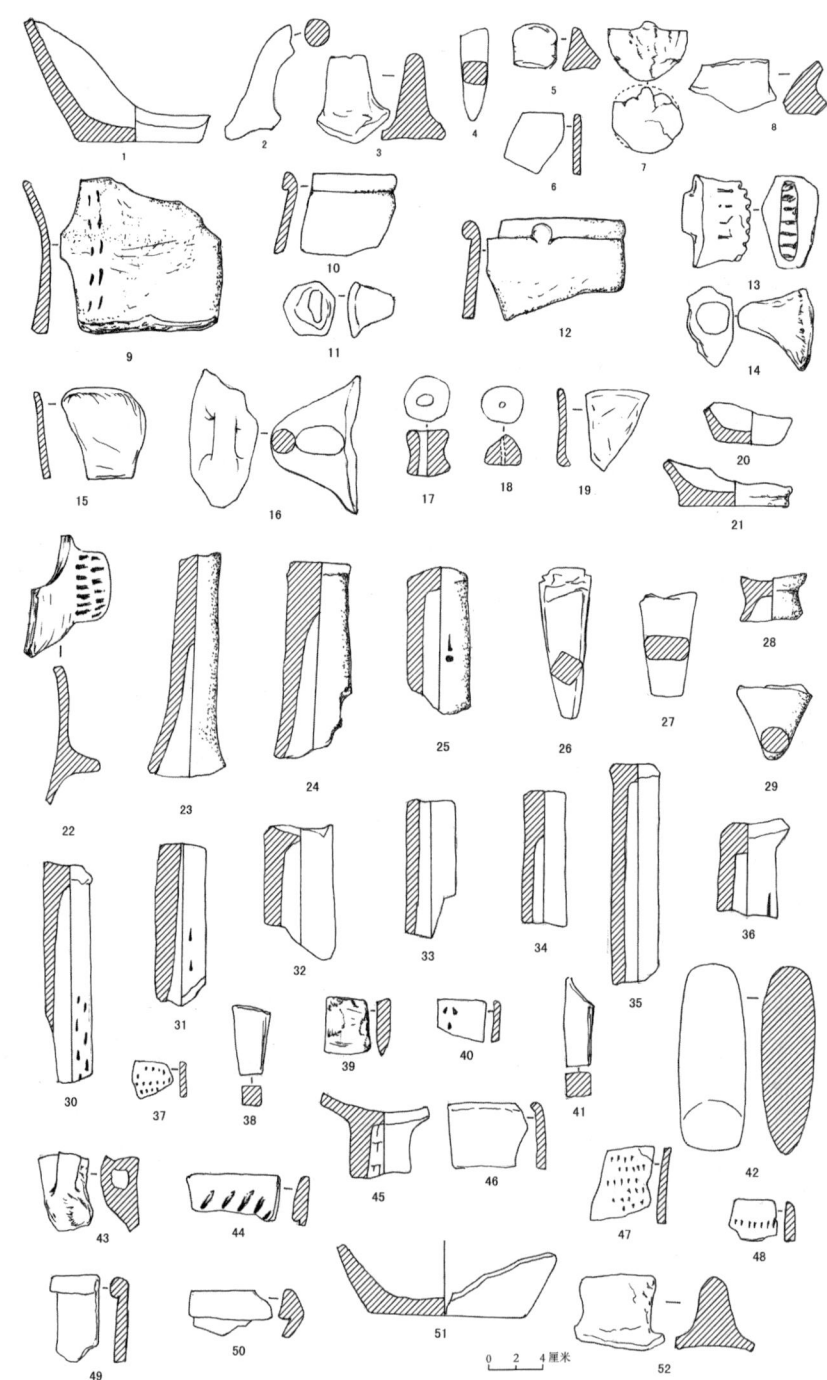

图 5-84 泉北头道背遗址采集标本

1、20、21、51.器底；2、3、5、8、11、13、14、16、22、43、52.器耳；4、26、27、38.鼎足；6、9、10、12、15、19、40、41、44、46、48—50.口沿；17、18.纺轮；23—25、28、30—36、45.豆柄；29.鬲足；39.石刀；42.石斧；37、47.陶片

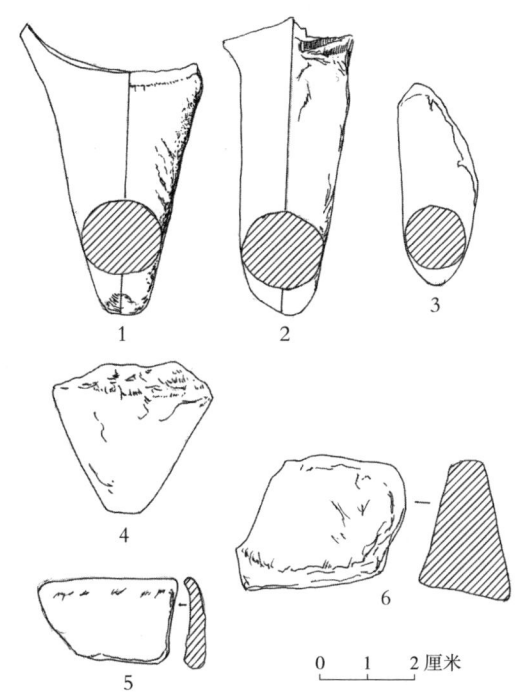

图 5-85 涌泉北台地遗址采集标本

1、4.鬲足；2、3.鼎足；5、6.口沿

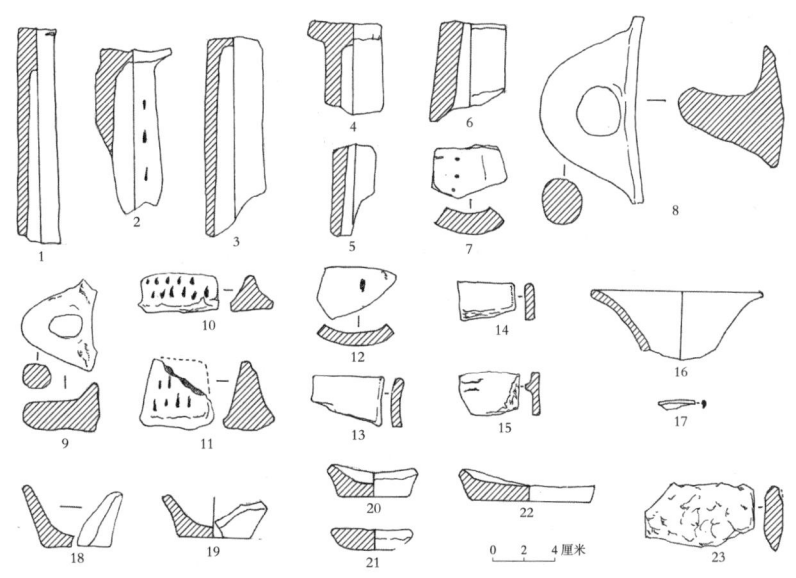

图 5-86 德明姜塘沟遗址采集标本

1—6.豆柄；7.豆座残片；8—11.器耳；12—15、17.口沿；16.豆盘；18—22.器底；23.石刀

址中采集有陶罐残部、口沿、器耳、鼎足、石球等标本。方锥鼎足和1件圆唇口沿为夹砂红陶，环耳、桥耳、方錾耳为灰陶（图5-87）。

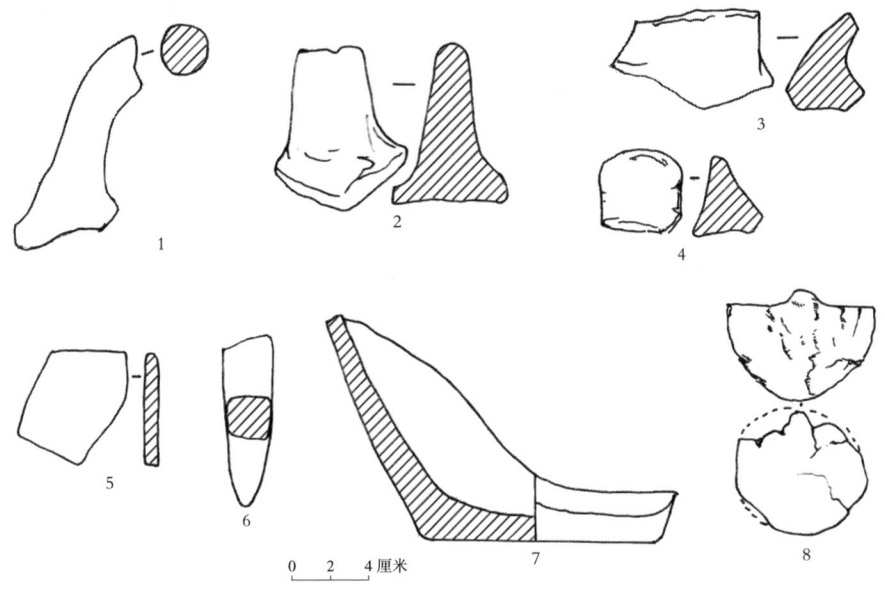

图5-87 泉北头道沟沟门地遗址采集标本
1—4.器耳；5.口沿；6.鼎足；7.陶罐残部；8.石球

四、房木镇

1. 达德南山遗址

遗址位于西丰县房木镇普安村达德屯西南500米处的向阳坡地上，遗址北坡下是一条自然山溪，从东向西流。这处遗址与开原八棵树团山遗址仅一岭之隔，且遗址地表散布遗物也很丰富，地表采集有器耳、器底、鼎足等标本（图5-88）。

达德南山是周邻同期遗址中规模较大、采集标本较多的一处遗存。这处遗存的陶器灰陶居多，夹砂红陶只有2件方锥鼎足和1件方錾耳。鼎足除方锥外，还见有半月形剖面的，非常少见。夹砂灰陶标本有：錾耳，有方形和鸡冠形2种，均在耳身一面饰戳点纹或条沟纹；豆柄，采集3件，均为空心柱形；器底2件，其中1件为假圈足。环耳3件。1件桥耳，为泥质灰陶。纺轮有2种形制：1种是亚腰圆柱形，双孔；2种为算珠形。石器2件，2件是石铲，2件是石刀，均为有待进一步加工的半成品。

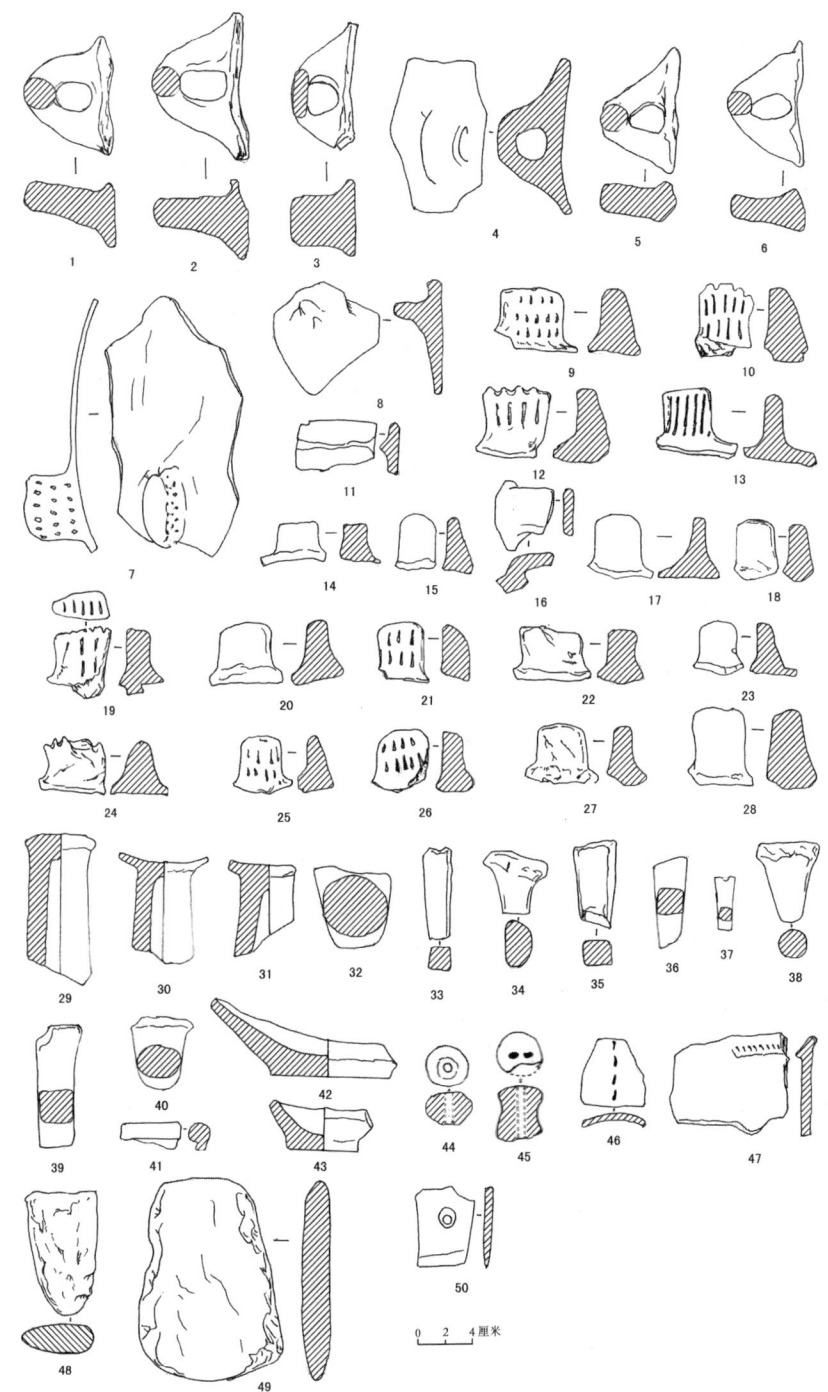

图 5-88 达德南山遗址采集标本

1—28.器耳；29—31.豆柄；32、34、38、40.高足；33、35—37、39.鼎足；41、46、47.口沿；42、43.器底；44、45.纺轮；48、49.石铲；50.石刀

2. 茧场沟石家后山遗址

位于西丰县房木镇万福村茧场沟屯北约200米的石家后山山坡上，坡下有一条山溪自东向西流。地表遗物较丰富，采集有口沿、器耳、器底、豆柄残段等标本（图5-89）。

陶色有夹砂红褐陶和夹砂灰褐陶2种。夹砂红褐陶器类有高柄豆，采集7件，有2种形制：一种是喇叭座式3件，座上有"⊥"形和"丄"形戳点纹，另一种为空心柱状，其中1件柱身上也饰"⊥"形戳点纹。叠唇口沿3件，形制相同。器底6件，其中2件为假圈足。圆唇口沿4件，内沿略有抹斜。鼎足1件，为圆柱形。

夹砂灰褐陶器类有环耳，采集5件；器底采集1件；方形錾耳5件，其中1件为素面，其余4件耳身一面饰戳点纹；鸡冠耳2件，均饰戳点纹；戳点纹钵2件，仅余器身下半部，满饰戳点纹。

3. 永绵万家东山遗址

位于西丰县房木镇房木村永绵屯东北约300米万家东山顶一向阳坡地上。地表遗物丰富，采集有器底、环耳、纺轮、豆柄、残石棒头等标本（图5-90）。

陶质均为夹砂陶，陶色有3种：红褐、灰褐和黄褐。黄褐陶1件，为环耳。灰褐陶器类有环耳1件；豆柄3件，其中2件为空心柱状，1件为实心柱状；口沿，圆唇，直口；錾耳1件。红褐陶有纺轮1件，算珠形；网坠，茧形，横向有透孔，网坠外有一沟槽。石器有石锤1件，残断，可见斑驳的敲砸面。棍棒头1件，中有穿孔。

4. 文相弯胳膊沟遗址

位于西丰县房木镇普安村文相屯东南约900米的一个叫弯胳膊沟的山沟里，坐北朝南，沟底有一山溪，自北向南流，因遗址远离现代村舍，位处山沟深处，保存较好。遗物散落于杂草树丛中，采集有壶领、器耳、鼎足、口沿、豆柄、纺轮、网坠、石器等标本（图5-91）。

标本均为夹砂陶，有红褐、灰褐2种陶色，灰褐居多。夹砂红褐陶标本有豆、口沿、桥耳和网坠等。豆有实心柱形、空心柱形和喇叭座形3种；口沿主要是壶领部分，喇叭形，采集2件。桥耳1件，造型规整。网坠1件，为长方形，中有透孔。其余均为夹砂灰褐陶，有叠唇口沿、环耳、鸡冠耳、实心柱形豆柄等，其中一件豆柄上饰戳点纹一组。器物种类仍以豆、罐、壶为基本组合，鸡冠耳耳面为单面施纹，耳端或压出数道凹沟，多为5沟，耳面戳纹也多为5道。

第五章 西丰县

图 5-89 茧场沟石家后山遗址采集标本

1—7、9. 高柄豆；8、11. 豆座；10. 鼎足；12—26、40. 器耳；27—35. 器底；36—38、39、41—46. 口沿；47、48. 陶器残片

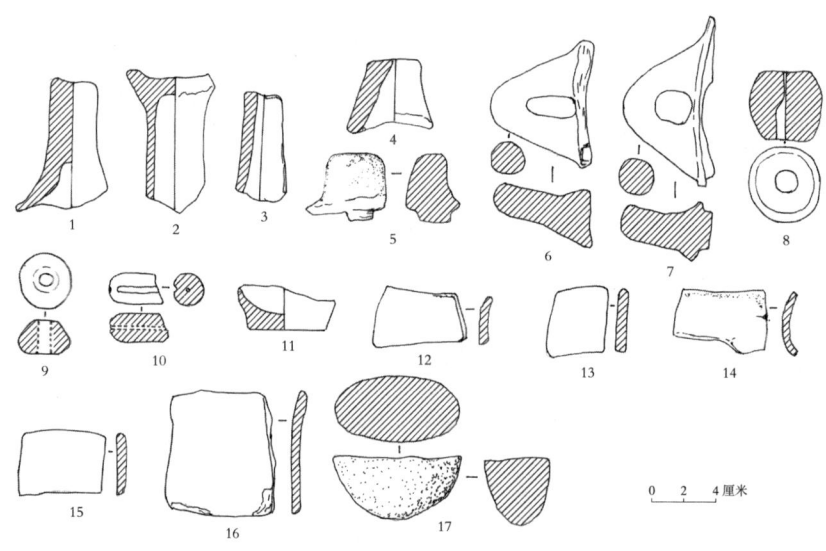

图 5-90 永绵万家东山遗址采集标本

1—4.豆柄；5—7.器耳；8—10.纺轮；11.器底；12—16.口沿；17.残石棒头

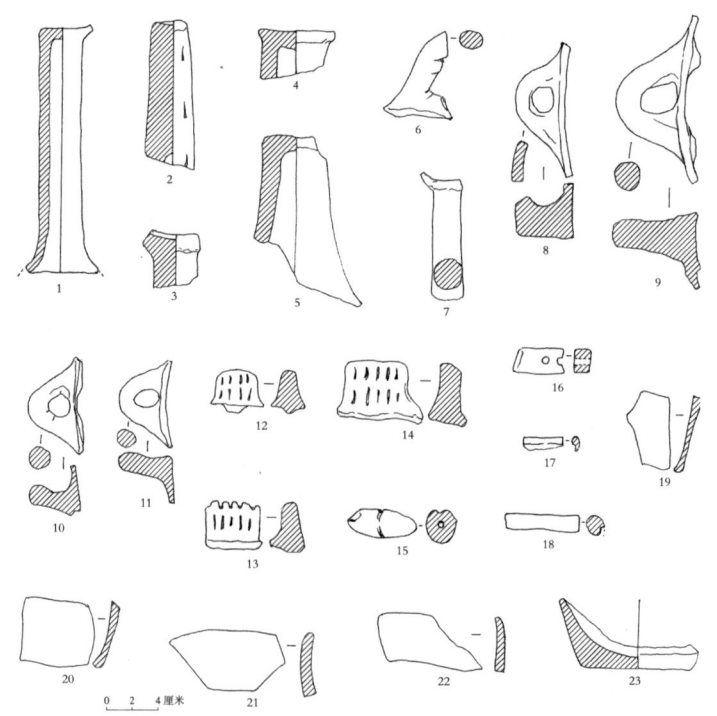

图 5-91 文相弯胳膊沟遗址采集标本

1—5.豆柄；6、8—14.器耳；7.鼎足；15.纺轮；16.网坠；17—22.口沿；23.器底

第五章 西丰县

5. 宁远八路坟东冈梁遗址

位于西丰县房木镇德隆村与宁远村两村之间的南北向山梁上，东西两侧各有山溪由北向南流入距遗址南约1.1公里处东西向的碾盘河中，山梁下为西丰至开原（南道）县级公路。遗址呈扇形，上窄下宽，北高南低，坐北朝南。采集有鼎足、纺轮等标本（图5-92），标本均为夹砂红褐陶，器类很少。鼎足，4件，其中2件为扁凿形，2件为方锥形；馒状纺轮1件。

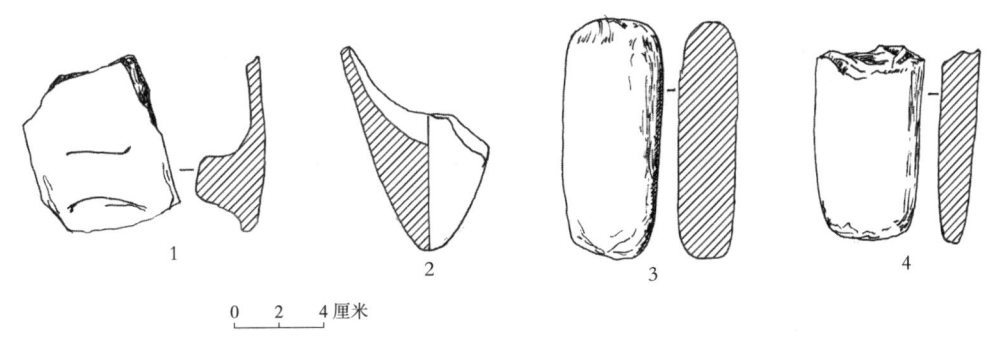

图5-92 宁远八路坟东冈梁遗址采集标本
1.器耳；2.高足；3、4.鼎足

6. 河边崔家坟西冈梁遗址

位于西丰县房木镇河边村河边屯西约300米的崔家坟西冈梁东南坡地上，南坡下为碾盘河的一条支流，自东向西流。在遗址中采集有口沿、器底、器耳、鼎足、纺轮、豆柄及石器等标本（图5-93）。

遗物丰富，器类亦多。陶色有夹砂红褐陶和夹砂灰褐陶两种。红褐陶有豆柄2件、豆盘1件、戳点纹鋬耳2件、纺轮2件，均为算珠形；桥耳1件。方锥与圆锥形鼎足各1件。灰褐陶有实心豆柱1件、戳点纹鋬耳2件、素面鋬耳2件、环耳3件、乳突耳1件。石器有石刀1件，残存双孔。石锤1件，残半。

7. 幽雅北冈遗址

位于西丰县房木镇幽雅村东北约1公里公路东侧一个名叫尹家沟沟口的山坡上，遗址西侧紧临房木至西丰公路，周围未见暴露水源。采集标本只有桥耳和鋬耳（图5-94）。均夹砂红褐陶，陶质疏松，陶片很多，但多不辨形制。

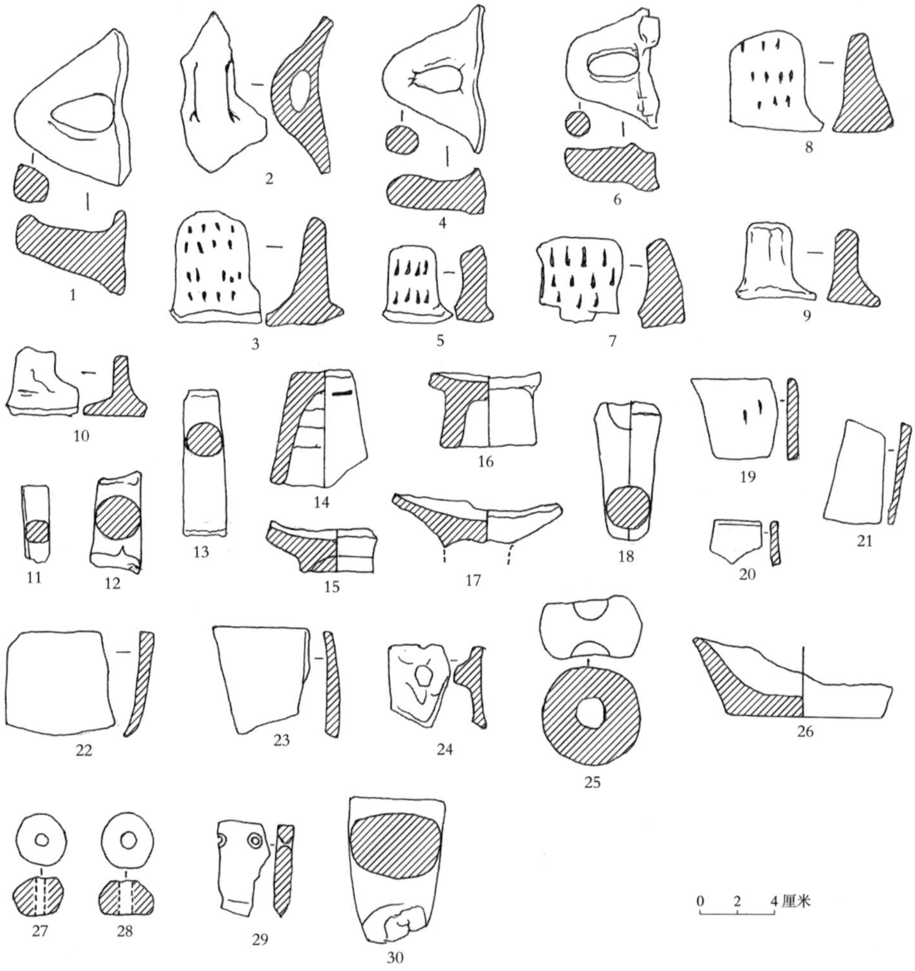

图 5-93 河边崔家坟西冈梁遗址采集标本

1—10. 器耳；11—13. 鼎足；14、18. 豆柄；15—17. 豆盘；19—24. 口沿；26. 器底；25、27、28. 纺轮；29. 石刀；30. 石锤

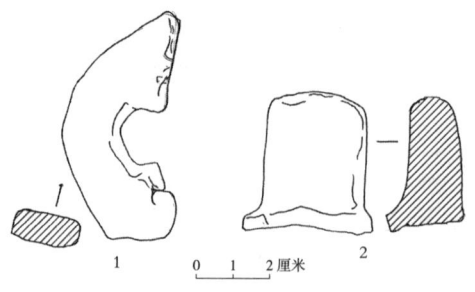

图 5-94 幽雅北冈遗址采集标本

1. 桥耳；2. 鋬耳

8. 启化三道沟西山遗址

位于西丰县房木镇大湾村启化屯西约500米的"三道沟"沟口西侧山坡上，采集有器耳、器底、鼎足、口沿、豆座、纺轮等标本（图5-95）。

均为夹砂红褐陶，器耳有方形錾耳和桥耳两种。方形錾耳3件，其中2件饰戳点纹；桥耳4件；圆锥形鼎足1件；器底4件，其中2件为假圈足；豆座1件，为喇叭形；纺轮1件，残半，圆饼形。口沿1件，尖唇直口，壁有不规则的戳点纹。

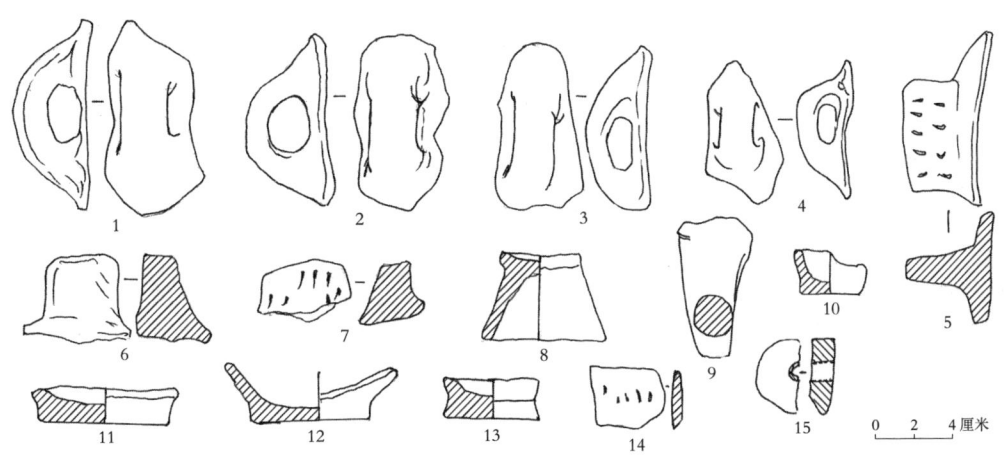

图5-95 启化三道沟西山遗址采集标本
1—4.桥耳；5—7.錾耳；8.豆座；9.鼎足；10—13.器底；14.口沿；15.纺轮

第四节 寇河流域区

寇河源于西丰县振兴镇枫树村老爷岭西北，流经西丰县振兴、金星、安民、更刻、西丰镇、明德、郜家店，开原市的威远堡、城东、老城街道等10个乡镇（街道），在老城镇东南汇入清河。河长118公里，境内流域面积1556平方公里。

和碾盘河一样，寇河流域区也是铁岭东部山地含高柄豆遗存比较集中的区域之一，从陶质、陶色、器类等方面看，基本以夹砂红褐陶为主，也有部分夹砂灰陶，标本中多见錾耳，耳面上饰数排戳点纹，这种纹饰也常在一些高柄豆标本上见到，还有桥状耳，但数量较少。石器是棒状身的石斧、梯形身的双孔石刀，还有为数不少的棒状石锤，砸面凸凹不平，显示当时使用这种工具的频繁程度。一些遗址鼎、鬲标本共存，可能是时代略早的标志。这一区域有两个遗址已经做过科学发掘：一是西丰镇的东沟东山[12]，一是安民镇的永淳东山[13]，西丰镇、更刻乡和金星乡是遗址相对密集的三个乡镇，文化面貌相似。其他重要遗址还有安民永淳东山、西丰镇东沟、振兴沙河南冈、金星山城、郜家店河崴老周家山、成平铜台老会房子等。尤其值得一提的是振兴沙河南冈遗址，在这个遗址中采集了大批的石锤标本，不啻一个石器加工场。从同样在这个遗址中采集到的数块滑石范的情况分析，这一遗址也非常可能就是当年冶铸青铜器的作坊所在，而那些石锤则极有可能是砸碎矿石的工具。但这只是推测，实际的情形如何，还要靠以后的科学发掘予以证实。

一、陶然乡

1. 太平李子树沟遗址

位于西丰县陶然乡太平村东河屯东约2公里，西约150米为原陶然公社煤矿，东500米许为辽、吉两省交界小梨树河。遗址坐西朝东，地势高敞辽阔，在遗址中采集到口沿、器耳等标本。方形鋬耳2件，均为夹砂红褐陶；圆唇口沿1件，为夹砂灰陶（图5-96）。

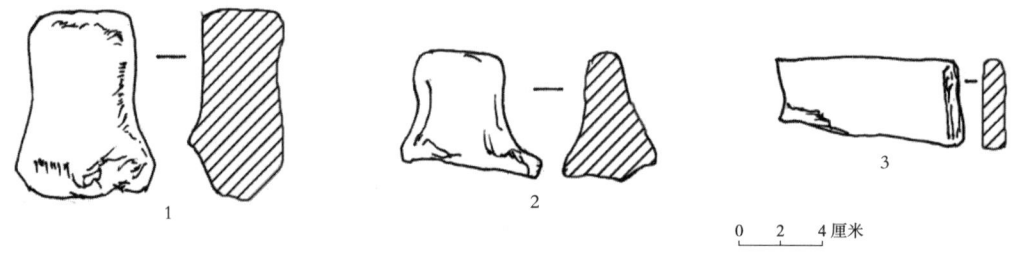

图 5-96 太平李子树沟遗址采集标本
1、2. 鋬耳；3. 口沿

2. 序文后山遗址

位于西丰县陶然乡序文村北约200米的山坡上，当地称之为"后山"。后山山坡比较平缓，遗址坐西北朝东南，遗址中间有一条水冲沟，把遗址分成东西两部分，遗物分布在整个后山的坡顶及朝南、朝东的坡地上。山顶有3座大石盖墓，石板露在地表。采集有豆、罐、网坠、石斧、石锤等标本（图5-97）。是一处与大石盖墓在同一地点

第五章　西丰县

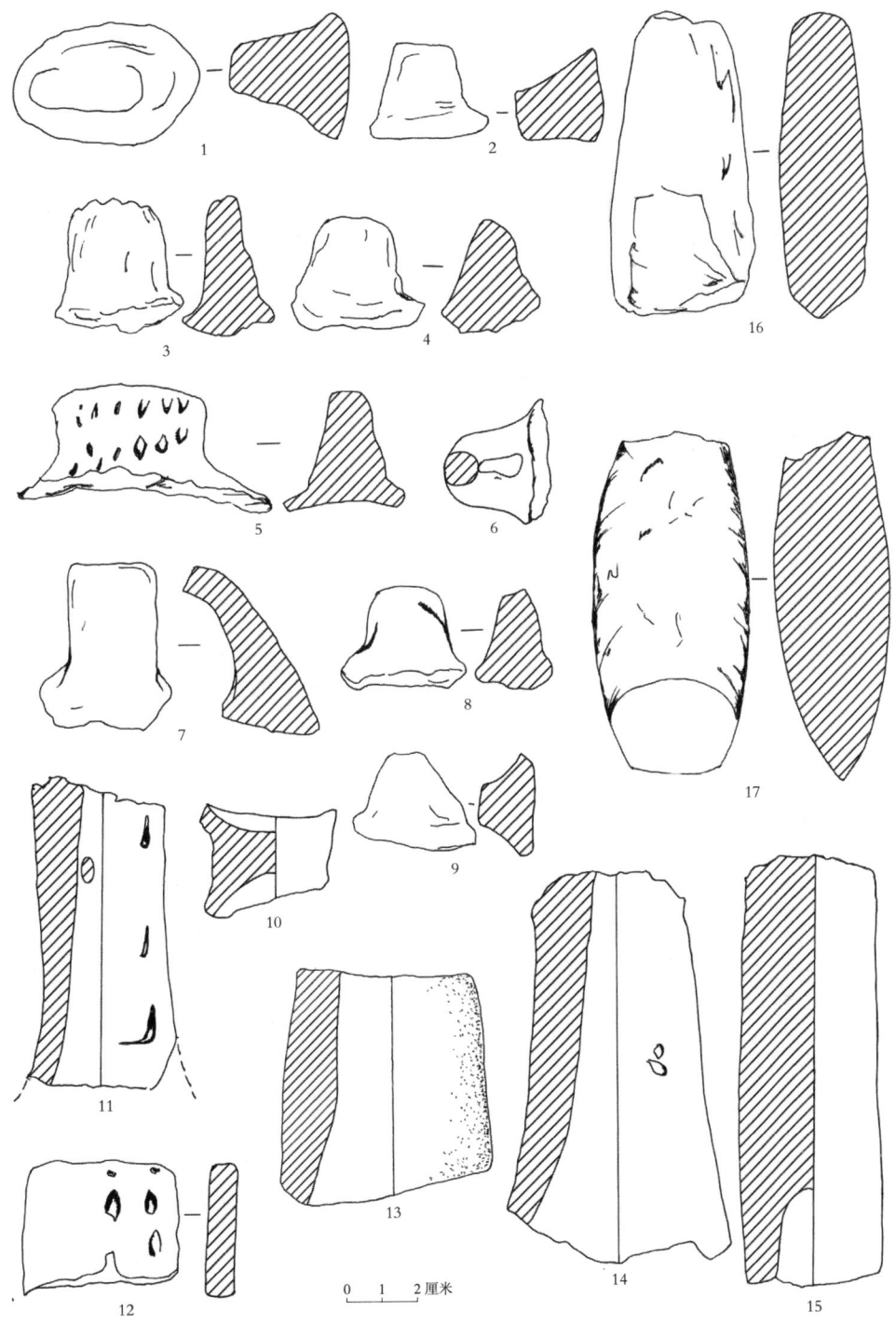

图 5-97　序文后山遗址采集标本

1—9.器耳；10.豆座；11、13—15.豆柄；12.口沿；16.石锤；17.石斧

的遗址。有豆柄和舌耳，均为夹砂红褐陶。豆柄较粗，空心筒状。均为手制，非常粗糙。但陶胎坚硬，火候较高。

3. 榆树后山遗址

位于西丰县陶然镇榆树村西约400米的山坡上，坐西朝东，东侧坡下有山溪由北向南汇入寇河。采集有器耳、豆柄等标本（图5-98）。

标本绝大部分为夹砂红褐陶，个别为灰陶，主要见舌形鋬耳、豆柄和器底。红褐陶鋬耳均为手制，可以看出在制作的当时非常草率，反映出制陶工艺已达到非常熟练后而不再精细操作的状态。见1件鋬耳耳面上带两排戳点纹，为夹砂灰陶。豆柄标本均为空心筒状，柄上或有"⊥"形戳点纹，为夹砂红褐陶。

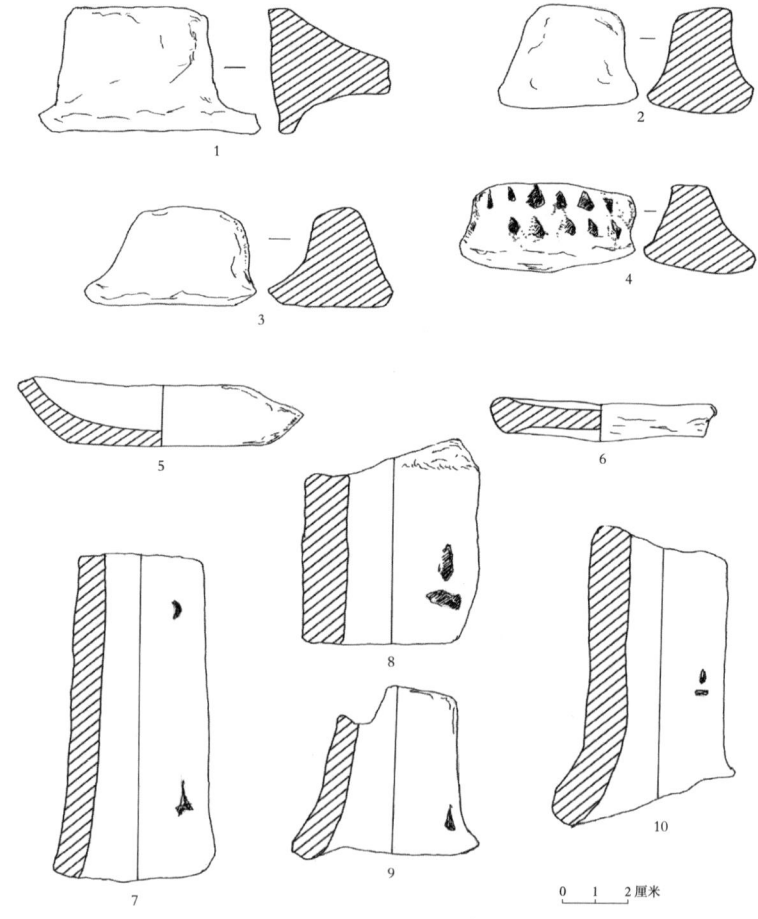

图5-98 榆树后山遗址采集标本
1—4.鋬耳；5、6.器底；7—10.豆柄

4. 康宁小北沟遗址

位于西丰县陶然乡康宁村北约0.5公里小北沟西侧山坡上。遗址坐西朝东，面积很大，整个一个小山坡几乎都是遗址分布区。在遗址中采集有夹粗砂陶的方形錾耳、带锥刺纹的豆柄和一些器壁残片，以及桥耳、环耳、石铲等标本。3件方形錾耳为夹砂红褐陶；2件豆柄均为空心柱状，其中1件饰戳点纹，也为夹砂红褐陶。打制石器1件，似为石铲的待加工品（图5-99）。

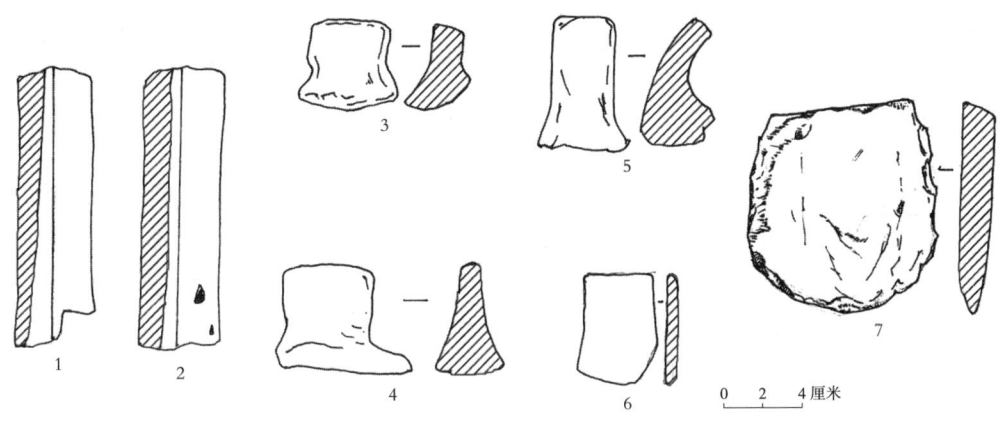

图5-99 康宁小北沟遗址采集标本
1、2.豆柄；3—5.錾耳；6.口沿；7.石铲

5. 东河东坡遗址

位于西丰县陶然乡太平村东河屯东约700米处的漫坡之上，坐西朝东。遗址中采集有鼎足、桥耳等标本。一律为夹砂红褐陶，砂质均匀，细碎，鼎足为方锥形（图5-100）。

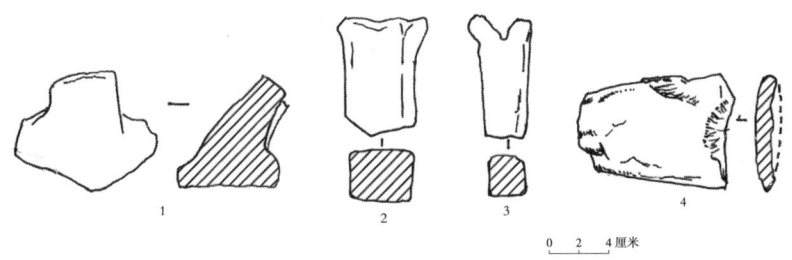

图5-100 东河东坡遗址采集标本
1.桥耳；2、3.鼎足；4.石刀

6. 陶然老冯家前山遗址

位于西丰县陶然乡陶然村西南约1公里处的龙王庙沟口西侧山坡上，坡下有一山泉泉源，东距遗址约50米。从这里流出的泉水流向坡下，成为小溪，横贯陶然村，注入石人沟河。在地表采集到口沿、器耳、器底、豆柄、石磨棒、石棍棒头等标本（图5-101）。

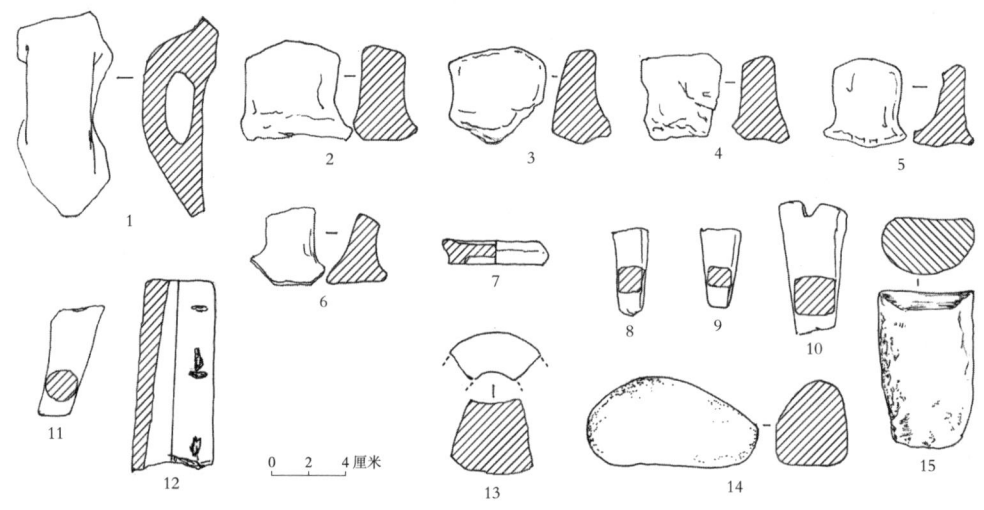

图 5-101 陶然老冯家前山遗址采集标本
1、13. 桥耳；2—6. 鋬耳；7. 器底；8—11. 鼎足；12. 豆柄；14、15. 石磨棒

陶器标本多为夹砂黄褐陶，方形鋬耳采集5件，方锥形鼎足采集3件，圆锥形鼎足1件。桥耳为夹砂黑陶，制作比较规整。1件豆柄，夹砂黄褐陶，上有一组纵列的"⊥"形戳点纹。石磨棒2件，均残断。

7. 乾德西后山遗址

位于西丰县陶然乡陶然村乾德西屯东北约100米的漫山坡上，当地俗称"乾德西后山"。遗址坐北朝南，东北高西南低。采集标本有口沿、器耳、豆柄等。2件方形鋬耳为夹砂灰陶，3件残豆柄为夹砂红陶，上有戳点纹（图5-102）。

8. 勤朴冷家沟遗址

位于西丰县陶然乡平岭村勤朴屯东北约200米处，遗址坐西朝东，坡度较大，坡下有一条山溪自北而南流。采集有器耳、豆柄等标本（图5-103）。

图 5-102　乾德西后山遗址采集标本
1—3.豆柄；4、5.鋬耳

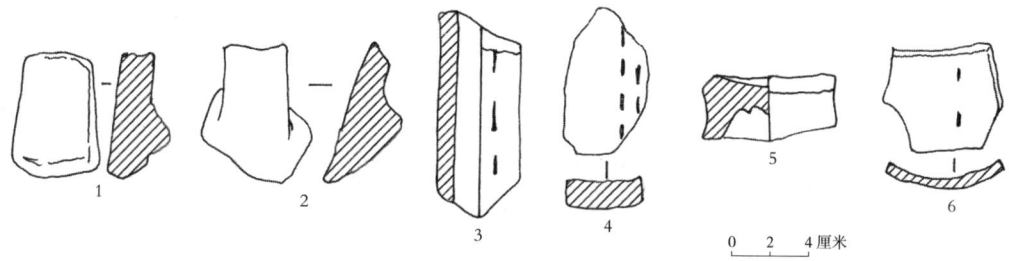

图 5-103　勤朴冷家沟遗址采集标本
1、2.器耳；3—6.豆柄

均为夹砂红褐陶，豆有喇叭座和柱状柄两种形制，柱状豆柄器表饰戳点纹，或单排，或双排。

9. 东河张大坡地遗址

位于西丰县陶然乡太平村东河屯东约 1 公里处的坡顶平台上，遗址东西两侧坡下均有山溪。遗址坐东朝西，分布面积不是很大，在此遗址中采集有口沿、豆柄、石斧、石刀等标本（图 5-104），陶器标本均为夹砂红褐陶。

10. 慕仁东偏脸地遗址

位于西丰县陶然乡康宁村慕仁屯东北村后一个小山坳里，山坳底部是一条山溪，在遗址中采集有盲耳、鋬耳、豆座等标本（图 5-105）。

盲耳标本为夹砂红褐陶，是一短泥条贴附于器壁。方形鋬耳和豆座为夹砂灰陶，其中豆座上有两排戳点纹。

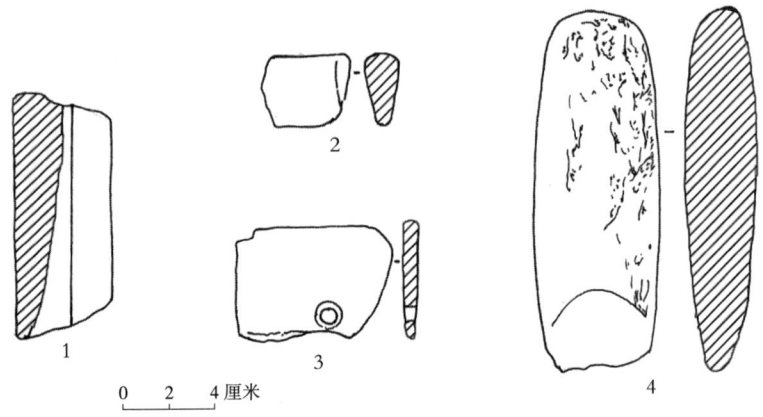

图 5-104　东河张大坡地遗址采集标本

1. 豆柄；2. 口沿；3. 石刀；4. 石斧

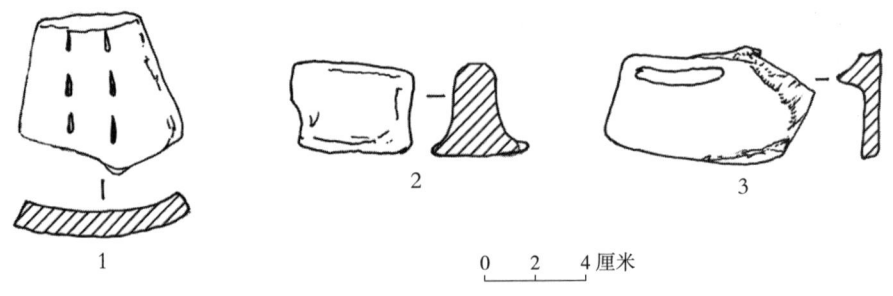

图 5-105　慕仁东偏脸地遗址采集标本

1. 豆座；2. 鋬耳；3. 盲耳

二、西丰镇

1. 执中金山遗址

位于西丰县西丰镇执中村西北约 400 米，当地称"金山"。遗址南约 400 米为由东向西流的岔沟河，著名的西岔沟墓地就在遗址的西侧。采集标本有鬲足、鼎足、器耳、石刀等标本（图 5-106）。

鬲的乳袋很深，无实足根；鼎足细高，为多棱形，且经刀削修整，这种鼎足形制很少见到。舌形鋬耳口沿内侧为抹斜。桥耳 1 件，残断。石刀 1 件，残断，刀身孔位偏上。

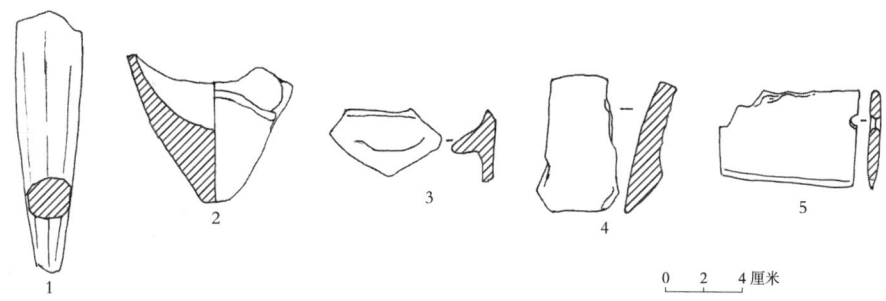

图 5-106　执中金山遗址采集标本
1.鼎足；2.高足；3、4.器耳；5.石刀

2. 东沟狐狸洞遗址

位于西丰县西丰镇公和村东沟屯北约 300 米的东山北坡，遗址北侧约 50 米为寇河河道。采集有豆、鼎、器耳等器物残段（图 5-107），该遗址已被开原至辽源高速公路覆盖。

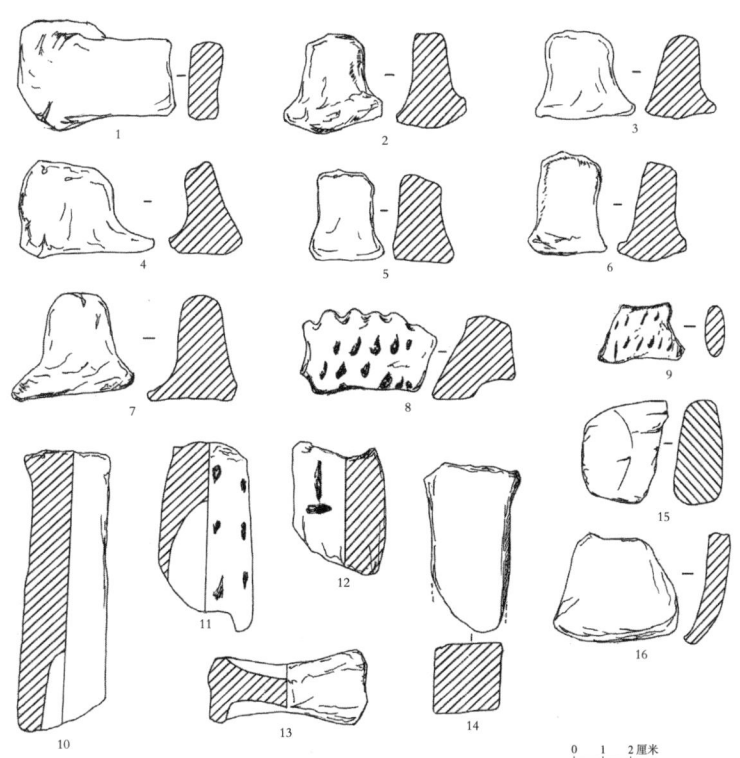

图 5-107　东沟狐狸洞遗址采集标本
1—9.器耳；10—12.豆柄；13.豆座；14.鼎足；15.石斧；16.口沿

这是一处较大规模的遗址，采集标本有豆、器耳、鼎足、石斧等。豆发现3件，其中1件施戳点纹，在豆柄壁上饰双列竖排戳点纹。方形鋬耳6件，均为夹砂红褐陶，手制粗糙。桥耳1件，残断，耳身剖面较厚。采集1件带"⊥"形戳点纹的豆柄残片，知这一时期戳点纹饰非常流行。采集标本中还有1件器耳耳身顶部压出波浪纹，并在耳身上饰双横排戳点纹。鼎足1件，方锥状。以上标本除1件残断的桥耳为夹砂灰褐陶外，余均为夹砂红褐陶。

3. 顺德屯王家东山遗址

位于西丰县西丰镇顺德村东约1公里处的山坡地上，当地人称王家东山。南侧山坡下有山溪水，由东而西流入艾清河。采集标本为器耳和鼎足，均为夹砂红褐陶（图5-108）。

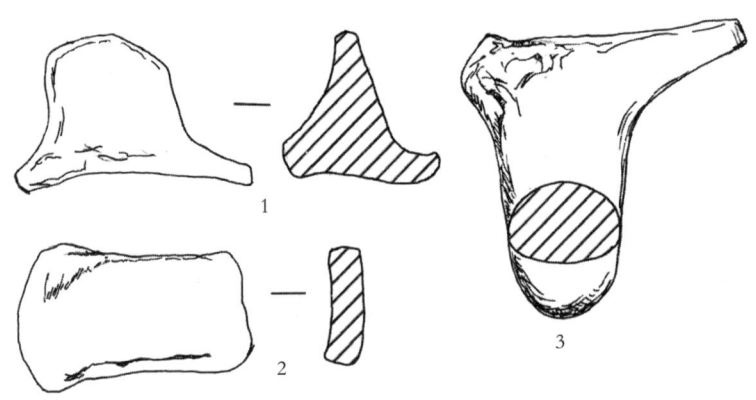

图5-108 顺德屯王家东山遗址采集标本

1.鋬耳；2.桥耳；3.鼎足

4. 东沟西坡遗址

位于西丰县西丰镇公和村东沟屯西山坡上，东南距东沟屯约600米。遗址西高东低，北坡下1公里处即为寇河河道。地表采集遗物较丰富，有器耳、鼎、鬲、豆等标本（图5-109）。

标本显示的器类有多种，器耳形制多样，红褐色夹砂陶占大多数。器耳多见舌形耳，陶色有红和灰两种，红褐色舌耳采集3件，灰褐色采集1件。有2件饰戳点纹的器耳，耳面饰两排戳点纹，均为灰陶。环耳1件，近似三角形，为夹砂灰褐陶。三足器见有鼎、

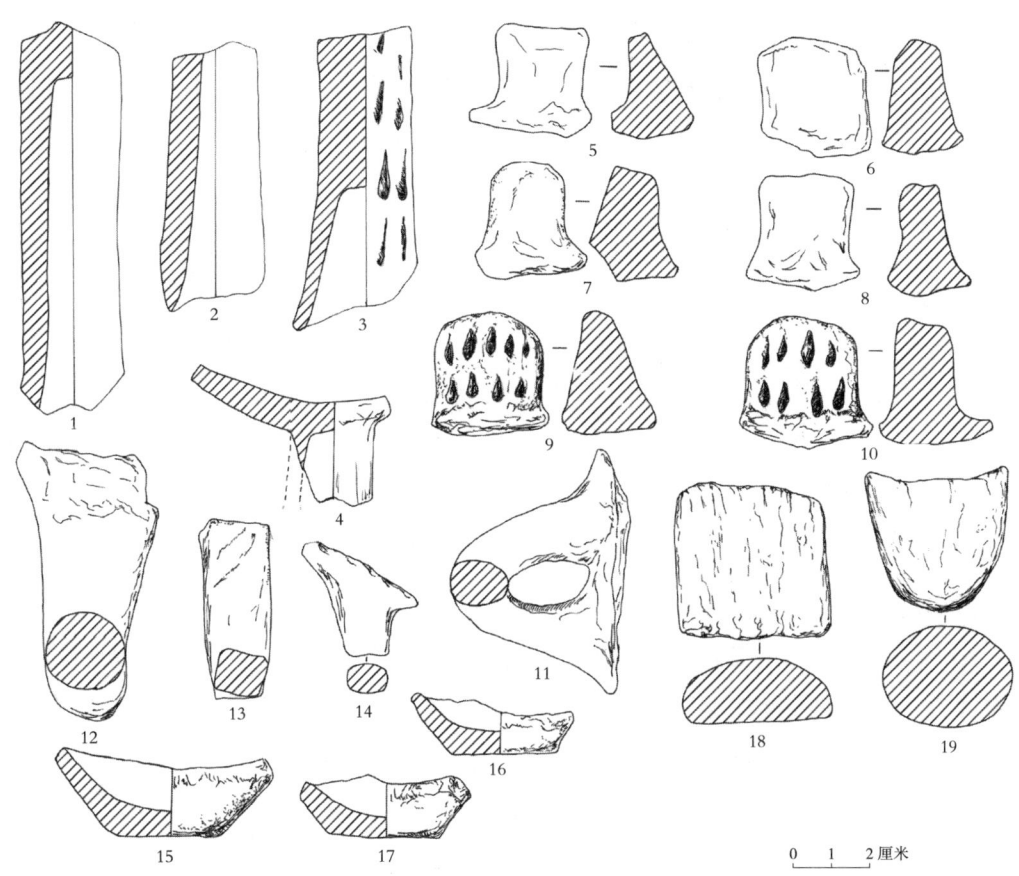

图 5-109 东沟西坡遗址采集标本

1—4.豆柄；5—8.舌耳；9、10.戳点纹器耳；11.环耳；12、14.鬲足；13.鼎足；15—17.器底；18.石磨棒；19.石杵

鬲两种，各采 1 件，其中鼎足为方锥形足，残断。鬲足实足根较高，略有弯曲。豆见 4 件，均为高足喇叭状，其中 1 件带残存的豆盘，器表施红陶衣。豆柄中还有 1 件为器表施戳点纹的标本，竖行并列双排。舌形錾耳也有施戳点纹者，采集 2 件，耳面上横排双列。石器见有石磨棒和石杵，均残。该遗址与 2008 年辽宁省考古研究所发掘的西丰东沟遗址隔一山沟东西相望，相距约 300 米，其面貌及内涵与东沟遗址相同，应是同一时期、同一部族遗存。

5. 东北沟西山遗址

位于西丰县向阳街东北沟西侧第一个开口向东的沟谷北侧山坡上，遗址东约 200 米是一条无名季节河，由北向南流入寇河。地表遗物稀少，仅采集有器耳标本（图 5-110）。

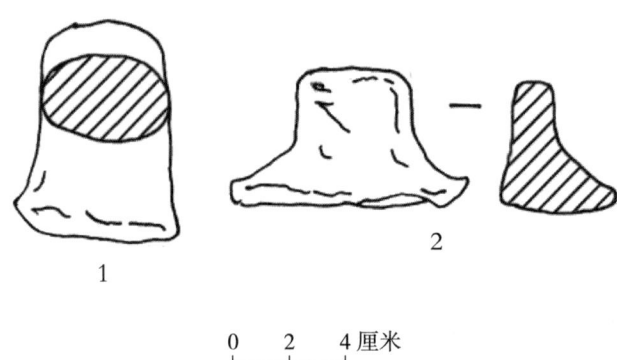

图 5-110 东北沟西山遗址采集的器耳标本

可辨器型只是2件鋬耳,方形和椭圆柱形各一,均为夹砂红褐陶。

6. 林昌老田家转山遗址

位于西丰县西丰镇林昌村西南约800米一名叫"老田家转山"的东坡,遗址南约250米有一条东西向的山溪。采集有鬲足、器耳、器底、纺轮等标本(图5-111)。

标本均为夹砂红褐陶,鬲足,无实足根,从残断所余部分观察,乳袋很深。方形鋬耳和桥耳各1件;器底1件;饰戳点纹陶片1件,略有弧度,应该是豆座残片;纺轮1件,亚腰圆柱形,双透孔。

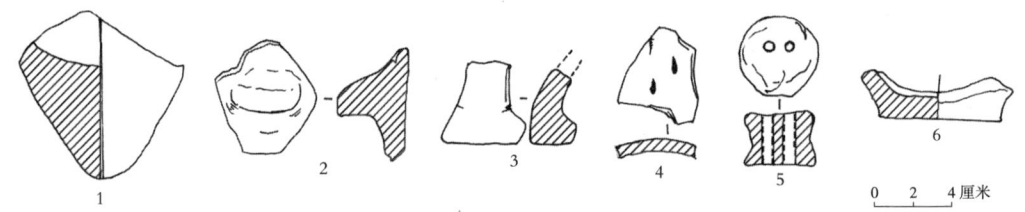

图 5-111 林昌老田家转山遗址采集标本
1.鬲足;2.鋬耳;3.桥耳;4.饰戳点纹陶片;5.纺轮;6.器底

7. 西站曲家沟遗址

位于西丰县西丰镇西站村曲家沟屯北冈梁上,南距西丰至开原公路约500米,坡度平缓,高敞向阳。冈梁西侧有一条南北向的山溪绕过。采集有鼎足、器耳、器底、石刀等标本(图5-112)。

有夹砂红褐陶和夹砂灰褐陶两种,红陶居多,个别灰陶。桥耳1件,夹砂红褐陶;

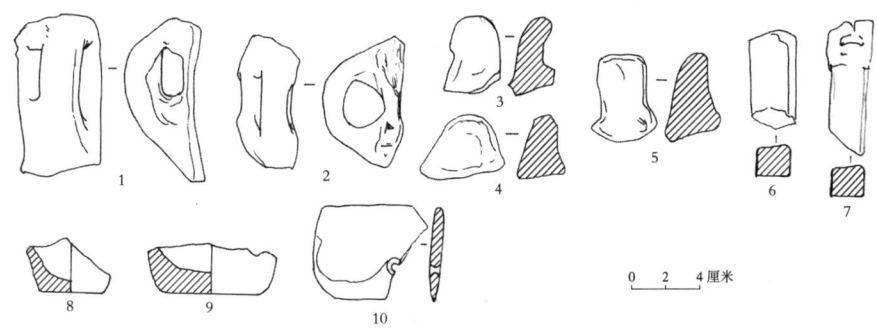

图 5-112　西站曲家沟遗址采集标本
1—5.器耳；6、7.鼎足；8、9.器底；10.石刀

环耳1件，夹砂灰褐陶；方形錾耳3件，均为夹砂红褐陶；鼎足2件，夹砂红褐陶，方锥状。石刀1件，残半，孔位偏下。

8. 曹家后沟遗址

位于西丰县西丰镇公和村曹家后沟北侧山冈的南坡上，遗址南约400米为寇河。采集标本有鼎足、鬲足、器耳、器底等（图5-113）。

均为夹砂红褐陶。鬲足2件，略有实足根；鼎足1件，剖面作半月形；桥耳1件，残断；器底1件。

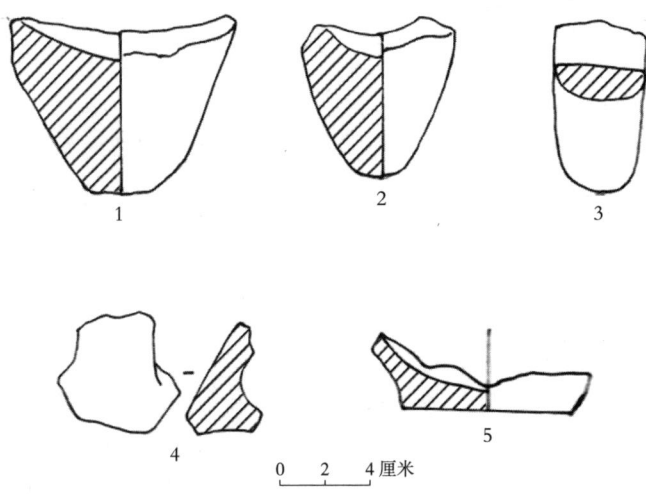

图 5-113　曹家后沟遗址采集标本
1、2.鬲足；3.鼎足；4.桥耳；5.器底

9. 东沟东山遗址

位于西丰县西丰镇公和村东沟屯东山坡上，遗址北约50米为寇河。遗物遍布于整个山坡，采集有豆柱、器耳、器底、鼎足、网坠、石器等。该遗址所在区域为开原至辽源高速公路设计线路，2008年经辽宁省文物考古研究所发掘，在此采集大批标本，遗址下为一石棺墓群[14]。

标本有夹砂红褐陶和夹砂灰褐陶两种。红褐陶有豆柱，多为空心柱，个别器表饰戳点纹，也有极少实心柱；双孔纺轮，矮圆柱形；舌形錾耳、方锥鼎足等。灰褐陶有环耳、方形錾耳和桥耳，其中方形錾耳多饰戳点纹。石器有石刀、石锤、石棍棒头等（图5-114）。

三、安民镇

1. 达仁屯东沟老徐大坡遗址

位于西丰县安民镇永淳村达仁屯北约800米的东沟老徐大坡地上，遗址东约200米有一山溪由北向南流入寇河。采集有器耳、豆柄、口沿、器底、石刀等标本（图5-115）。

标本均为夹砂红褐陶。豆柄3件，其中1件饰戳点纹；錾耳5件，其中1件饰戳点纹；桥耳2件，饰密集的戳点纹，这种装饰手法在器耳上很少见到。器底2件。口沿2件，均为圆唇直口，似为钵罐类口沿。石刀为弧背弧刃，残断，见一钻孔，孔位偏上。

2. 永淳西大冈遗址

位于西丰县安民镇永淳村北约1.2公里名叫"西大冈"的坡地上。地面多为残碎陶片，采集有口沿、器耳等标本（图5-116）。均为夹砂红褐陶。口沿，圆唇直口，外壁施一道浅沟纹（弦纹）为首见；小桥耳残断；舌形錾耳1件。

3. 永淳道班后山遗址

位于西丰县安民镇安民村安民屯西北原公路道班北约600米山坡耕地中，遗址西侧坡下有一山溪由北至南流入寇河。遗址坐北朝南，2009年因修建开原至辽源高速公路得以发掘[15]。出土有房址、灰坑、灶址等，遗址北区为墓葬区，清理墓葬11座，其中石板墓3座，土坑墓8座。在遗址中采集有豆柄、器耳、口沿、石器等标本（图5-117、图5-118、图5-119）。

第五章 西丰县

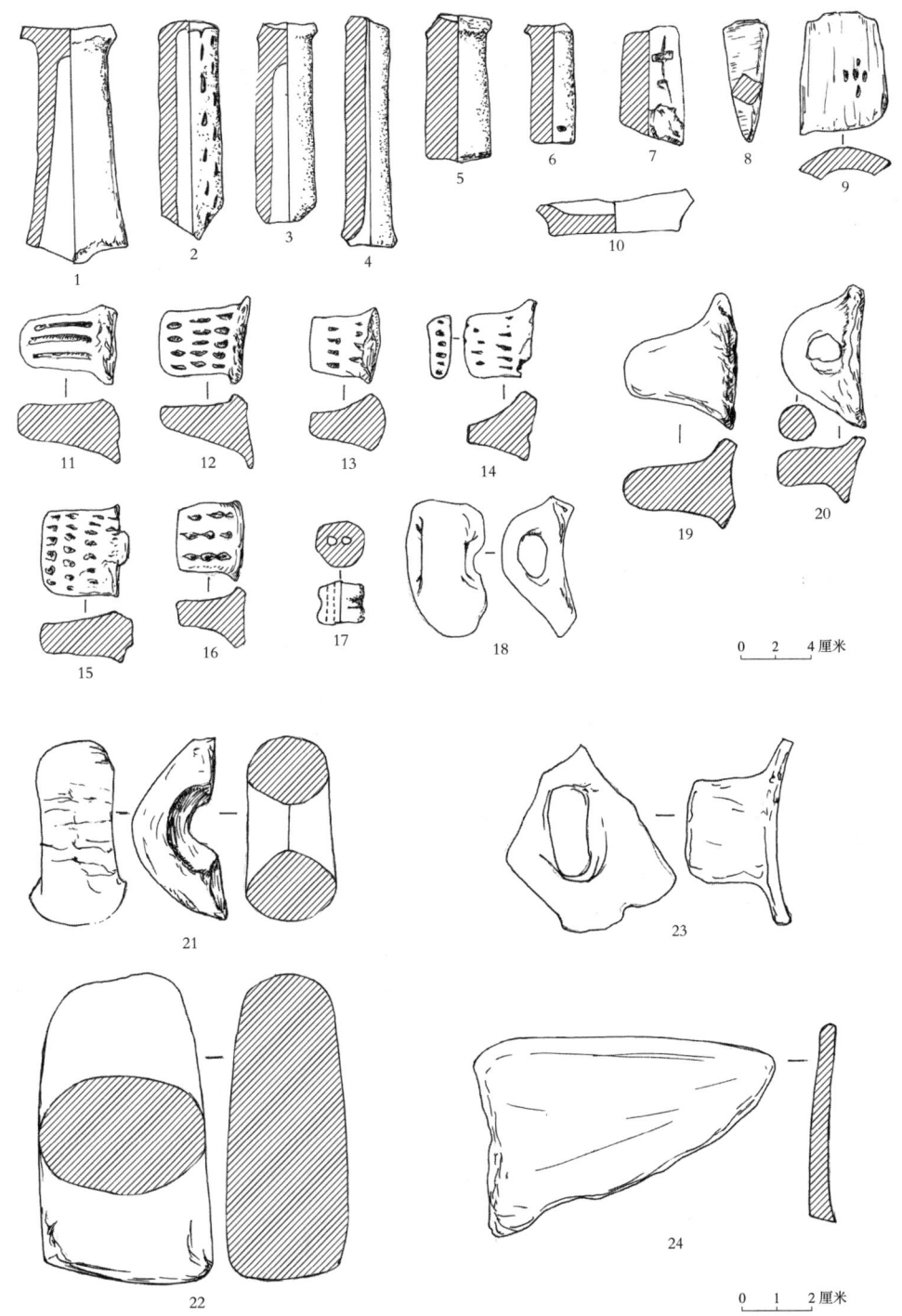

图 5-114 东沟东山遗址采集标本
1—7.豆柄；8.鼎足；9.口沿；10.器底；11—16、18—20、23.器耳；17.纺轮；21.石棍棒头；22.石锤；24.石刀

209

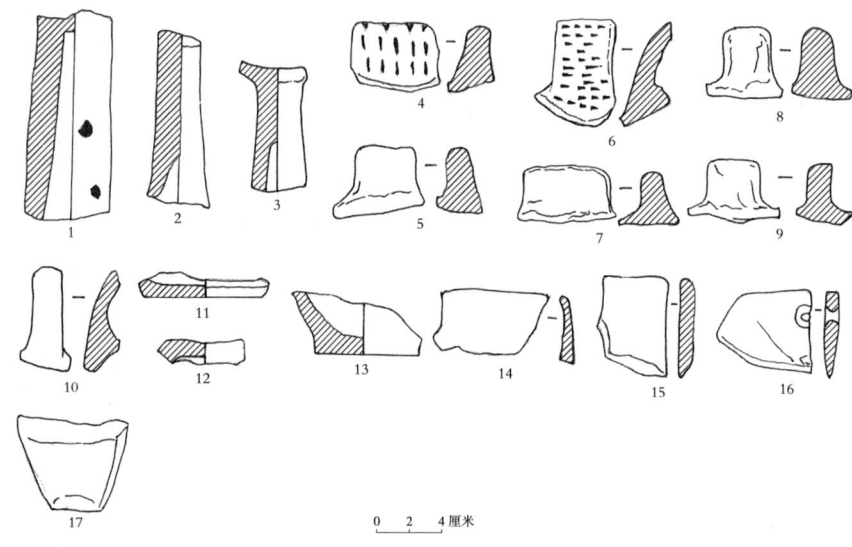

图 5-115 达仁屯东沟老徐大坡遗址采集标本
1—3.豆柄；4、5、7—9.鋬耳；6、10.桥耳；11—13.器底；14、15.口沿；16.石刀；17.高足

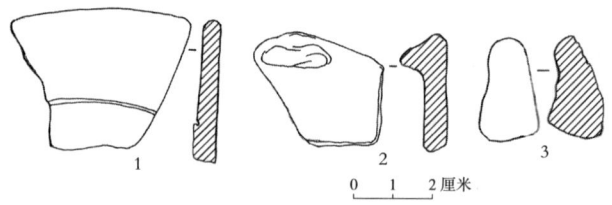

图 5-116 永淳西大冈遗址采集标本
1.口沿；2.桥耳；3.鋬耳

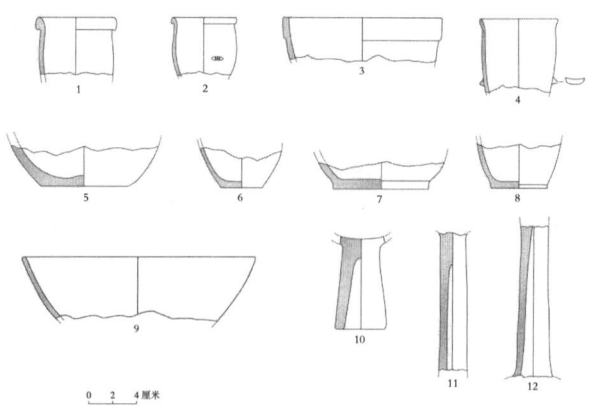

图 5-117 永淳道班后山遗址采集标本 1
1、2.A 型叠唇罐；3.B 型叠唇罐；4.侈口罐；5、6.A 型器底；7、8.B 型器底；9.陶钵；10—12.陶豆

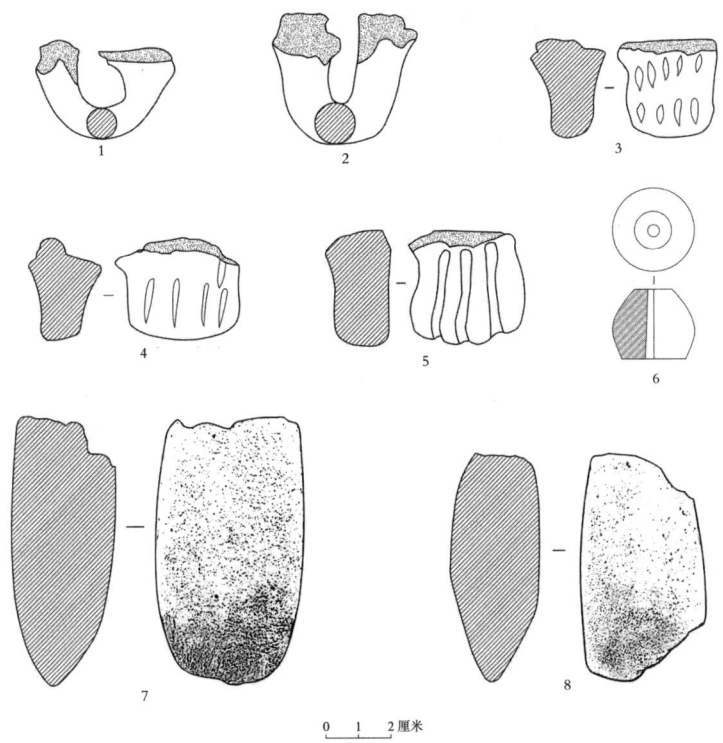

图 5-118　永淳道班后山遗址采集标本 2
1—5.器耳；6.陶纺轮；7、8.石斧

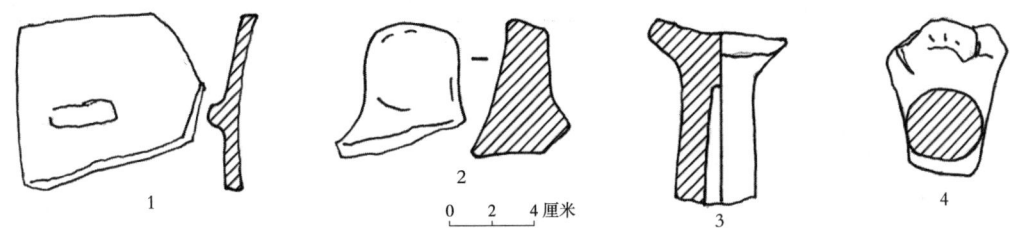

图 5-119　永淳道班后山遗址采集标本 3
1、2.器耳；3.豆柄；4.高足

有夹砂红褐陶和夹砂灰褐陶两种，比例大致各占一半，主要器类有豆柄，或有饰戳点纹者；錾耳，有素面和饰戳点纹两种；桥耳多为夹砂红褐陶；环耳则全部为夹砂灰褐陶。此外还见有口沿饰戳点纹的壶、高柄豆、敛口小钵等。器耳形制丰富多样且极具特色，乳丁状耳、方形錾耳、舌状耳、环形耳等均较常见。石器采集有待进一步加工的石刀等。

四、更刻乡

1. 忠信村馒头山遗址

位于西丰县更刻乡忠信村南山耕地中，当地俗称"馒头山"，遗址坐南朝北。采集有器耳、豆柱、口沿、石铲等标本（图5-120）。

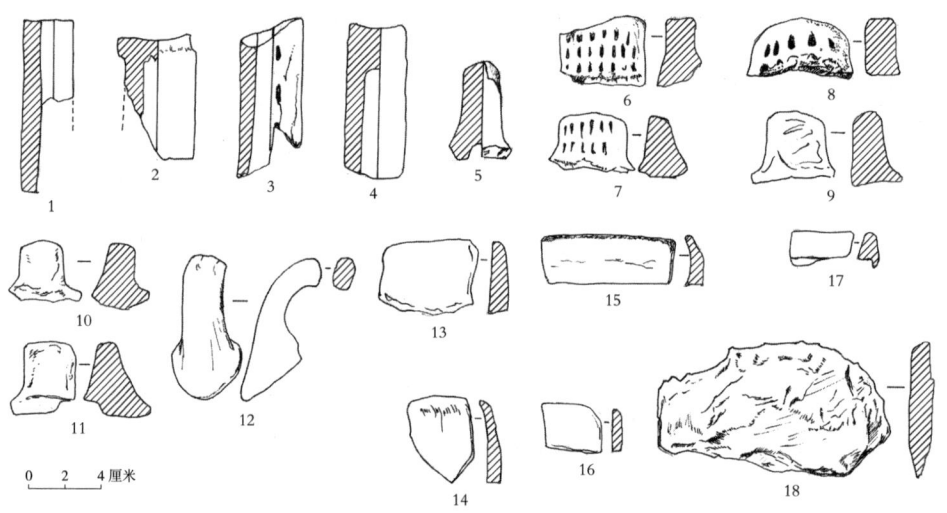

图5-120　忠信馒头山遗址采集标本
1—5.豆柄；6—12.器耳；13—17.口沿；18.石铲

红陶是这个遗址主色调，只有3个带戳点纹的鋬耳是灰陶，在这个遗址中，首次发现了黑陶罐侈口沿，方形鋬耳和各种口沿占标本的绝大部分，高柄豆和打制石器并存，豆为空心柱状，其中一件器表饰戳点纹。

2. 大榆树连家沟遗址

位于西丰县更刻乡小城子村大榆树屯北约200米一个开口向南的沟谷中，采集有豆柄、器耳、器底、口沿、石锤等标本。豆柄共采集6件，仅1件为喇叭座状，余均为空心柱状，夹砂红褐陶，或饰戳点纹。桥耳、壶领也为红陶，方鋬耳为灰陶（图5-121）。

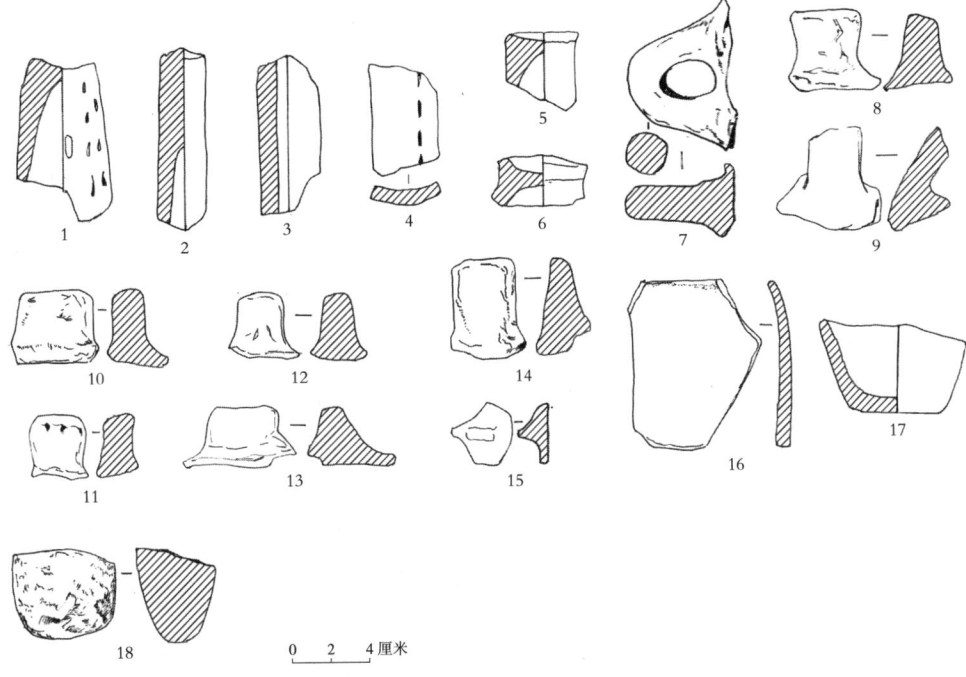

图 5-121 大榆树连家沟遗址采集标本

1—6.豆柄；7—15.器耳；16.口沿；17.器底；18.石锤

3. 小城子宋家沟遗址

位于西丰县更刻乡小城子村西北约 1500 米的西山东坡耕地上。该遗址采集标本很少，只有喇叭形豆座、壶领、桥耳残段各 1 件，均为夹砂红褐陶（图 5-122）。

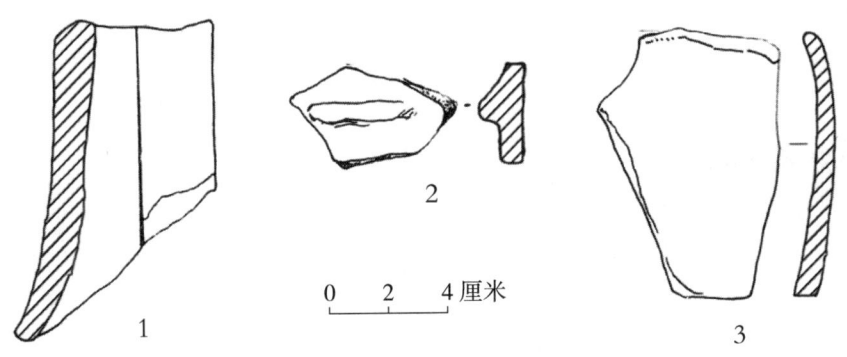

图 5-122 小城子宋家沟遗址采集标本

1.豆座；2.桥耳；3.壶领

五、振兴镇

1. 沙河南冈遗址

位于西丰县振兴镇沙河村南约500米的山坡地上，东侧是一条自南向北流淌的山溪，汇入寇河。遗物散布于地表，采集有豆柄、环耳、鼎足、鬲足、石范、石勺、石锤等标本（图5-123）。

豆柄均为空心柱状，夹砂红陶质，其中一件饰倒三角式戳点纹，采集1件圆锥状鼎足，制作精巧。方形鋬耳或饰戳点纹、桥耳、网坠、纺轮也均为红陶。夹砂灰陶的标本有带假圈足的器底、乳丁耳及圆唇口沿、环耳、鸡冠耳等。该遗址石器发达，尤以棒状器身的石锤最具特色，数量也多，采集有13件，敲砸面斑驳，显为砸击硬物所致。石勺勺体残断，勺把尚存。引人注意的是，该遗址中采集3方滑石范：1方为斧范，正反两面均为斧模。编号沙范1，斧身稍长，一面斧模上部有一道网格纹，另面斧模不见，弧刃微上翘。沙范2：一面为斧模，斧模弧刃弯曲较大且上翘，斧身半饰网格纹；另面为马形模，前蹄提起似奔跑状，残半。沙范3：长条形，范模为一奔跑的动物，尾部延长至范模另端，应为头簪之类的饰件。

2. 治平腰岭子乱石冈子遗址

位于西丰县振兴镇兴学村治平屯南约1000米的名为"乱石冈"的山坡上，是一道东西向的山梁，山梁北坡下有一条东西流淌的小河，采集有豆柄、环耳、鼎足、石斧等标本（图5-124）。

陶器均为夹砂红褐陶，豆柄有空心柱状和喇叭状两种。环耳平置。鼎足为扁方形。石斧残断，仅余斧身，琢磨兼制，剖面为椭圆形。

3. 枫树腊门岭遗址

位于西丰县振兴镇枫树村腊门岭屯北约200米的一道略有起伏的丘冈上，遗址西约200米有一道山溪由北向南汇入寇河。在遗址中采集有石斧、夹砂红褐陶片、豆柱等标本（图5-125）。采集的标本不多，但很重要。

石斧，几近完整，长条形，磨制精湛，材质是疏松的石灰岩，非常疏松，显然不是实用器，而且外表非常光滑，估测这件石斧应是一件专门用来随葬的石器。另件石斧与之大同，只是尺寸略小。豆为盘与座的结合部，为红褐陶，喇叭座状。

第五章 西丰县

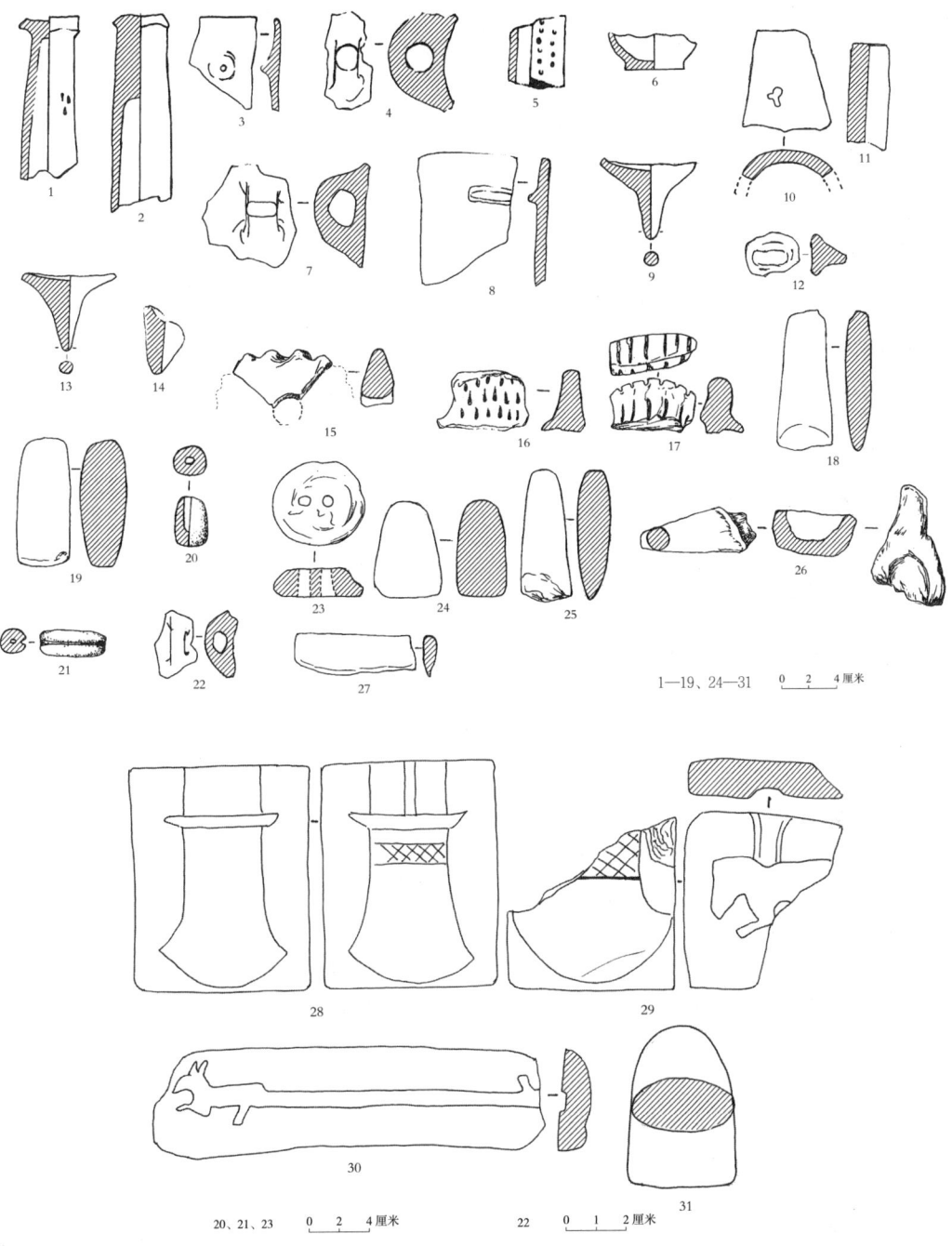

图 5-123 沙河南冈遗址采集标本

1、2、5、11. 豆柄；3、4、7、8、12、15—17、22. 器耳；6. 器底；9、13. 高足；10、27. 口沿；14. 鼎足；18、19、24、25. 石锤；20、21、23. 网坠；26. 石勺；28. 斧范；29. 斧模；30. 长条形范模；31. 石磨棒残段

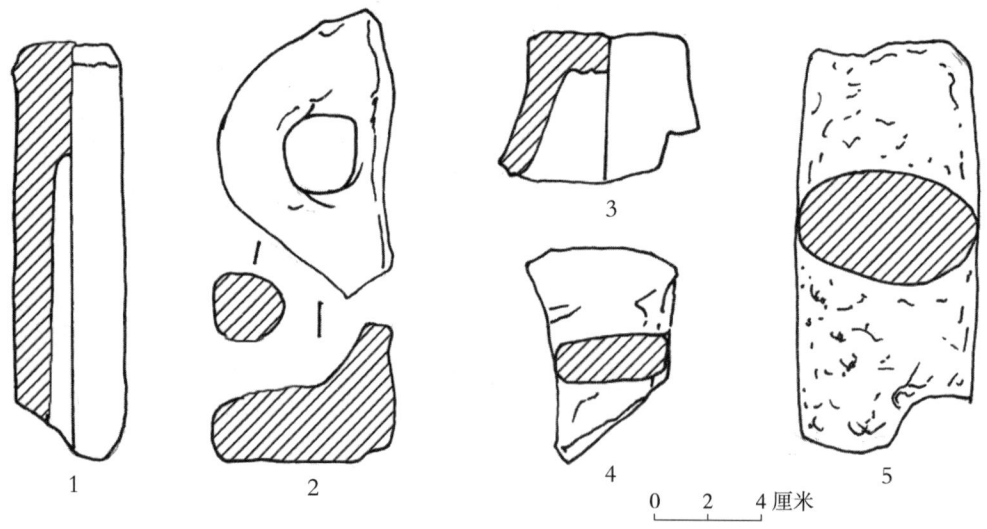

图 5-124 治平腰岭子乱石冈子遗址采集标本

1、3.豆柄；2.环耳；4.石斧；5.鼎足

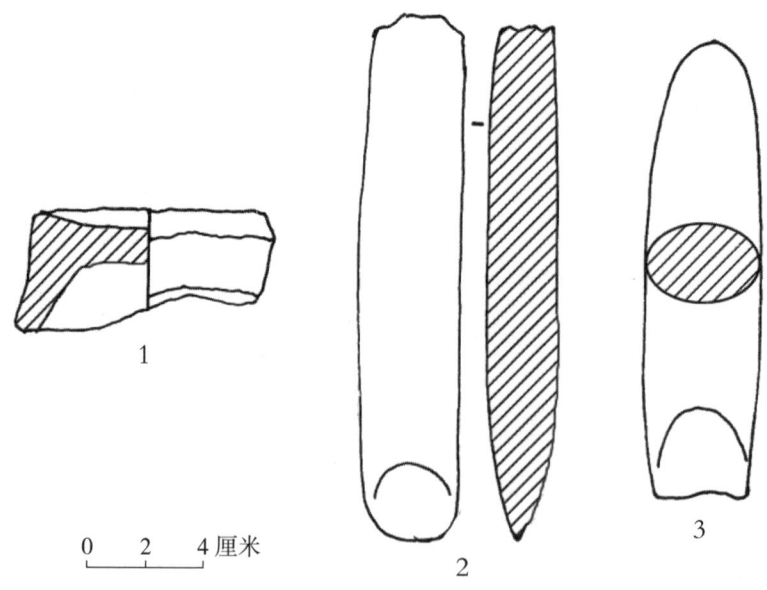

图 5-125 枫树腊门岭遗址采集标本

1.豆柄残段；2、3.石斧

4. 柳树黄家坟遗址

位于西丰县振兴镇柳树村柳家屯北约300米处的馒头山上,遗址西约200米有一条无名小溪由北而南流入寇河支流。在遗址中采集有口沿、器耳、器底等标本(图5-126)。均为胎质细腻的夹砂黄褐陶。口沿有圆唇直口和圆唇侈口两种.器底采集3件,其中1件为假圈足。鋬耳为长方形。

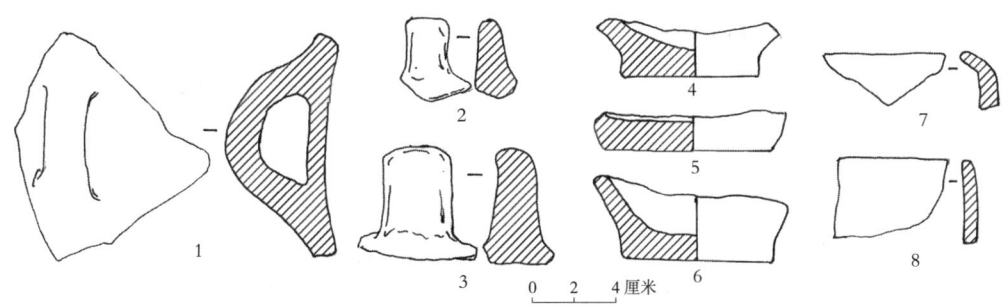

图 5-126 柳树黄家坟遗址采集标本

1—3. 器耳;4—6. 器底;7、8. 口沿

5. 忠义刺槐林遗址

位于西丰县振兴镇忠义村南约200米处的槐树林中,遗址西侧100米有一条山溪由南向北流入寇河,采集标本有各式器耳、壶座、器底等(图5-127)。

2件桥耳标本为夹砂红褐陶,余皆为夹砂灰褐陶。环耳1件,耳呈三角形,略上翘。鋬耳有方形和柱形两种。壶座残片上有两排戳点纹。器底殊小,似为盅类器具。

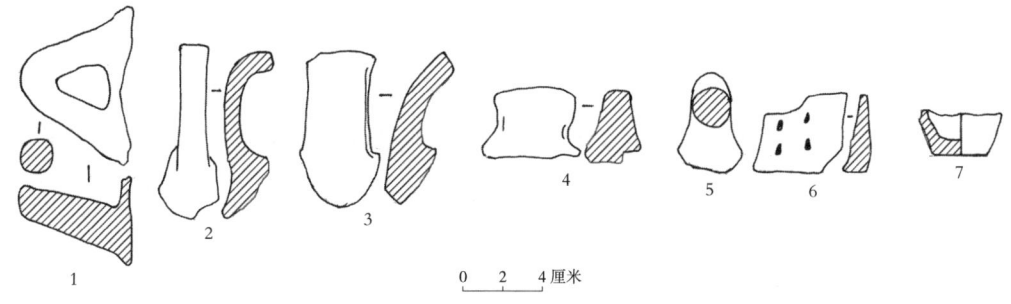

图 5-127 忠义刺槐林遗址采集标本

1.环耳;2、3.桥耳;4、5.鋬耳;6.壶领残部;7.器底

六、金星满族乡

1. 纯仁学校后山遗址

位于西丰县金星乡榆泉村纯仁屯北约1000米的学校后山顶上，遗物主要集中在山坡顶部及南、东两个方向，采集有器耳、豆柄、器壁残片等标本（图5-128）。

桥耳为夹砂黑陶，其余为红褐陶。豆柄2件，均有戳点纹装饰；器壁残片略有弧度，似一钵类器，器壁满饰戳点纹。

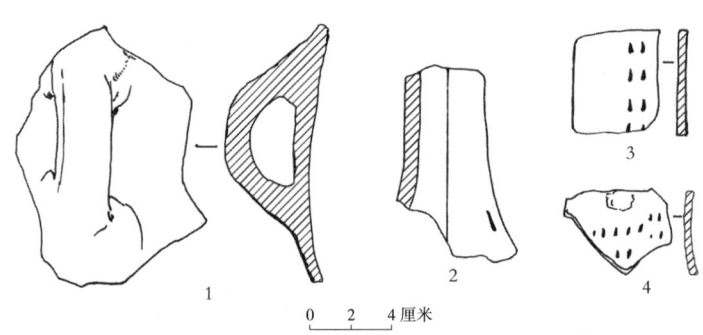

图5-128 纯仁学校后山遗址采集标本
1.桥耳；2.豆柄；3、4.器壁残片

2. 金星城山遗址

位于西丰县金星乡金星村东约200米的城山顶部，遗址所在山势略呈东西向的长条形，当地人称之为"王八脖子"，大小寇河分别从遗址的南北两侧由东向西流，在城山西坡下汇聚成寇河。因山上建有辽金时期城址，故名城山。在几乎整个山坡上均可见自青铜时代起至辽金各时期遗物。采集标本有夹砂红褐陶豆柄、环耳、陶片等（图5-129）。

豆柄2件，喇叭座与空心柱状各1件，鸡冠耳1件，均为夹砂红褐陶；桥耳2件，鋬耳1件，均为夹砂灰褐陶；另有1件陶钵，鼓腹，夹砂红褐陶。口沿为圆唇直口，夹砂灰褐陶。器底1件，带小台底，也为夹砂灰褐陶。

3. 永安庙沟冈子遗址

位于西丰县金星乡永安村北约600米一山冈上，当地俗称"庙冈"。遗址坐北朝南，东距小寇河约200米。采集有鼎足、器耳、石斧等标本（图5-130）。

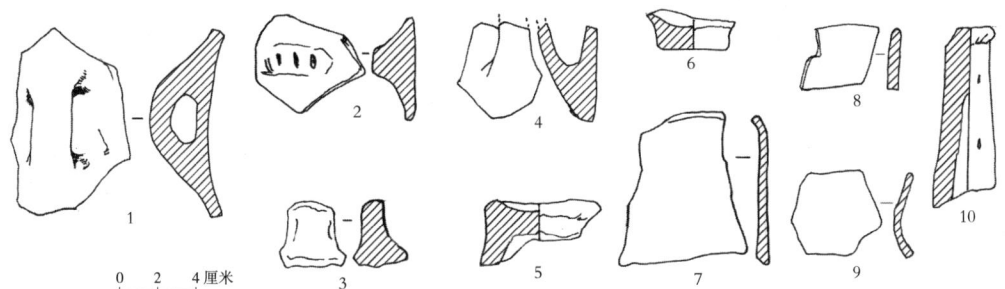

图 5-129 金星城山遗址采集标本
1—4. 器耳；5. 豆座；6. 器底；7—9. 口沿；10. 豆柄

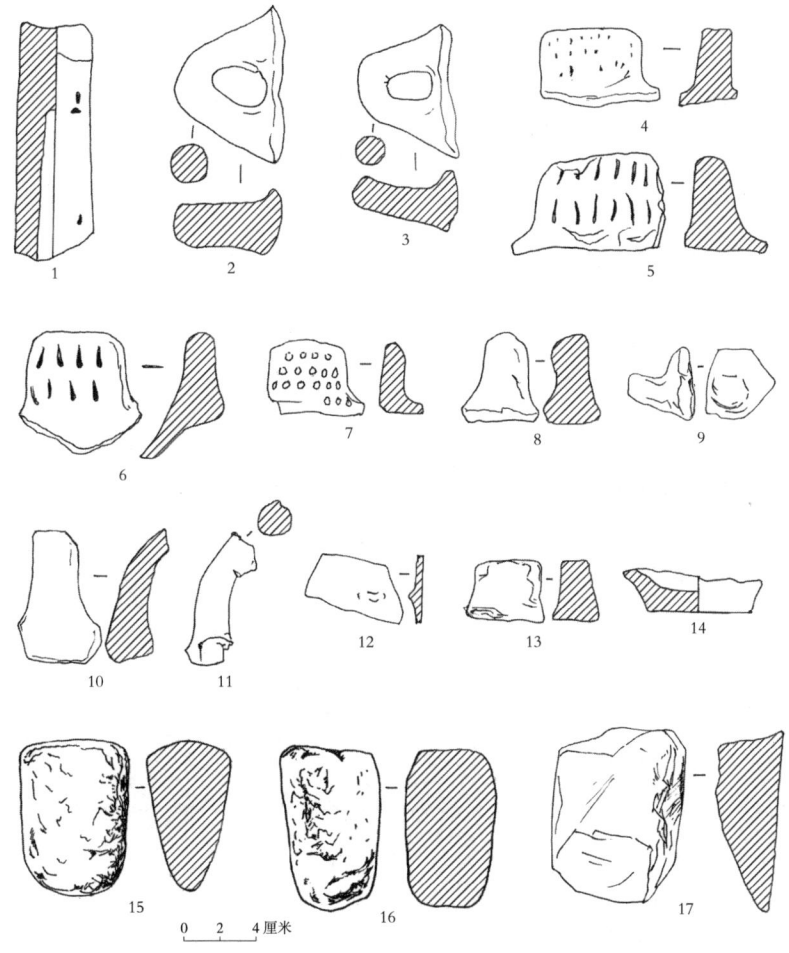

图 5-130 永安庙沟冈子遗址采集标本
1. 豆柄；2、3、11. 环耳；4—9、13. 鋬耳；10. 桥耳；12. 口沿；14. 器底；15—17. 石斧

该遗址采集标本有夹砂红褐陶和灰褐陶两种。方形錾耳3件，柱形錾耳1件，均为夹砂灰褐陶；桥耳1件，为夹砂红褐陶；鼎足1件，方锥形，夹砂红褐陶；环耳1件，夹砂灰褐陶。3件石器，其中1件有斜刃，似有待进一步加工的石器半成品。另2件一件带刃，一件不带，均是器身浑圆，琢磨兼制而以细琢为主，应该是功用有所不同。在同为寇河上游的振兴沙河南冈遗址中有过大量同形制石锤的发现，庙沟冈子遗存当与邻近的这处遗存有关。

4. 同兴老李大卧子遗址

位于西丰县金星乡同兴村西南约1000米的一个开口向东北的自然沟谷内，东临一条由南向北的季节性小河。采集有豆柄、器耳等标本（图5-131）。

豆柄1件，夹砂红褐陶，上有戳点纹一组；器耳有3种样式：桥耳、柱形錾耳和方形錾耳，除桥耳为夹砂红褐陶外，其余二式为夹砂灰褐陶，方形錾耳2件，其中1件为带戳点装饰。该遗址采集的泥质黄陶透孔器是一个新发现，长方形，横向2孔与纵向1孔互相贯通，疑似网坠。

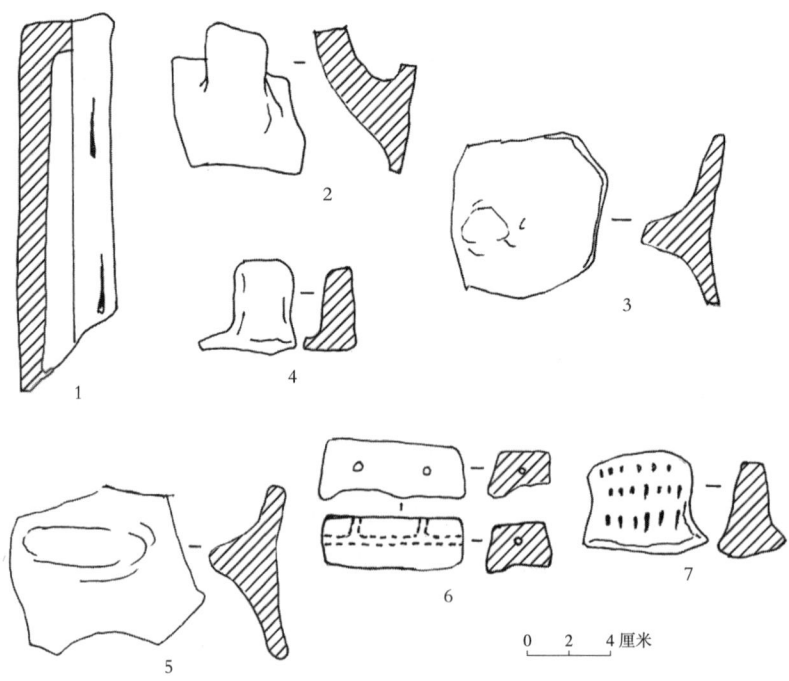

图5-131 同兴老李大卧子遗址采集标本
1.豆柄；2—5、7.器耳；6.透孔器

5. 信乡乱葬岗子遗址

位于西丰县金星乡信乡村西北约 500 米处，是一道东北－西南向的"〈"形冈梁，冈梁顶部有很多近现代坟丘，当地称"乱葬岗子"。采集有豆柱、鋬耳、口沿、石器等标本（图 5-132）。

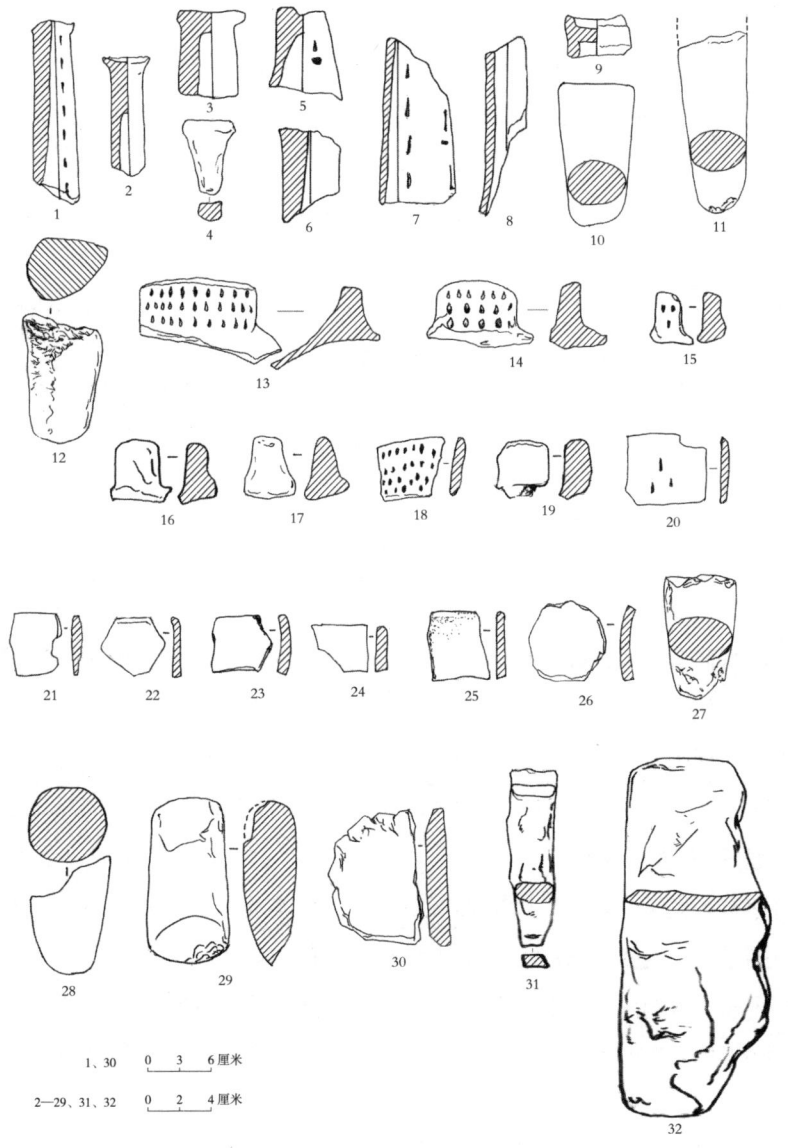

图 5-132 信乡乱葬岗子遗址采集标本

1—3、5—8. 豆柄；4. 高足；9. 豆座；10—12、27、28. 石锤；13—17. 器耳；18—26、30. 口沿；29. 石斧；31. 石磨棒；32. 石饼

采集标本有夹砂红褐陶和灰褐陶两种，豆全部为夹砂红褐陶，7件豆座标本中有3件饰戳点纹，皆为空心柱式。鍪耳多饰戳点纹，也有素面者。口沿有圆唇、方唇之别，圆唇又有直口和微侈之分，为夹砂灰褐陶。桥耳见一残断者，其上也施戳点纹。石器有石锤和石斧，锤身多为椭圆柱形；此外，还有石刀、石饼和石磨棒，均残断。

6. 森林煤窑沟西坡遗址

位于西丰县金星乡青山村森林屯西约800米一个开口向南的自然沟谷西坡顶上。遗址坐南朝北，这类方向的遗址很少见，在遗址中采集到口沿、器耳、豆柄等标本（图5-133）。

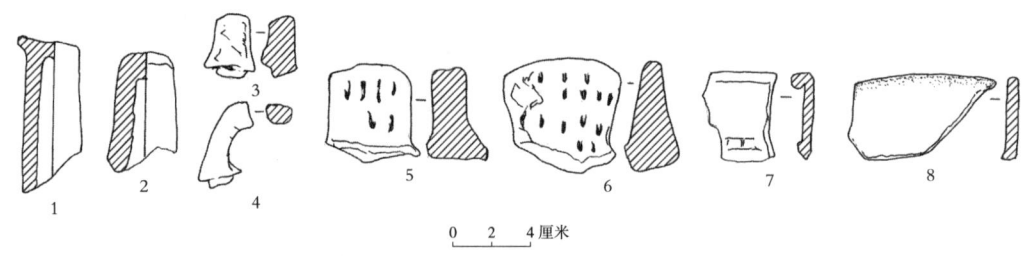

图5-133 森林煤窑沟西坡遗址采集标本
1、2.豆柄；3—6.器耳；7、8.口沿

有夹砂红褐陶和灰褐陶两种。红褐陶有豆柄、口沿，豆柄2件，均为空心柱形；口沿2件，1件为圆唇直口，1件为平折沿而直颈下有附加堆纹。器耳有鍪耳和环耳，均夹砂灰褐陶，其中2件鍪耳均施戳点纹。

7. 同兴田三大望子遗址

位于西丰县金星乡同兴村北约300米的屯后山坡地上，坐南朝北，背阴方向，遗址方位很值得注意。遗址呈扇形，遗址西侧坡下有山泉水，冬夏不涸。采集有豆、器底和鍪耳等标本，该遗址多见残豆座残片。采集有喇叭形豆柄、器底各1件，方形鍪耳2件，豆柄柄身无纹饰。标本中还有数件残豆座陶片，为夹砂红褐陶（图5-134）。

8. 北力勤大弯垄遗址

位于西丰县金星乡同兴村北约300米的一处坡地上，遗址南坡下有山泉水自西向东流入寇河。采集有鼎、豆、器耳、石斧等标本（图5-135）。

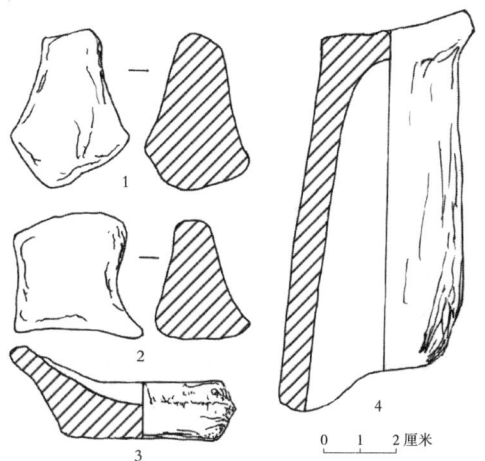

图 5-134　同兴田三大望子遗址采集标本

1、2. 鋬耳；3. 器底；4. 豆柄

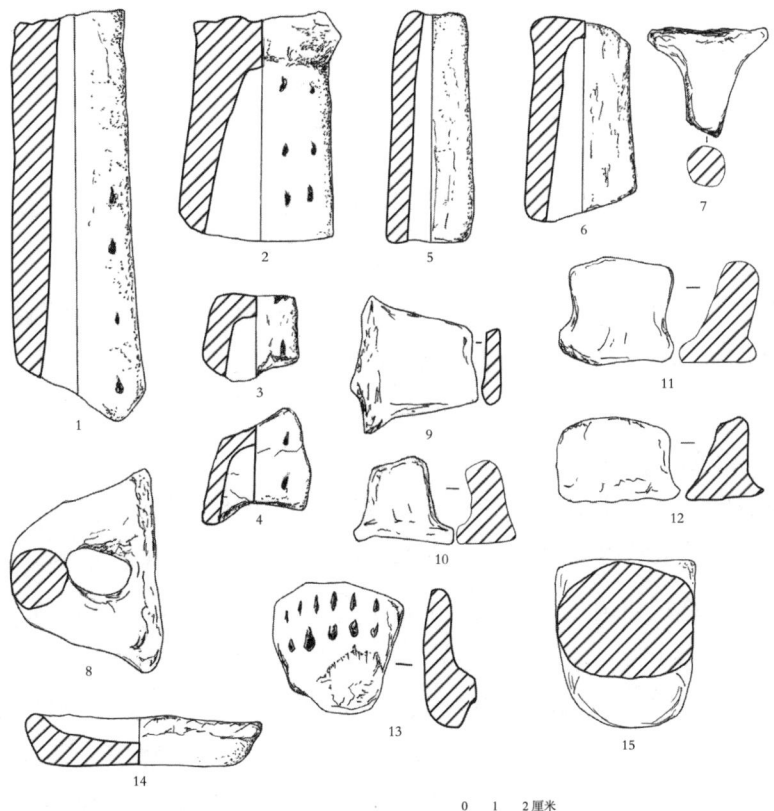

图 5-135　北力勤大弯垄遗址采集标本

1—6. 豆柄；7—12. 器耳；13. 豆座残壁；14. 器底；15. 鼎足

标本陶质均为夹砂陶，陶色有红褐和灰褐两种，红陶居多而灰陶较少。见有方形錾耳，采集4件，其中灰褐陶2件，灰褐陶錾耳中还有1件耳面饰戳点纹，横行双排。灰陶标本中还有1件为环耳。夹砂红褐陶标本有：桥耳和圆锥形鼎足各1件，鼎足足尖残断。豆柄采集6件，其中4件柄身施戳点纹。石器只见1件残石斧，棒身舌刃。此外还采集有器底和带戳点纹的豆座残壁，也为夹砂红褐陶。该遗址见红烧土块。

9. 艺林武家沟道上遗址

位于金星乡艺林村上艺林屯西南约300米的地方，遗址西侧有一道水冲大沟，沟下有山溪水流。采集有豆、桥耳等（图5-136）。

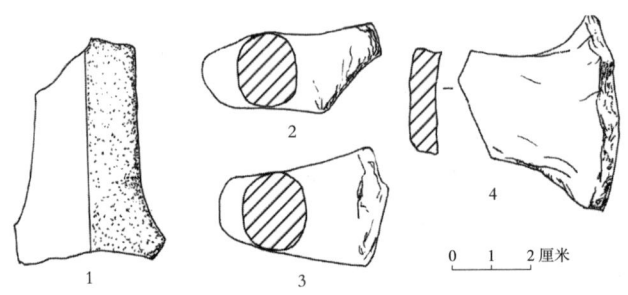

图5-136　艺林武家沟道上遗址采集标本
1.豆柄；2、3.器耳；4.桥耳

采集4件标本：豆，1件，残断；桥耳，1件，残断。另外还有2件圆角状器耳，在以往的田野调查中很少见到，均为夹砂红褐陶。

10. 高山乱石岗子遗址

位于西丰县金星乡艺林村高山屯南约1500米的山冈顶部，这道山冈自清末以来一直作为乱葬坟地。遗址所在为一道东西向的漫岗，这道漫冈的冈顶南坡有少许耕地，遗物即暴露在耕地上，采集标本较丰富，有豆柄、器耳、口沿和石器等标本（图5-137）。

陶器标本中有夹砂红褐陶和夹砂灰褐陶两种。器类有豆、器耳、口沿，石器见石锤、石斧、石刀等。豆柄4件，夹砂红褐陶，其中1件饰3组竖列单排戳点纹，另件柄身残断，残断处可见依稀戳点纹。器耳有桥耳，方形、长方形和舌形錾耳，其中1件长方形錾耳，夹砂灰褐陶，耳面饰3排横列戳点纹，每列饰戳点10或11个，在戳点纹錾耳中非常罕见。另2件有戳点纹的舌形錾耳为夹砂红褐陶，其中1件残半。口沿均为夹砂红褐陶，圆唇，

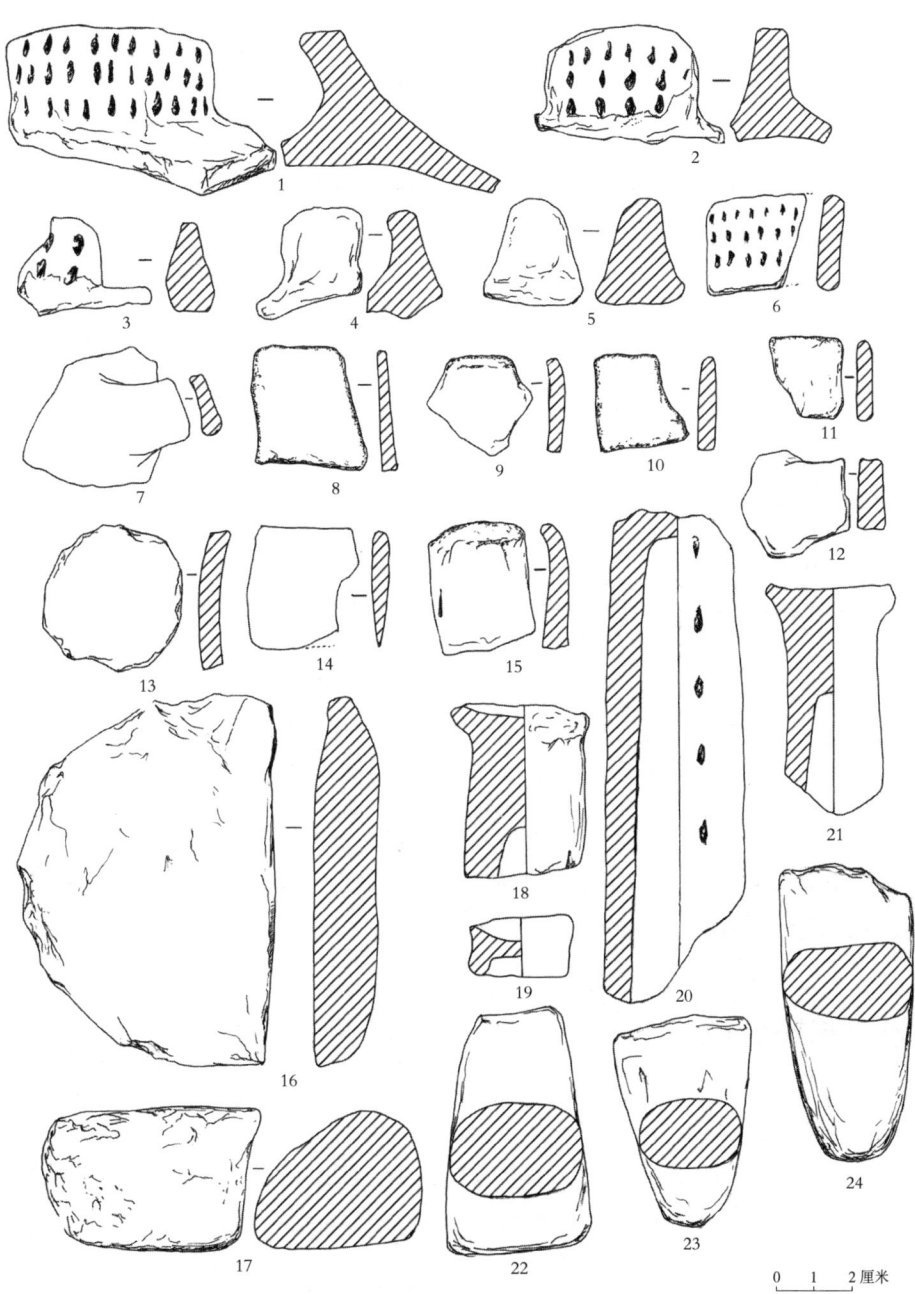

图 5-137　高山乱石岗子遗址采集标本

1—7. 器耳；8—15. 口沿；16. 石饼；17. 石斧；18、20、21. 豆柄；19. 豆座；22—24. 石锤

或有微侈者。石斧和石锤均作椭圆形器身，精琢而成。石磨棒和石饼各1件，石饼残半，打制而成。

11. 宝兴后山遗址

位于西丰县金星乡宝兴水库家属房后山北坡耕地中，遗址南约200米为宝兴水库库区，原来此处应为一条山溪，采集有口沿、器耳、器底、豆柄等标本（图5-138）。

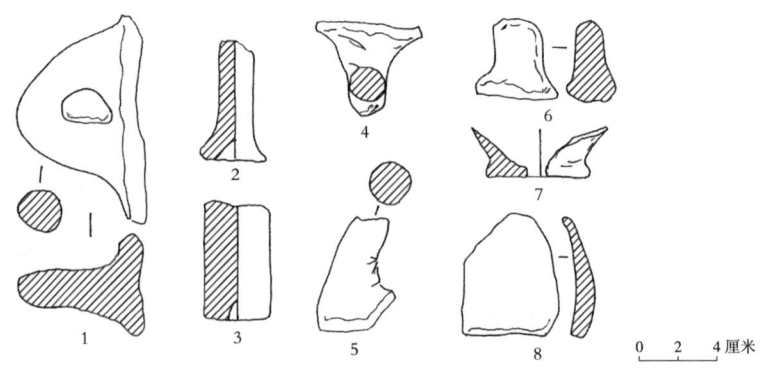

图5-138　宝兴后山遗址采集标本
1、4—6.器耳；2、3.豆柄；7.器底；8.口沿

夹砂灰褐陶标本有环耳2件、方形錾耳1件、壶领口沿1件；夹砂红褐陶有豆柄、器底和柱形錾耳各1件。

七、郜家店镇

1. 庆丰黄草坡遗址

位于西丰县郜家店镇自由村庆丰屯西南约200米的坡地上，西北高东南低，坡下有一条无名小河自北而南从遗址前流过，采集标本有环耳、錾耳、鼎足、口沿等（图5-139）。

豆、鼎、錾耳、口沿均为夹砂红褐陶，其中口沿为圆唇直口，豆为空心喇叭状，外饰连续戳点纹；鼎足为方锥形；錾耳为圆柱形。夹砂灰陶标本有环耳和叠唇口沿。

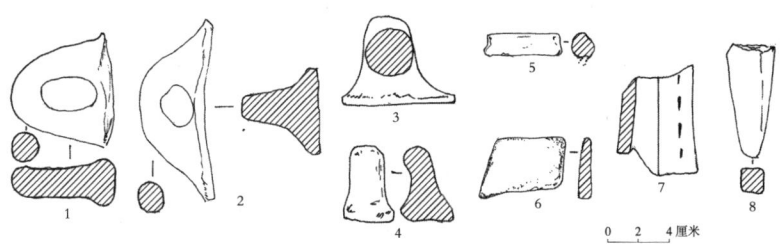

图 5-139　庆丰黄草坡遗址采集标本

1—4. 器耳；5、6. 口沿；7. 豆柄；8. 鼎足

2. 会文宫家坟地遗址

位于西丰县郜家店镇会文屯东北约 500 米的台地上，遗址坐北朝南，寇河在遗址南约 1 公里处由东向西流入清河。遗址地势高敞，地表采集有鬲、豆、器耳、砺石、鋬耳、口沿、鬲足等标本（图 5-140）。

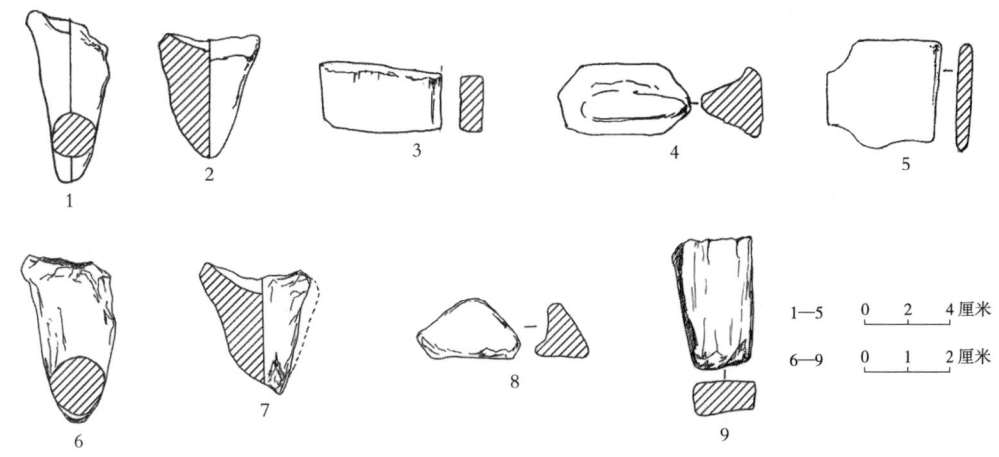

图 5-140　会文宫家坟地遗址采集标本

1、2、6、7. 鬲足；3、9. 砺石；4、8. 器耳；5. 陶片

陶器均为夹砂红褐陶，鬲足的实根部分很高，口沿为圆唇直口，鋬耳为方形，其文化面貌与艾清河流域诸遗址相同。郜家店是艾清河与寇河交汇之处，青铜时期遗址内涵丰富，早晚两期遗存均可得见。见 2 件鬲足，其中 1 件残断；舌耳 1 件，耳面呈三角形。采集标本中还有桥耳、豆柄等，但均较细碎。陶器残壁标本中，见有 1 件泥质灰陶片，显示的年代可能进入战国及汉代。采集 1 件砺石标本，长方形，外形很规整。2008 年开辽（开原—辽源）高速公路建设之初即发现了这处遗址，并对该遗址做了详

细调查，现该遗址已经被高速公路覆盖。

3. 玉屏沟交界地遗址

位于西丰县郜家店镇玉屏村柞树沟屯沟里的西山坡上，遗址坡下有一山泉水由北向南流入寇河。采集有錾耳、桥耳等标本。均为器耳，皆为夹砂红褐陶（图5-141）。

4. 天佑二道沟北山遗址

位于西丰县郜家店镇富春村天佑屯西北约700米的二道沟北侧山坡上。坐北朝南，高敞向阳，采集有口沿、器底、器耳、鼎足、豆柱、网坠、纺轮、石刀等标本（图5-142）。

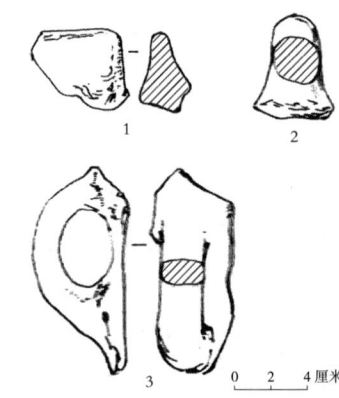

图 5-141　玉屏沟交界地遗址采集的器耳标本

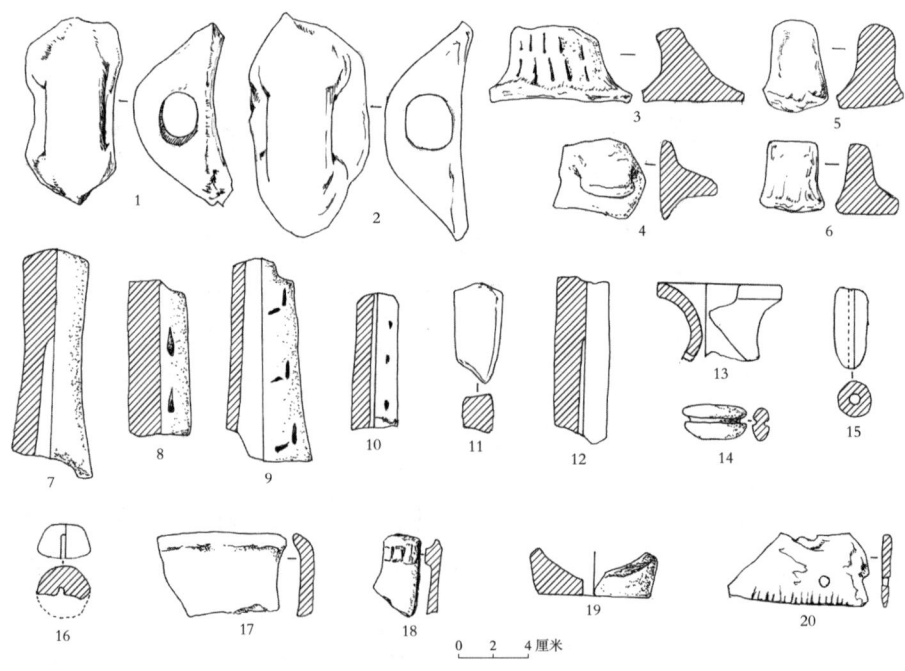

图 5-142　天佑二道沟北山遗址采集标本

1—6.器耳；7—10、12.豆柄；11.鼎足；13.豆座；14、15.网坠；16.纺轮；17、18.口沿；19.器底；20.石刀

豆为红陶，3种样式：空心柱状、实心柱状和喇叭状，豆或饰戳点纹，也有素面者。錾耳有2种形式，方形錾耳为夹砂灰陶，饰戳点纹；柱形錾耳为夹砂红陶，素面无纹。口沿有2件壶领，其中夹砂红陶者为圆唇微外侈，立领很高；另外为泥质灰陶，方唇呈喇叭状，风格近汉，已然不是当地传统。鼎足为方锥状，只采到1件。石刀钻孔抵近刃部，刃上有一排因长期使用而致的浅沟痕。

5. 河崴老周家山遗址

位于西丰县郜家店镇河崴村永兴上屯北约500米处的漫坡山地上，采集有鼎足、鬲足、器耳、石斧、石锤、石凿、石磨棒等标本（图5-143）。

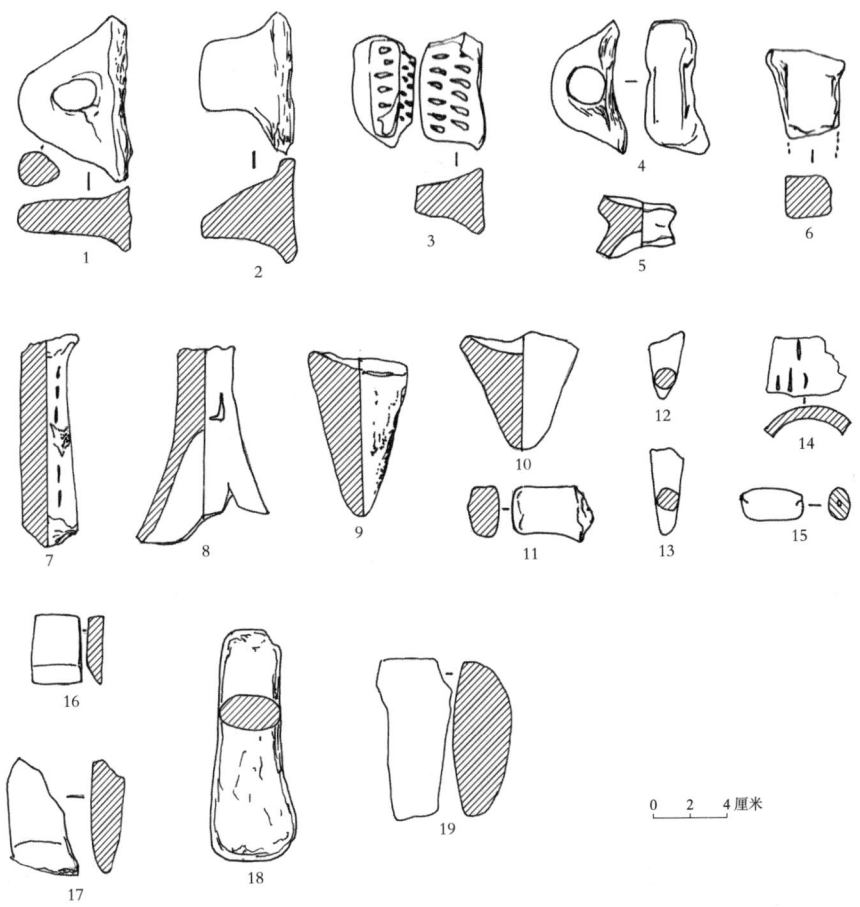

图5-143　河崴老周家山遗址采集标本

1—4.器耳；5.豆座；6、9、10.鬲足；7、8.豆柄；11.石凿；12、13.鼎足；14.器壁残片；15.网坠；16、17.石锤；18.石斧；19.石磨棒

方锥形鼎足、实足根很高的鬲足为夹砂红褐陶,豆有实心柱状和喇叭状两种,均饰戳点纹,为夹砂红陶;环耳、方形鋬耳为夹砂灰陶,其中的方形鋬耳或施戳点纹。采集的1件石锤为扁长条形,呈亚腰状,颇具特点。

八、成平满族乡

1. 会英台子山遗址

位于西丰县成平乡会英村会英屯西侧边缘紧连的山梁上。采集有夹砂红褐陶器物残片、鬲足、鼎足、口沿、石斧等标本(图5-144)。

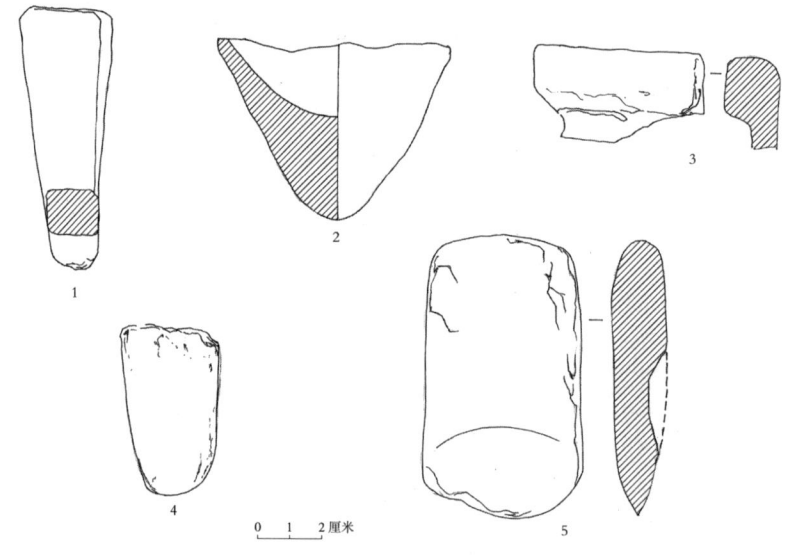

图5-144　会英台子山遗址采集标本
1.鼎足;2.鬲足;3.口沿;4、5.石斧

陶器均为夹砂红褐陶,鼎足为方锥状,鬲足缺乏实足根,乳袋较深,陶胎细腻,有似泥陶。口沿1件,方唇较厚且外折。鼎足和叠唇口沿陶质均较粗糙。

2. 铜台老会房子遗址

位于西丰县成平乡铜台村铜台屯西南一冈梁上。遗址沿南北向的山梁顶部及山梁的西侧分布。地表遗物丰富,采集有口沿、器耳、器底、鼎足、豆柄残段等标本(图5-145)。

第五章　西丰县

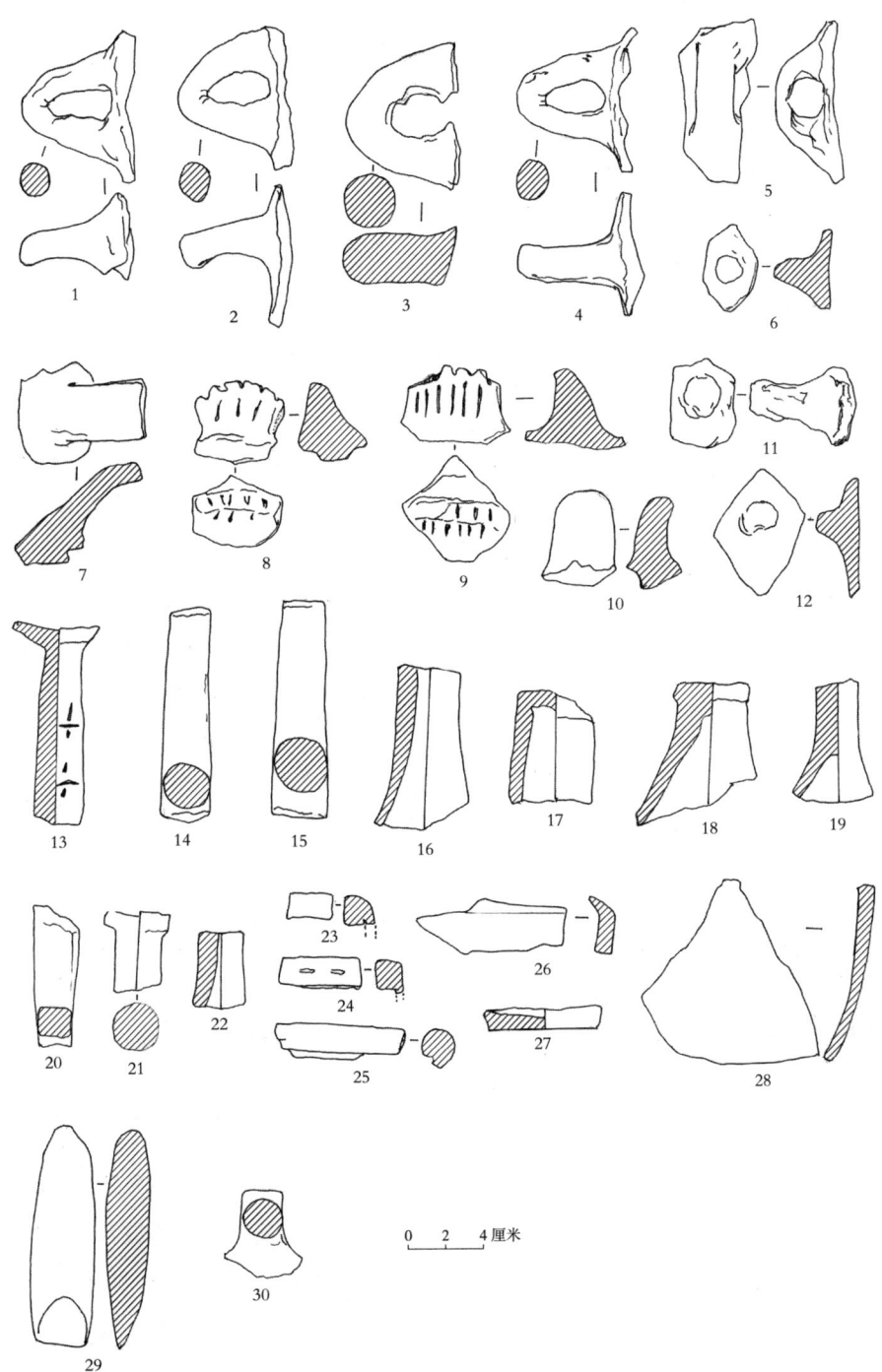

图 5-145　铜台老会房子遗址采集标本

1—12. 器耳；13、16—19、21、22. 豆柄；14、15、20. 鼎足；23—26. 口沿；27. 器底；28、器壁残片；29. 石斧；30. 铜斧

陶器主要器类是环耳、鸡冠耳、舌状耳、柱状耳等，豆也有圆柱形的实心高柄、半实心半喇叭形和完全是喇叭形的几种样式，豆柄身上或戳印有"÷"形纹，鸡冠耳则在耳端和朝上的一面饰条沟纹。

3. 东城果园遗址

位于西丰县成平乡东城村东城屯东北窑后沟沟谷内西侧山坡上，背倚山梁，坐北朝南。在遗址中采集有器耳、鬲档、鼎足等标本（图5-146）。

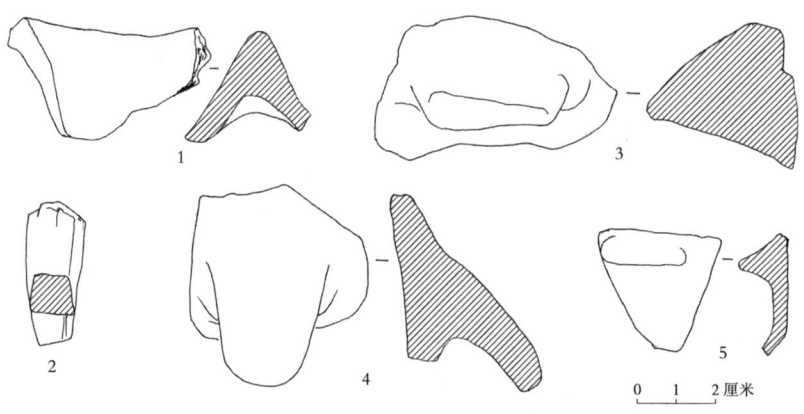

图5-146 东城果园遗址采集标本
1、2、4、5.器耳；3.鼎足

注释：

［1］吉林梨树县文物管理所等：《吉林省梨树县叶赫影视城青铜时代晚期遗址清理简报》，《北方文物》2004年1期。

［2］吉林省文物考古研究所：《东辽河上游考古调查发掘简报》，《辽海文物学刊》1995年2期。

［3］抚顺市博物馆考古队：《抚顺地区早晚两类青铜文化遗存》，《文物》1983年9期。

［4］西丰县文物管理所等：《辽宁西丰县新发现的几座石棺墓》，《考古》1995年2期。

［5］许超、张大为：《西丰诚信石棺墓群清理简报》，《东北史地》2007年2期。

［6］赵宾福：《中国东北地区夏至战国时期的考古学文化研究》，科学出版社，2009年。

［7］分别见《考古》2011年3期和2011年5期。

［8］吉林省文物考古研究所：《吉林九台市石砬山、关马山西团山文化墓地》，《考古》1991年4期。

［9］吉林省文物考古研究所：《东辽河上游考古调查发掘简报》，《辽海文物学刊》1995年2期。

［10］吉林省文物志编委会：《辽源市文物志》。

［11］吉林省文物志编委会：《集安县文物志》第20页，1983年。

［12］辽宁省文物考古研究所等：《辽宁西丰东沟遗址及墓葬发掘简报》，《考古》2011年5期。

［13］辽宁省文物考古研究所等：《辽宁西丰县永淳遗址及墓地的发掘》，《考古》2011年3期。

［14］辽宁省文物考古研究所、铁岭市博物馆：《辽宁西丰县东沟遗址及墓葬发掘简报》，《考古》2011年第8期。

［15］辽宁省文物考古研究所、铁岭市博物馆、西丰县文物管理所：《辽宁西丰县永淳遗址及墓地的发掘》，《考古》2011年3期。

后　记

　　自1981年参加文物工作，到2018年退休，37年时间，欣逢两次大规模的文物普查，两次普查相隔30年，给我的感触就是，田野调查这项工作，如有可能，真得抓紧，不然，在可预见的农业机械越发进步的不远将来，一些标本的采集肯定是越发的困难了。我第一次看见开原八棵树团山遗址是1981年春天的时候，各种陶石器标本散布整个山坡，遗物丰富竟有如一场浩劫之后的模样。西丰振兴沙河南冈遗址刚发现的时候是一片学大寨时留下的梯田，部分梯田的堤埂竟然是用或完整或残断的石锤垒砌的。这些近于"奢侈"的农建取材和有如浩劫过后的遗物散布，使我们当时可以挑挑拣拣地采集一些体量较大、较完整的标本带回库房，而30年过后的2008年"三普"再次到那些遗址去复查，往日遗物丰富的景象已全然不再，过去曾俯拾皆是的标本现在已经很难寻觅了。农民使用一种俗称"璇机"的机械，可以把往年残存田垄里的茬头打得粉碎，增加地力又减轻劳作之苦；但夹杂其中的陶片及部分菲薄的小件石器也同时不能幸免，璇机过后，想找一片稍大点的标本就很难了。设如若干年后再有"四普"，田野里的陶器标本尚能留存几许真的很难说，随着以后时间的流逝，已经采集入库的标本会变得愈发珍贵。

　　2015年夏秋时节，历时约半年时间，我把铁岭境内两次普查采集的青铜时代遗址标本画了下来。要感谢铁岭博物馆许超馆长给予的时间、交通等方面的便利，张剑副馆长在电子制图方面付出了很多艰辛努力，保管部杨丽敏女士给予了全力配合；感谢辽宁人民出版社朱静霞、娄瓴两位女士对这部书的出版投入的热情和支持。

　　要特别感谢田立坤先生对本书的关注与扶持。得知我要把铁岭市青铜时代遗址标本做出整理的想法时，时任辽宁省"三普办"负责人、省文物保护中心主任的田立坤先生立刻给予充分肯定，鼓励我把这一工作做好。书稿完成后，他几次披览书稿全文，逐字逐句修改，不厌其烦，诲人不倦，表现出一个考古人对专业的极端认真态度，作为辽宁省"三普"成果之一，这个报告得以出版，没有他的全力推动是不可能走到今天的。

　　这个报告所收录采用的标本，集合了铁岭几代考古人的心血，除现正在岗的同事之外，还不应忘却已经故去和已经退休的诸多先生，恕我在此不再一一列出他们的名字。

后 记

所有相关工作的积累与辛劳，都为本报告的编写奠定了基础，兹向对铁岭文物事业做出辛勤奉献的同行表达我的敬仰之意。

书中收录遗址，肯定不是铁岭境内青铜时期遗址的全部，即使是已收录本报告的遗址采集标本，也并非反映了遗址内涵的全貌。因此，除本人所写前言部分学术观点需要以后田野工作加以丰富和印证外，线图及器物描述部分也有很多需要完善之处，遗漏、错误在所难免，敬请指正。

周向永

2021 年 2 月